U0516065

权威·前沿·原创

皮书系列为
"十二五""十三五""十四五"时期国家重点出版物出版专项规划项目

BLUE BOOK

智 库 成 果 出 版 与 传 播 平 台

法治蓝皮书
BLUE BOOK OF RULE OF LAW

前海法治发展报告 *No.6*（2023）
REPORT ON RULE OF LAW IN QIANHAI No.6 (2023)

主　编／田　禾　吕艳滨
副主编／栗燕杰　刘雁鹏

社会科学文献出版社
SOCIAL SCIENCES ACADEMIC PRESS (CHINA)

图书在版编目（CIP）数据

前海法治发展报告 . No.6，2023 / 田禾，吕艳滨主
编；栗燕杰，刘雁鹏副主编 . --北京：社会科学文献
出版社，2023.11
　（法治蓝皮书）
　ISBN 978-7-5228-2714-8

　Ⅰ . ①前…　Ⅱ . ①田…　②吕…　③栗…　④刘…　Ⅲ .
①自由贸易区-社会主义法制-研究报告-深圳-2023
Ⅳ . ①D927.653

中国国家版本馆 CIP 数据核字（2023）第 206661 号

法治蓝皮书
前海法治发展报告 No.6（2023）

主　　编／田　禾　吕艳滨
副 主 编／栗燕杰　刘雁鹏

出 版 人／冀祥德
组稿编辑／曹长香
责任编辑／王玉敏
责任印制／王京美

出　　版／社会科学文献出版社（010）59367162
　　　　　地址：北京市北三环中路甲 29 号院华龙大厦　邮编：100029
　　　　　网址：www.ssap.com.cn
发　　行／社会科学文献出版社（010）59367028
印　　装／天津千鹤文化传播有限公司

规　　格／开本：787mm×1092mm　1/16
　　　　　印张：17　字数：256千字
版　　次／2023 年 11 月第 1 版　2023 年 11 月第 1 次印刷
书　　号／ISBN 978-7-5228-2714-8
定　　价／139.00 元

读者服务电话：4008918866

▲ 版权所有 翻印必究

法治蓝皮书·前海法治
编 委 会

主 编　田 禾　吕艳滨

副 主 编　栗燕杰　刘雁鹏

策 划　法治蓝皮书工作室

工作室主任　吕艳滨

工作室成员　（按姓氏笔画排序）

王小梅　王祎茗　刘雁鹏　胡昌明

栗燕杰

撰 稿 人　（按姓氏笔画排序）

王 轩　王永城　王寿群　邓科峰　田 禾

吕艳滨　刘 轩　刘宏林　刘星雨　刘雁鹏

阳雨璇　芮 晗　肖 霄　吴 昊　宋 洋

陈 龙　陈红彦　陈鹏飞　骆晓岚　栗燕杰

黄忠顺　曹玩蝶　舒卫东　谢 雯　谢京杰

韩希霖　靳 歌　潘泽玲

学术助理　（按姓氏笔画排序）

车宇婷　李 玥

官方微博 @法治蓝皮书（新浪）

官方微信 法治蓝皮书（Lawbluebook） 法治指数（Lawindex）

官方小程序 法治指数（Lawindex）

主要编撰者简介

主　编

田　禾　中国社会科学院国家法治指数研究中心主任、法学研究所研究员，中国社会科学院大学法学院特聘教授。

主要研究领域：刑法学、司法制度、实证法学。

吕艳滨　中国社会科学院法学研究所法治国情调研室主任、研究员，中国社会科学院大学法学院宪法与行政法教研室主任、教授。

主要研究领域：行政法、信息法、实证法学。

副主编

栗燕杰　中国社会科学院法学研究所副研究员。

主要研究领域：行政法、信息法。

刘雁鹏　中国社会科学院法学研究所助理研究员。

主要研究领域：法理学、立法学。

摘　要

　　前海秉持中国特色社会主义法治建设示范区的使命，已成为国内发展速度最快、质量最高、效益最好的区域之一，也是全国法治建设成果最好的自贸片区之一。《前海法治发展报告 No.6（2023）》对前海法治建设经验、成果进行了全方位、多角度、多层次的提炼和总结。本书对前海深化司法诚信体系建设、防范化解金融风险进行了详细探讨，对前海知识产权保护、国际商事仲裁进行了细致研究，对国际法律服务中心、域外法律查明进行了认真分析。前海用好用足中央顶层设计的各项政策，充分发挥自身优势，坚持改革创新，为其他自贸区持续输出可复制、可借鉴的有益经验。此外，蓝皮书继续发布了前海法治建设的总报告和评估报告，总报告以定性方法全面总结过去一年前海法治发展的经验和成就，评估报告则以客观数据和客观材料为依据，对前海法治建设情况进行问诊把脉。

　　关键词：　自贸区　法治建设　前海

目　录 ⬏

Ⅰ　总报告

Ⅱ　评估报告

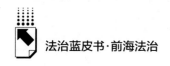

Ⅲ 法治化营商环境

Ⅳ 司法建设

Ⅴ 知识产权保护

Ⅵ 涉外商事纠纷化解

Ⅶ 公共法律服务

皮书数据库阅读**使用指南**

总 报 告
General Report

B.1
法治前海发展与展望（2023）

前海高举习近平法治思想旗帜，以建设社会主义法治示范区为总任务，在深港融合、法律规则衔接、知识产权保护等领域先行先试，不断改善和优化政务服务，推进司法改革，高标准建设前海深港国际法务区，"一年一个样"持续取得丰富成效，推动法治化制度型开放。未来，前海应当更好地服务国家战略，更加主动承接依法治国重大改革试点，持续加大力度推进投资贸易便利化自由化、金融开放创新和知识产权保护，进一步深度强化规则衔接与机制对接，打造国际一流的法治化营商环境，形成更多可复制可推广的鲜活样本和创新经验。

---

　　* 项目组负责人：田禾，中国社会科学院国家法治指数研究中心主任、法学研究所研究员，中国社会科学院大学法学院特聘教授；吕艳滨，中国社会科学院法学研究所法治国情调研室主任、研究员，中国社会科学院大学法学院宪法与行政法教研室主任、教授。项目组成员：王小梅、王祐茗、刘雁鹏、胡昌明、栗燕杰等（按姓氏笔画排序）。执笔人：田禾、吕艳滨；栗燕杰，中国社会科学院法学研究所副研究员；刘雁鹏，中国社会科学院法学研究所助理研究员。

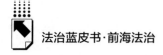

关键词： 法治前海　营商环境　高水平制度型开放　国际法务区

前海以习近平法治思想为指导，经济社会发展与制度机制创新同步推进，法治化国际化营商环境不断优化。2022 年，前海合作区实现地区生产总值 1948.68 亿元，增长 5.2%；关区进出口总额 2.58 万亿元，同比增长 48.6%；实际使用外资 58.64 亿美元，占深圳的 53.5%、广东省的 21%；实际使用港资 56.08 亿美元，增长 3.4%，占深圳的 55.2%。2023 年上半年，前海合作区实现地区生产总值 983.05 亿元，同比增长 15.8%；第一大行业营利性服务业增长势头强劲，产值增长 30.9%；金融业发展增长 29.2%[①]。截至 2023 年 4 月，前海已累计推出制度创新成果 765 项，全国复制推广 76 项，制度创新指数位居全国自贸区第一。2023 年 6 月，前海探索开展域外法适用范围改革等 6 项法治创新成果，获评广东省自贸办六批制度创新案例，在全省复制推广；在"2022~2023 年度中国自由贸易试验区制度创新指数"评估中，前海"法治化环境指数"蝉联第一[②]；前海深港国际法务区的建设更是硕果累累，广受关注[③]。

一　法定机构职能优化协同高效

为推进更高水平改革开放，前海积极争取上级在法治轨道上赋予更大自主权，为前海治理模式、管理体制的优化探索创新性制度安排，建设高水平开放型新体制。

（一）改革自主权稳步扩大

前海积极探索行政区和经济区适度分离下的管理体制机制创新，优化市

---

① 《GDP 增长 15.8%　前海"半年报"飘红》，《南方日报》2023 年 8 月 9 日，第 SC01 版。

② 《深圳 101 项市（区）级行政职权事项将"下放"前海　前海制度创新将"再提速"》，《宝安日报》2023 年 8 月 22 日，第 A16 版。

③ 《前海发布深港国际法务区十大建设成果》，《深圳特区报》2023 年 6 月 14 日，第 A2 版。

前海管理局与行政区政府职能分工。前海管理局形成了特色更加鲜明、主业更加突出的 17 个内设机构、2 个下设机构的组织架构。

前海积极承接上级事权，通过全面梳理拟提请省政府、市政府分别授权前海管理局实施的省级、市级行政职权事项清单，覆盖前海合作区全域实施的省级事权包括外商投资、规划建设等领域事项；新争取省级事权包括法律、建设管理领域。拟覆盖前海合作区全域实施的市（区）级事权主要包括投资管理、规划建设等领域事项；新争取市（区）级事权主要包括城市更新、海洋管理以及金融监管等领域。《深圳市人民政府关于将一批市（区）级行政职权事项调整由深圳市前海深港现代服务业合作区管理局在前海深港现代服务业合作区实施的决定》自 2023 年 8 月 26 日起施行，自然资源管理、规划建设、投资管理、法治建设等领域 101 项行政职权事项（涉及行政许可 23 项、公共服务 19 项、行政裁决 1 项、行政确认 3 项、其他行政权力 55 项）可在前海办理，涉及市（区）政府、市（区）发展改革委（局）、市司法局、市规划和自然资源局、市（区）住房建设局等管理权限。深圳市委编委印发两批次前海深港现代服务业合作区权责分工清单，进一步细化规划管理、自然资源管理、投资管理等 10 个领域共计 445 项分工。《深圳经济特区前海深港现代服务业合作区投资者保护条例》《深圳经济特区前海深港现代服务业合作区条例》《深圳市前海深港现代服务业合作区管理办法》的修订稳步快速推进，将为前海改革自主权和深化开放提供有力的法治保障。

（二）源头合法把关不断加强

前海严格落实重大行政决策公众参与、专家论证、风险评估、合法性审查、集体讨论决定以及决策规范化建设，特别是着力发挥合法性审查的把关作用。前海管理局出台各类决策前，均需法治部门出具明确的法务意见。2022 年，前海法治部门全年反馈或审核重大制度文件 130 余件次，审核各类合同 1000 余份，出具法律意见 4000 余条。2023 年上半年继续严格审核各类合同和规范性文件，并深度参与中粮资本、太平金融产业监管违约处置事宜。规范性文件合法性审核百分百全覆盖，为重大项目建设、重大决策、复议诉讼和突发事件应对提供法律支持，全面防控政府法律风险。

规范性文件制定协调机制与动态清理工作机制不断健全。2022年全年，前海共开展7批次文件清理工作。其中，"三条例一办法"分6批次征求了全市195家（次）市区相关单位意见，收集意见189条，召开37次论证会议。

（三）执法监管更加协调有力

前海严格按照中央和上级要求，落实行政执法三项制度，按照"统一监管"理念，出台《关于优化前海深港现代服务业合作区管理体制机制的实施方案》。前海综合执法逐步形成"街道综合执法+部门专业执法"模式，并开展街道综合行政执法事项实施情况评估，加强案件评查，不断提升综合执法效能。2022年1~11月，围绕重点领域和突出问题，多次集中力量打击典型违法行为。严查出土污染路面、泥头车车身不洁沿途撒漏违法行为，组织招商街道执法队、南山街道执法队开展泥头车整治行动共22次，约谈在建项目100余次，查处出土污染路面126宗次[1]。出台《前海管理局执法协调工作指引》，建立"三区"执法协调对接机制。深圳前海蛇口自贸片区综合行政执法局与前海管理局、市市场监管局、市市场监管局南山局、交通运输局南山管理局等单位建立了畅通沟通机制。

二 国际法务区建设成果丰硕

前海深港国际法务区自2022年初启用以来，以打造国际法律服务中心和国际商事争议解决中心为己任，聚焦"前沿研究、高端招商、务实服务和人才引进"，四位一体全面推进，成为提升前海法治建设和法律事务对外开放水平的重要载体。

---

[1] 《深圳前海蛇口自贸片区综合行政执法局2022年法治政府建设年度报告》，深圳市人民政府门户网站，http://www.sz.gov.cn/szzt2010/wgkzl/jggk/lsqkgk/content/post_ 10273851.html，最后访问日期：2023年8月14日。

一是政策有力支持，促进高端法律服务机构集聚发展。前海开展高端法律服务集聚计划，发布支持法务区高端法律服务业集聚实施的专门文件，法律服务机构年度最高可享受 1000 万元资金支持，专业律师、司法鉴定、公证、法律查明等法律服务全链条产业生态体系逐步形成。中外律师事务所在前海联营试点政策落地，包括律师事务所设立、律师执业等在内的 5 项司法行政审批职权下放前海实施。前海成立全国第一家粤港联营律师事务所，到 2023 年已有 8 家粤港联营律师事务所落户前海。启动高端法务集聚发展计划，赴上海开展招商推介活动，联动香港中联办、香港律政司、港澳律师协会、仲裁协会等举办 4 场法务区推介活动。截至 2023 年 6 月，已有司法、仲裁、调解、法律服务等六大类 182 家机构进驻深港国际法务区，律师 910 名，其中港澳律师 74 名。

为促进聚集发展，前海打造仲裁机构聚集发展物理载体，建成国内首座国际仲裁大厦，深圳国际仲裁院新总部入驻后，以合作形式引入国际商会仲裁院等境外知名仲裁机构，打造"以我为主、优势互补"的国际争议解决高地。深圳国际仲裁院从治理结构、仲裁员结构、仲裁规则等方面全面推进国际化，香港法律专业人士可以理事、仲裁员、调解员、代理人、专家证人等身份在前海参与国际仲裁。其仲裁员队伍覆盖全球 114 个国家和地区，境外仲裁员占比 36.78%。2022 年，深圳国际仲裁院仲裁案件当事人涉及 38 个国家和地区，适用域外法仲裁案件 113 件，总争议标的金额 1272 亿元，跃居亚洲第一、全球前三[1]。

二是推进务实服务，提升法律服务机构获得感。成立前海合作区律师工作委员会，推动前海律师职业共同体创新发展。设立大湾区律师服务中心，为港澳律师初到前海执业提供居住、拓业等全链条服务。"涉外律师前海服务基地"揭牌，连通国际法律服务的供给和需求两端，为广大"走出去"的国内企业、"引进来"的外资企业，提供高效的法律服务。前海承接 21

---

[1] 《广东自贸试验区发布八周年建设成果　前海创新密度和经济密度均居前列》，《南方日报》2023 年 6 月 9 日，第 SC01 版。

项仲裁、律师、司法鉴定省级审批事权，完成英国夏礼文律师事务所代表处设立初审并报司法部。中国注册税务师协会"一基地两委员会"和香港税务学会联络处落户前海，打造全国首个涉税服务业集聚区，已落地全国百强会计师事务所、资产评估机构、4A及以上税务所16家。

三是推进人才引进。前海积极吸纳港澳专业法律人才参与湾区法治建设。前海与香港的人员交流任职和互派干部挂职，正在稳步探索。前海法院聘任港澳台地区调解员从探索迈向制度化。律师、具有专业资质的调解员，以及从事国际金融、贸易等领域的专业人士，可以通过自己申请或法院邀请，经过一定的身份与资质审核成为前海法院特邀调解员。此类调解员前海已聘任45名，参与调解案件2448件[①]。

前海法院2021年成立粤港澳商事法律规则衔接研究中心后，聘请了多名来自香港大学、香港中文大学、澳门大学的学者担任专家研究员，并接收高等院校及法律研究机构法学专业在读硕士或博士研究生为司法研修生，从事司法课题研究、案例研究等工作。中立评估（Early Neutral Evaluation，ENE）通过无利害关系的第三方就案件可能的处理结果进行评估预测。中立评估有利于当事人对案件走向形成合理预期，促进纠纷早期化解，降低解纷成本并增强纠纷解决结果的可接受性。发展至今，中立评估成为"调解和裁决的中间点"，可以独立存在，也可以与调解或其他争端解决机制结合运用；当域外法的理解和适用成为争议问题时，中立评估还可以成为衔接"法律查明"与"商事调解"的"桥梁"。前海揭牌设立"商事纠纷中立评估基地"，中立评估服务迈向专业化、市场化。基地成立后，已在多个诉讼和非诉讼场景下运用中立评估方式帮助当事人解决纠纷，尤其在保密性、中立性要求较高的国企及金融机构解纷应用中取得了良好效果。

四是强化国际前沿研究与国际交流。对标新加坡、迪拜等开展前海国际法律服务中心路径研究，举办大湾区法治建设论坛、深港海事仲裁高峰论

---

① 《前海法治建设与港澳人才的"双向奔赴" 前海法院建设大湾区司法人才交流新模式》，《深圳特区报》2023年6月27日，第A3版。

坛、大湾区海洋法治论坛等高端法治论坛，2022 年全年共举办前海法治讲堂 8 场。2023 年 2 月，最高人民法院大湾区司法研究中心和大湾区司法研究院揭牌，强化与港澳法律规则衔接、机制对接，在服务粤港澳大湾区建设、优化深圳营商环境、开展与港澳司法交流等方面发挥法律智库作用。

三 法治化国际化营商环境再上新台阶

前海在法治轨道上全面深化改革开放持续提速增效。2023 年上半年前海合作区实现地区生产总值 983.05 亿元，同比增长 15.8%。经济发展的良好态势，与前海着力优化法治化国际化营商环境有密切关联。

（一）推进贸易投资自由化便利化

2023 年 6 月，国务院印发《关于在有条件的自由贸易试验区和自由贸易港试点对接国际高标准　推进制度型开放的若干措施》。前海在法治轨道上不断推进贸易投资自由化便利化，提升开放水平。

前海蛇口自贸片区获批国家进口贸易促进创新示范区，持续强化贸易促进和贸易创新两大功能。2022 年 9 月，海关总署出台《支持前海深港现代服务业合作区全面深化改革开放若干措施》；2023 年 5 月，《交通运输部关于创新海事服务　支持全面深化前海深港现代服务业合作区改革开放的意见》出台。前海开展港澳跨境服务贸易负面清单管理试点，自贸试验片区外资准入负面清单进一步缩减至 27 条，探索放宽服务业准入，实现试验片区制造业负面清单条目清零。截至 2023 年 6 月，片区海关备案企业数量突破 1 万家，外贸进出口总值由 2015 年的 712 亿元升至 2022 年的 3046 亿元。2023 年 1~6 月，前海合作区企业进出口 2159.5 亿元，其中与香港贸易额 302.4 亿元，同比增长 39.8%；前海综合保税区企业进出口 1096.7 亿元，其中对港贸易额 210.4 亿元，同比增长达到 80.7%，香港均为第一大贸易地区。

2021 年中共中央、国务院印发的《全面深化前海深港现代服务业合作区改革开放方案》明确提出，"用好深圳经济特区立法权，研究制定前海合作区投资者保护条例，健全外资和民营企业权益保护机制"。八年来，前海累积实际使用外资近 350 亿美元。前海全面开展与促进外商投资、保护外商投资合法权益不相适应的规定专项清理活动；支持跨国企业在前海合作区设立财资中心，为企业海外经营活动提供服务。《深圳经济特区前海深港现代服务业合作区投资者保护条例》作为全国区域性投资者保护的首部立法，已经过深圳市人大常委会三次审议，并向市委报告。

推动以负面清单为基础的更高水平金融开放，建成与国际接轨的金融领域规则体系。前海在跨境金融和降低香港金融机构进入内地市场门槛、深港民生金融等方面实现突破。2023 年 2 月，《中国人民银行　银保监会　证监会　外汇局　广东省人民政府关于金融支持前海深港现代服务业合作区全面深化改革开放的意见》（银发〔2023〕42 号）发布，聚焦金融改革重点领域，以高效率构建金融服务体系，高水平推进金融市场互联互通，高标准推动金融业对外开放，高质量发展特色金融产业。2023 年 6 月，《深圳市人民政府办公厅关于印发贯彻落实金融支持前海深港现代服务业合作区全面深化改革开放意见的实施方案的通知》（深府办〔2023〕8 号）提出，按照提升深港金融合作水平、服务实体经济高质量发展、坚持防范系统性金融风险的基本原则，从优先开展服务民生领域的金融创新、深化深港金融市场和基础设施互联互通、扩大金融业对外开放、发展特色金融产业，以及加强深港金融监管合作等方面，全面强化前海深港现代服务业合作区（以下简称"前海合作区"）国家金融业对外开放试验示范窗口和跨境人民币业务创新试验区功能，其改革成效已初步显现。前海探索跨境理财通机制，推动金融市场双向开放。2023 年上半年，前海金融业发展势头迅猛，增长 29.2%。风投创投集聚区入驻风投创投及国际资管机构 120 家，管理基金规模（净资产）1618 亿元；融资租赁集聚区集聚资产规模十亿元以上企业 20 余家，行业规模 1579 亿元①。前海自贸账户跨境收支已超 4362 亿元，其中与香港跨境收支占比 83.7%；外商投资股权投资企业试点基金在管规模超 174 亿元，

---

① 《GDP 增长 15.8%　前海"半年报"飘红》，《南方日报》2023 年 8 月 9 日，第 SC01 版。

占深圳市的 96%；前海私募基金管理人 2559 家，占深圳市的 66.1%①。

2023 年 7 月，为支持港澳青年更好融入大湾区发展大局，前海管理局印发《深圳市前海深港现代服务业合作区管理局关于支持港澳青年在前海就业创业发展的十二条措施》，突出需求导向和问题导向，为港澳青年在前海深港现代服务业合作区就业、创业提供便利，提供更多元的发展机会和更广阔的发展空间。聚焦有意向到内地发展的港澳永久居民，对港澳青年就业创业初期的基本问题、关键困难予以重点扶持，深度对接香港特区政府"青年发展蓝图"，有效协同港澳特区政府推出的港澳青年实习计划、青年就业计划、创新创业资助计划等项目，推动两地资源共享迈向互利共赢。

（二）公平竞争制度机制不断健全

健全公平竞争制度，已成为国内自贸区、自贸港、合作区等制度竞争的焦点内容。2022 年，《海南自由贸易港公平竞争条例》作为全国首部公平竞争地方立法出台。前海作为先行先试的排头兵，在公平竞争的体制改革、制度构建、机制创新等方面开展全面、深入探索。《全面深化前海深港现代服务业合作区改革开放方案》要求，"完善竞争政策框架，建立健全竞争政策实施机制，探索设立议事协调机构性质的公平竞争委员会，开展公平竞争审查和第三方评估，以市场化法治化国际化营商环境支持和引导产业发展"。

前海采取各项措施，积极稳步加强公平竞争审查工作。2018 年，前海管理局出台《深圳市前海深港现代服务业合作区管理局公平竞争审查实施细则》，建立起内部公平竞争审查机制。之后经过多次修改完善。2022 年，前海管理局与高校合作，建立议事协调性质的公平竞争委员会，制定公平竞争委员会工作规则等配套文件制度。《前海合作区投资者保护条例（草案）》突出对各种投资者的平等保护，拟专门建立公平竞争集中审查、独

---

① 《广东自贸试验区发布八周年建设成果　前海创新密度和经济密度均居前列》，《南方日报》2023 年 6 月 9 日，第 SC01 版。

立审查和定期评估、专家咨询等制度。2022 年，前海管理局对 2020 年、2021 年发布的 14 件规范性文件进行存量清理，对 2022 年发布的 8 件规范性文件进行增量审查，避免在文件制度源头上出现不公平问题。根据《深圳市优化市场化营商环境工作方案（2023～2025 年）》，前海还将在 2025 年开展公平竞争指数试点，完善公平竞争政策评估方式。

（三）产业政策促进体系更加完备

立足前海产业特色，构建完善产业政策制度体系。前海立足金融、现代物流、信息服务、科技服务、会展、海洋等产业的政策创新和开放，出台了现代服务业综合试点、外商投资管理、前海总部企业扶持、金融业扶持、境外高端人才扶持、港澳青年人才扶持等 60 多项具有前海特色的产业扶持政策和规范指引，形成了"条例+办法+指引"的前海规则体系。总体上，产业促进政策法律规范体系布局合理、层次分明，施策更加精准、政策衔接有序，三地联动明显增强。

2022 年 12 月底，前海管理局印发《深圳市前海深港现代服务业合作区管理局关于服务深港合作 鼓励总部企业发展的实施办法》。在对象上，包括"世界 500 强"跨国企业地区总部、境内外上市企业以及金融总部企业等；对于符合前海发展战略和产业政策、对产业发展具有重大支撑引领作用的企业，可按程序直接认定为总部企业。在支持内容上，从用地支持、办公用房、人才住房、赴港上市、发债融资、绿色通道、专项服务等方面予以配套支持，从落户奖励、团队奖励、纳入统计核算奖励和培育奖励等方面给予资金支持。

2022 年 12 月，深圳跨境贸易大数据平台正式上线，这是海关总署首次批复、唯一授权的跨境贸易大数据平台地方政府试点。平台依托国际贸易"单一窗口"，建立海关、税务、外汇、海事、边检、市监、交通、口岸等部门的数据共享及交叉验证机制，连接进出口企业、机场、港口等跨境贸易参与方，报关行、船代、理货等供应链服务商，以及银行、保险等金融机构，共同构建跨境贸易联盟区块链网络，面向企业、地方政府和监管单位提供跨境贸易大数据服务，推动形成跨境贸易服务生态系统①。平台通过数据共享和监管互认，实现海关执法数据及物流数据衔接，外贸类企业覆盖率达100%；有效解决进口水果寄售代销业务核价难、计税难、通关慢等问题，推动高峰时段通关效率提升100%。

（四）知识产权保护体系全链条化

知识产权是创新驱动发展的核心要素，也是吸引国际企业来前海自贸区的重要因素。前海在知识产权保护、运用、服务体系等方面筑牢基础，构建起覆盖知识产权司法、行政、仲裁、公证、法律服务的全链条保护体系，有助于吸引更多创新型企业和高科技企业来前海自贸区投资和发展。2022年，前海企业新增专利授权21742件、PCT申请762件，拥有有效发明专利11864件②。中国（深圳）知识产权保护中心、国家版权创新发展基地、世界知识产权组织技术与创新支持中心等知识产权保护机构落户前海，打造集司法、仲裁、行政等保护于一体的"一站式"协同保护平台。前海的新兴领域知识产权保护新机制，被国家发展改革委作为典型经验在全国复制推广。在国家知识产权局支持下，中国（深圳）知识产权保护中心新增高端装备和珠宝产业专利预审服务。

对接国际强化知识产权司法保护。前海法院落实"司法主导、严格保护、分类施策、比例协调"的知识产权司法保护政策。前海法院高标准对接国际通行规则，准确理解并全面遵循国际条约、惯例；在涉外涉港澳台知识产权审判中，促进法律专家出庭协助提供法律查明常态化，全面保障当事人依法选择适用域外法的权利；前海法院还研发"知产云审"系统，运用区块链技术，破解了知识产权案件证据难以收集的"数据孤岛"难题，与

---

① 参见《前海合作区公平竞争发展状况白皮书（2022）》，深圳市前海深港现代服务业合作区管理局门户网站，http：//qh.sz.gov.cn/sygnan/lssj/content/mpost_10394264.html，最后访问日期：2023年7月26日。

② 《协同打造深港知识产权创新高地　前海管理局与香港商经局联合发布深港知识产权十六条措施》，《深圳特区报》2023年2月23日。

知识产权保护中心等多端主体链接，打造知识产权案件"快立、快审、快结"的速裁模式。

推动知识产权跨境协同保护。前海管理局联合香港商务及经济发展局共同制定出台《关于协同打造前海深港知识产权创新高地的十六条措施》，推动深港知识产权规则衔接、机制对接。在推动知识产权跨境服务体系建设方面，香港及国际知识产权服务机构落户前海，最高可获 200 万元支持；知识产权服务机构利用区块链等数字技术为香港企业和香港居民提供知识产权存证、监测、取证等服务，每年最高奖励 20 万元。支持香港知识产权在前海转化应用，打造知识产权跨境服务体系。前海支持龙头企业与香港高校及研发中心联合设立技术转移中心，按照运营费的 50% 提供资助，每年最高 100 万元；前海企业与香港高校、研发中心通过专利转让、许可、作价入股等方式合作，每年最高可获 50 万元支持；获得国家、省级知识产权赛事三等奖及以上的香港团队落地前海创业，可获 10 万元奖励。在前海执业的港澳居民，高级知识产权师、专利管理高级工程师每人奖励 10 万元，专利代理师资格每人奖励 5 万元①。

加强知识产权司法保护与行政保护双向衔接。前海法院与深圳蛇口海关建立常态化联动机制，建立调查取证、证据保全、行为保全协作机制，提高了知识产权案件证据收集效率。前海法院与广州市南沙区人民法院（广东自由贸易区南沙片区人民法院）、横琴粤澳深度合作区人民法院在广州南沙共同签署《关于构建知识产权保护司法协作机制的框架协议》，推进知识产权跨域司法协同保护。对于三地具有跨域性质的知识产权案件，三家法院在委托送达、证据保全、调查取证、技术勘验、异地审理等方面开展合作，实现审判资源共享。

完善知识产权纠纷多元化解体系。前海法院与粤港澳调解联盟、知识产权仲裁中心等专业机构合作，完善知识产权纠纷化解平台，打造"过滤引导—协调对接—专业服务"工作格局，推动调解、仲裁、诉讼有机衔接。

---

① 参见深圳市前海管理局和香港特别行政区政府商务及经济发展局共同制定的《关于协同打造前海深港知识产权创新高地的十六条措施》。

四 规则衔接与机制对接深入发展

通过规则衔接、机制对接深化"软联通"，是进一步提升高水平对外开放的重要举措。党的二十大报告提出，"稳步扩大规则、规制、管理、标准等制度型开放"，国务院专门印发《关于在有条件的自由贸易试验区和自由贸易港试点对接国际高标准推进制度型开放的若干措施》。前海作为内地与香港地区关联度最高、合作最紧密的区域，对此高度重视，持续探索跨区域、跨法域的规则衔接与机制对接，取得良好成效。

（一）行政管理领域

2023 年 5 月，前海管理局印发《前海建设工程管理制度港澳规则衔接改革方案》。创新前海工程建设监管制度，从国内"五方责任主体"模式转为国际通行的"三方责任主体"模式，合同授权建筑师团队相应权责，勘察、设计及监理归建筑师团队管理，全过程负责项目管理；借鉴香港认可人士制度推行前海深港认可人士制度，全过程负责项目设计施工质量、安全、环境及品质管控，突出并强化专业人士负责制。在招投标模式与合同文本方面，在深圳现行文件基础上深化业主要求、评标标准及细则的规范，借鉴香港特区政府工程项目招标文件及合同，形成可适用于两地的施工、咨询服务招投标文件及合约示范文本；建立"前海国际规划管理技术文件库"，提升前海的城市特色及国际影响力；借鉴香港的"个案独立审查"机制和新加坡的"设计豁免委员会"机制，组建"前海深港联合专家委员会"，对设计创新专项专审、辅助决策，完善前海设计创新审查机制。

（二）贸易服务领域

打造免税品集散中心。前海综合保税区打造现代服务业特色的综合保税区，试点"保税+免税+跨境电商+一般贸易"联动模式，拓展货物从香港入区保税仓储后再出区供应免税店。支持"过期不能使用或变质以外的免税品"退运,实现综合保税区外免税品监管仓库与区内保税货物监管仓库流转,提高免税货物流通销售效率。香港机场空运打板理货服务前置到深圳前海综合保税区,形成"全国揽货—前海集拼—机场直飞"的进出口贸易生态圈。2023年1~6月前海综合保税区实现免税品进出口额37.5亿元,其中调拨供应海南离岛免税货物约18亿元。深圳海关在国家启动"进出口商品采信改革"后第一时间安排试点。海关将采信目录内第三方机构的检验结果作为评定依据,企业进口前即可将产品委托有资质的检验机构做检验,报关时提交检验合格报告和质量安全符合性声明,海关即可对货物免检放行。

在检验监管规则和检测标准对接方面,前海试点"一次检测、一次认证、一体通行",推动进出口监管规则"软联通"。其典型如优化食品进口检验模式,食品进口按正常流程,海关需要随机抽样做实验室检测,在完成检验合格报告后该批货物方可入市销售,该过程一般需要7~10个工作日。前海对于从境外进入综合保税区的进口食品,依企业申请且经合格评定的,可实行"一次检验、分批核销"。由此,可以为企业缩短产品入市上架时间,提高产品流通销售效率和利润。再如,试点深港酒类"两地一检"模式,前海建设深港国际酒类检验中心,已建立8个国家葡萄酒产地溯源模型及葡萄酒掺伪鉴别技术体系。深港酒类产品迈向一体化监管,对于取得香港官方食品安全监管部门指定检测机构检测报告的进口酒类产品,予以认可并免于实施监督抽检,免除企业等待海关实验室检测的时间,实现酒类产品在前海快速通关。又如,针对个人携带宠物跨境往返深港,实施"区域协同、关区通办",允许宠物携带人前往深圳海关6个隶属海关中的任一海关,通过信息备案、视频查验等方式简化办理赴港手续。

(三)跨境执业领域

在跨境执业方面,工程建设领域的备案后直接授予执业资质、资格的做法,被国家发展改革委在全国推广。前海已实现港澳医师、港澳税务师等18类专业人士备案(登记)即可执业。

在工程建设领域,香港5类专业机构、11类专业人士可在备案后直接获得执业资质、资格。前海管理局对《深圳市前海深港现代服务业合作区香港工程建设领域专业机构执业备案管理办法》《深圳市前海深港现代服务业合作区香港工程建设领域专业人士执业备案管理办法》进行修订，于2023年6月印发实施。修订后的制度扩大覆盖范围至扩区后的前海合作区全域，新增对香港安全生产、环保、工程建造等3类人士对标备案，建设领域对标执业范围扩大到14类；新增香港承建商安全生产许可备案路径，消除香港承建商执业障碍；调整专业机构及人士备案申请基础条款内容，优化备案程序；明确香港机构参与前海项目招投标涉及投标保函、商事登记等具体措施，便利香港专业机构独立参加投标。

深圳市应急管理局、深圳市住房和建设局、中国（广东）自由贸易试验区深圳前海蛇口片区管理委员会印发《香港注册安全主任在中国（广东）自由贸易试验区深圳前海蛇口片区执业备案管理暂行办法》，明确香港"建筑地盘"注册安全主任可通过备案认可方式，对应内地"建筑施工安全"初级注册安全工程师，备案后可在前海执业；并明确深圳有关部门与香港特区政府劳工处建立执业情况信息共享机制，为香港注册安全主任在前海执业提供便利化服务。《香港注册安全主任在中国（广东）自由贸易试验区深圳前海蛇口片区执业备案操作指引》同步印发，增强了该制度的可操作性。

（四）跨境商事争议解决

前海通过"一个突破、两个支撑、三方联动"实现跨境商事法律规则衔接①。探索跨境商事法律规则衔接新机制，于2023年4月获评广东省委大湾区办大湾区规则衔接典型案例和省自贸办最佳制度创新案例。构建国际

---

① "一个突破"即突破《涉外民事关系法律适用法》需合同具有涉外因素方可适用域外法的规定，运用深圳经济特区立法权出台前海合作区条例，允许民商事合同当事人一方为在前海注册的港澳台资及外商投资企业协议选择合同适用的法律。"两个支撑"是指通过前海法院"港区调解""港区陪审"制度和深圳国际仲裁院聘请香港法律专业人士担任理事、仲裁员等参与国际仲裁制度保障落实当事人适用境外法的选择。"三方联动"指通过成立粤港澳合伙联营律师事务所、设立域外法查明专业机构和打造"一带一路"法治地图项目，为当事人适用境外法提供服务保障和资源支撑。

投资者理解和信任的商事审判体系，让跨境商事解纷机制可信任、让跨境商事活动可预期、让跨境商事争议解决更高效。最高人民法院第一巡回法庭的司法终审权，与深圳国际仲裁院的一裁终局，形成前海"双终局、两支柱"独特优势。最高人民法院第一巡回法庭（第一国际商事法庭）审判大厦竣工，最高人民法院第一巡回法庭、第一国际商事法庭整体入驻前海，加之前海合作区范围已集聚的前海法院、深圳知识产权法庭、金融法庭、广州海事法院前海巡回法庭等专业化审判机构，形成了从一审、二审到终审的层级完备、门类丰富的商事争议解决体系，争端解决机制高效、公正、透明，为企业和群众提供便利、可及、易得的法律救济途径。

前海法院作为全国审理涉港商事案件最多的法院，整合粤港澳大湾区法律资源，从诉讼更便捷、制度更融合、合作更互信、规则更透明四个角度出发，诉讼规则衔接与实体规则衔接两大板块予以推进，多维度、多层次促进跨境商事规则"软联通"，进一步释放经济发展潜力。

在诉讼规则衔接方面，前海法院出台《关于深入推进跨境商事诉讼规则衔接工作指引》及司法诚信体系、简化涉港澳诉讼程序、专家协助查明域外法等8项配套制度。在域外法查明与适用方面，形成"法官+法律专家+域外陪审员"查明模式，将域外法适用从审判延伸至诉前调解和执行等环节。前海法院已先后选任两批共32名香港地区陪审员。通过香港地区陪审员发挥专业优势和文化背景优势化解纠纷，减少观念、环境、文化等差异对司法活动的影响，提升了国际司法公信力。

在实体规则衔接方面，编制《内地与香港地区公司股权转让规则比较白皮书》《内地与香港地区民间借贷规则比较白皮书》。前海还借鉴香港工程纠纷解决机制，通过制度衔接与合同约定构建"纠纷解决顾问调解仲裁"的多元化逐级解决机制。

五　司法改革纵深推进

前海法院是最高人民法院确定的综合性司法体制改革示范法院。2022

年，前海法院收案 15901 件，结案 18934 件。最高人民法院《关于人民法院涉外审判工作情况的报告》三次提及"前海"，分别涉及探索建设"一站式"国际商事纠纷多元化解决机制、服务港澳融入粤港澳大湾区建设、搭建"法院依法自主查明+香港地区陪审员和外籍、港澳地区调解员参与查明+社会化专业力量协助查明"立体化查明模式等内容。

前海法院充分考虑商事案件的复杂性、专业性特征，设有国际贸易案件多元化纠纷解决分中心、大湾区案件多元化纠纷解决分中心、国际投资案件多元化纠纷解决分中心、民营小微企业案件多元化纠纷解决分中心、新兴金融案件多元化纠纷解决分中心、自贸区案件多元化纠纷解决分中心共 6 个多元化纠纷解决分中心，分别调解对应类型的案件，打造形成了具有鲜明前海特色的诉源治理新模式。前海法院的"ADR 国际商事争议解决中心"，吸纳港澳专业调解机制和多层次解纷人才，拓宽涉外、涉港澳台商事案件 ADR 解决路径。该中心具有域外律师资格的特邀调解员涵盖美国、英国、澳大利亚、新加坡等十余个国家或地区，可使用法、德、韩、日等 8 种外语开展纠纷化解。2016 年 5 月至 2022 年 12 月，ADR 国际商事争议解决中心共成功调解案件 17697 件，其中 9 名香港地区调解员调解国际商事纠纷2300 件[1]。

最高人民检察院出台方案，明确"探索由前海检察院集中办理深圳海洋检察案件"。2022 年 6 月底，深圳市人民检察院指定前海检察院集中办理涉海洋刑事、行政和公益诉讼等案件。前海检察院加强与公安、海警机构的协调，针对常见涉海洋刑事案件的特点，主动研究证据规格，出台办案指引，提升办案质量；探索构建海洋检察数字监督模型，打通海洋行政执法与刑事司法衔接节点，提升行政违法行为监督、立案监督和侦查活动监督质效；完善海洋公益保护观察员机制，打造以检察机关为主导，"检察机关+行政机关+民间组织"三位一体的海洋公益保护共同体。

---

[1] 《跨境商事规则衔接的前海实践——深圳前海法院创新机制优化营商环境工作纪实》，《人民法院报》2023 年 3 月 24 日，第 4 版。

前海检察院与前海管理局共同建设港资企业合规中心，打造成为服务港资港企的重要窗口。前海检察院加强对港资港企的大数据分析研判，分析涉港资港企案件特点，建立针对不同类型、不同行业企业的合规工作指引，完善行政合规和刑事合规衔接工作机制，定期发布典型案例，为港企合规建设提供全方位、专业化服务，提升港企在前海经营的便利化程度。2023 年 4 月，前海检察院金融检察工作室成立，入驻前海金融同业公会，为前海金融企业提供法律服务，引导金融企业强化风险防控，推进合规经营。

六 面临挑战与未来展望

2013 年以来，中国已先后部署 21 个自贸试验区和海南自由贸易港。前海自贸区成立已八周年，如何先行一步、步步领先，放大开放创新优势，打造中国特色社会主义法治示范区，前海需再接再厉，完善顶层设计，加快配套制度机制落实，进一步释放改革红利。在已取得成绩的基础上，要深刻意识到前海法治建设依然任重而道远、大有可为。一方面，中央、省、市给前海设定的任务使命任重而道远。虽然前海已经初步形成法律服务要素集聚、辐射带动作用较强的法律服务生态体系，但应清醒认识到，与伦敦、纽约、新加坡等国际法律服务中心还有很大差距。特别是在国际法律服务业的影响力和吸附力、国际协议和规范制定权、法律服务评级国际标准等方面，都还大有可为。另一方面，前海对自贸区政策的利用率还有提升空间，与国际通行规则衔接的开放程度有待提高，一些领域实施存在梗阻。比如，虽然《深圳经济特区前海蛇口自由贸易试验片区条例》对工程建设领域备案执业作出了改革创新规定，但由于配套制度机制不完善，参与投标受职称、营业执照等方面因素影响而导致梗阻。再如，全球高端法律服务机构的聚集度还有较大提升空间，法务区建设与港澳的关联度还需进一步强化，还需为境内外高端律所在前海发展提供更加务实有效的业务拓展、执业培训、业务交流、推介宣传等服务。为此，应当坚持党的领导，统筹推进国内法治与涉外法治，在法治轨道上推进粤港澳深度合作，争取上级支持赋予更大改革自主权、强化科技赋能等。今后推进前海法治应特别注意以下方面。

一是完善顶层设计，强化立法引领，推进更宽领域更深层次的高水平对外开放。各自贸区都在积极探索高水平对外开放，如上海市发布《关于支持中国（上海）自由贸易试验区临港新片区深化拓展特殊经济功能走在高质量发展前列的若干意见》，推动制度创新开放，并将在数据跨境流动、跨境离岸金融、知识产权保护等领域开展更大程度的压力测试。前海更应当仁不让，将开放作为最重大、最根本的使命。在此，应将规则衔接与机制对接的深度完善作为关键推手。这需要前海与香港、澳门等地畅通沟通机制，加强机制、规则的协调对接。居于首位的，是争取尽快完成相关条例和办法的制定和修改，为深化开放提供强有力的立法引领。

二是持续推动国际法务区建设，提供优质的法律服务和争端解决机制。前海国际法务区的建设宗旨，是为投资者、企业等各方提供优质高效国际化的法律服务，为企业提供全方位的法律咨询和支持。除了传统的法律咨询和诉讼服务，前海国际法务区可以进一步扩展服务范围，包括国际仲裁、知识产权保护、跨境投资等领域。通过提供全方位的法律服务，满足企业和个人在国际交流和合作中的法律需求。在已有企业合规探索基础上，前海应推动企业合规、国际法务区建设、营商环境优化、知识产权保护形成合力，吸引更多国际化的法律服务机构进驻前海。通过与国际合作伙伴的深入合作，提供更全面、高质量的法律服务，形成良性循环，增进国内外投资者的信心和安全感。进一步加大对国际和港澳法律服务机构引进力度，做好重点机构的跟进服务，增强国际高端法律服务机构落户前海的体验感和获得感。与此同时，推动"国际法律服务博览会""权威法律服务评价体系""国际认可的法律服务标准""国际法治文化博物馆"等谋划尽快落地实施，占据国际法律服务高地。更进一步，作为国家法治战略平台，前海应以增强国家在国际法律治理体系的话语权和主导权为己任，用足用好现有的法律资源禀赋，在法律规则、规制、标准的制定等方面参与国际竞争与合作，提升国际影响力和国际话语权。

三是持续推进创新，系统深入推进规则衔接机制对接。制度创新是前海的使命所系，在国际贸易规则、知识产权保护、劳动法等方面深入开展规则衔接与机制对接，是新时代前海创新的关键所在。相关制度规则千头万绪，前海应当有的放矢、精准施策，需要围绕目标导向、需求导向、问题导向，以及大湾区融合发展的目标，在生产、生活、生态领域各种场景中系统深入推进规则衔接。在生产领域，积极推进资金、货物、人才、数据等重要生产要素跨境便利流动。在生活领域，围绕教育、医疗、文化、养老、社保等大湾区跨境服务的规则衔接，为港澳人士提供高水平高质量亲近熟悉的生活服务环境。在生态领域，法律规则、税务政策、城市管理标准等方面加强与港澳规则的衔接。在已有探索基础上，要进一步推动大湾区司法交流与协作、法律服务的规则衔接机制对接，统筹好国际国内高端法律服务资源，为中国企业"走出去"和外国企业"走进来"提供高水平高质量的法律服务保障。着力争取中央支持，推动最高人民法院第一巡回法庭、第一国际商事法庭，前海法院、深圳国际仲裁院等相关机构，围绕跨境法律规则衔接机制对接强化制度出台、典型案例发布。

四是加强法律人才培养与引进，营造法治人才高地。通过培养高素质的法律人才，提高前海国际法务区的专业水平和竞争力。加强粤港澳大湾区法律人才培养与交流，提高前海法律专业人员素质，为深度合作与机制对接提供有力的法律支持。加大对法律人才的培养和引进力度，提供优厚的薪酬和良好的发展机会，吸引国内外优秀法律专业人才来前海从事法律服务工作。在此，还应突出强化政府法制审核和执法力量。前海积极争取和承接上级事权，深圳前海蛇口自贸片区综合行政执法局已承接自贸片区七个领域权责清单事项2981项，而执法人员仅50余人，存在严重不匹配，今后还需要更强有力的执法队伍建设。

五是畅通国际法治交流合作。"海纳百川，有容乃大"，前海法治的纵深推进，需要在规则衔接与机制对接方面下大功夫，这离不开与发达国家、地区的法治交流与合作。通过加强合作，共享资源和信息，借鉴国际最佳法治实践，推动前海法治的国际化进程，不断提升营商环境的国际竞争力。国际交流合作还应发挥好宣传推广功能，举办具有国际影响力的法律论坛，拓展前海的国际法律朋友圈，在国内国际讲好前海法治故事，阐明前海国际法务区的优势和特色，吸引更多的企业和个人将前海作为首选地。加强与境内外媒体的合作，提升前海法治与前海国际法务区的国际美誉度、知名度和影响力。

六是科技赋能，推进前海法治智慧化发展。加强智能化法律服务工具的研发应用，通过数字化平台建设，提高法律服务的效率和便利性。利用现代科技手段，应用人工智能技术驱动的自然语言处理工具经验，建设高效便捷的法律服务平台。将已有法律查明、"一带一路"法治地图等搬到平台上，提供在线智慧化法律咨询、政策问答、文书撰写、合同审查、企业合规等服务。

参考文献

刘云亮：《中国特色自由贸易港法治创新研究》，法律出版社，2022。

徐现祥等：《中国营商环境调查报告》，社会科学文献出版社，2022。

柳立子、赵安然主编《广州法治化营商环境研究》，中国法制出版社，2021。

深圳市南山区城市管理和综合执法局（深圳前海蛇口自贸片区综合行政执法局）：《深圳前海蛇口自贸片区综合行政执法局 2022 年法治政府建设年度报告》。

《海南自由贸易港营商环境白皮书（2022 年度）》。

《前海合作区公平竞争发展状况白皮书（2022）》。

前海法院：《内地与香港地区公司股权转让规则比较白皮书》和《内地与香港地区民间借贷规则比较白皮书》。

前海法院：《关于深入推进跨境商事诉讼规则衔接工作指引》。

评 估 报 告

Assessment Report

B.2
前海法治评估报告（2023）

中国社会科学院国家法治指数研究中心项目组*

摘　要： 中国社会科学院国家法治指数研究中心项目组从规则制定、法治政府、司法建设、法治社会、保障监督五个方面对深圳前海法治示范区 2022 年及 2023 年上半年法治建设情况进行了第六次系统评估。评估显示，前海法治示范区的法治建设成绩亮眼，规则制定、政务公开、司法公开等方面走在全国前列，在粤港澳规则衔接、深港互联互通、法律事务对外开放等方面成绩斐然。未来，前海法治示范区应当继续深入推进改革创新，补齐短板，争取成为中国法治建设的排头兵和试验田。

* 项目组负责人：田禾，中国社会科学院国家法治指数研究中心主任，法学研究所研究员，中国社会科学院大学法学院特聘教授；吕艳滨，中国社会科学院法学研究所研究员、法治国情研究室主任，中国社会科学院大学法学院宪法与行政法教研室主任，教授。项目组成员：王小梅、王祎茗、田禾、吕艳滨、刘雁鹏、李玥、栗燕杰（按姓氏笔画排序）。执笔人：刘雁鹏，中国社会科学院法学研究所助理研究员；王祎茗，中国社会科学院法学研究所助理研究员；栗燕杰，中国社会科学院法学研究所副研究员；田禾；吕艳滨。

关键词： 法治评估　法治示范区　法治营商环境

自前海蛇口自贸片区（以下简称"前海"）挂牌以来，中央陆续出台了若干重磅文件支持前海规划建设、指引前海改革方向、引导前海创新路径①。作为改革开放"尖兵中的尖兵"，前海在法治建设方面大胆积极探索、先行先试，为深圳市、广东省法治建设发挥了模范和表率作用，为其他自贸区贡献了诸多值得借鉴的经验，为全国范围的法治改革提供了可参考的方案。为客观评估前海自贸片区法治建设的进展和成效，营造稳定公平透明、可预期的营商环境，自2018年以来，中国社会科学院国家法治指数研究中心、法学研究所法治指数创新工程项目组持续开展前海法治指数第三方评估，本次为第六年度评估。

一　评估指标体系

项目组依照党中央、国务院对法治发展的最新要求，遵循中央对前海自贸片区改革发展的最新部署，参考新出台或新修改的法律法规，吸收国内外自贸区评估的有益经验，动态调整了评估指标体系②。在指标数量上，本次评估指标体系包括5个一级指标、24个二级指标、90个三级指标、257个

---

① 例如，2019年8月，《中共中央　国务院关于支持深圳建设中国特色社会主义先行示范区的意见》提出："全面提升法治建设水平，用法治规范政府和市场边界，营造稳定公平透明、可预期的国际一流法治化营商环境。"2020年10月，中共中央办公厅、国务院办公厅印发的《深圳建设中国特色社会主义先行示范区综合改革试点实施方案（2020~2025年）》提出，"坚持市场化、法治化、国际化""打造市场化法治化国际化营商环境""推进改革与法治双轮驱动""强化法治保障"。2021年，中共中央、国务院印发的《全面深化前海深港现代服务业合作区改革开放方案》提出，"探索不同法系、跨境法律规则衔接""探索建立前海合作区与港澳国际民商事司法协助和交流新机制"。

② 最新涉及的文件有：《全面深化前海深港现代服务业合作区改革开放方案》、《中国人民银行　银保监会　证监会　外汇局　广东省人民政府关于金融支持前海深港现代服务业合作区全面深化改革开放的意见》（银发〔2023〕42号）、《交通运输部关于创新海事服务　支持全面深化前海深港现代服务业合作区改革开放的意见》（交海发〔2023〕35号）、《最高人民法院关于支持和保障全面深化前海深港现代服务业合作区改革开放的意见》（法发〔2022〕3号）。

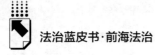

四级指标（见表1）。在指标内容上，指标体系保留了评价法治建设水平的基本内容，同时根据中央对深圳以及前海的最新要求，结合法治政府示范创建评估指标体系，优化了部分指标内容。

表1　前海法治评估指标体系

一级指标	二级指标	三级指标
规则制定	推进立法	立法规划
		立法计划
		规则衔接
		立法参与
		文本公开
		立法评估
	规范性文件	三统一
		科学性
		民主性
		合法性
		监督规范
		清理机制
		透明度
	重大决策	规范性
		科学性
		民主性
法治政府	简政放权	权力下放
		事项精简
		权力承接
		购买服务
	优化服务	网上办事
		流程优化
		政民互动
	执法监管	规范化
		"双随机、一公开"
		有效性
	清单制	权力清单
		责任清单
		负面清单

一级指标	二级指标	三级指标
法治政府	行政复议	行政复议指南
		复议决定公开
		复议保障体系
		复议体制改革推进
	公开透明	主动公开
		依申请公开
	改革创新	金融
		税收
		海关
		物流
	容错举报	容错机制
		投诉举报
司法建设	审判执行	司法改革推行
		执行能力提升
		知识产权保护
		法律事务对外开放水平
		阳光法院
		智慧法院
	检察权运行	检察改革推进
		检察监督
		互联网+检察
		阳光检务
	矛盾化解	调解
		仲裁
		合作机制
法治社会	社会治安	工作年报
		交通统计
		治安统计
		警情通报
	社会信用	信用记录
		守法诚信褒奖
		违法失信惩戒

续表

一级指标	二级指标	三级指标
法治社会	信访法治	渠道畅通性
		处置规范度
		信访秩序
	普法宣传	制度建设
		普法实践
		实施效果
	法治文化	法治文化阵地
		法治文化交流
	法律服务	法律查明
		深港国际法务区建设
		司法鉴定
		公证
保障监督	党的领导	党委组织
		党务公开
		基层党建
	队伍建设	法律顾问制度
		国际化法律服务队伍
		律师队伍建设
	廉政建设	廉政体制机制
		廉政规范体系
		信息化建设
		规范履职保护
		廉情预警评估
		总结报告
	基础研究	理论储备
		智库建设
		课题研究
		经费支持
		应用推广

本次评估重点考察的部门如下：深圳市人大常委会、深圳市政府、前海管理局、前海合作区人民法院、深圳国际仲裁院、深圳市前海国际商事调解中心（见表2）。

表 2　评估考察的部门

评估内容	考察部门
规则制定	深圳市人大常委会
	前海管理局等
法治政府	深圳市政府
	前海管理局
	深圳市前海地方金融监督管理局
司法建设	前海合作区人民法院
	深圳知识产权法庭
	深圳金融法庭
	前海蛇口自贸区人民检察院
	深圳国际仲裁院
	深圳市蓝海法律查明和商事调解中心
	深圳市前海国际商事调解中心等
法治社会	深圳市司法局
	中国港澳台和外国法律查明研究中心
	中国（深圳）知识产权保护中心
	深圳市前海公证处
	深圳市信用促进会
保障监督	深圳市司法局
	前海廉政监督局
	深圳市律师协会

二　总体结果

本次评估参考了法治政府示范创建评估的标准和尺度，并抽取了部分可以外部观察的指标与其他自贸（片）区进行横向对比，评估结果显示，本次前海总分 87.17 分，相比 2022 年的 87.12 分略有进步（见表 3、图 1、图 2）。在规则制定方面，前海不断完善规则体系，将《全面深化前海深港现代服务业合作区改革开放方案》的要求逐步落实，并加强同港澳联系，推动大湾区规则衔接。在法治政府方面，前海在金融、税务、物流等领域持续发力,深港互联互通迈上新台阶,法治化营商环境建设进入新阶段。在司法建设方面,前海推动智慧司法建设,推动法律事务对外开放,积极探索大湾区司法人才交流新模式。在法治社会方面,前海深化公共法律服务平台建设、通过中立评估搭建调解裁决新桥梁,努力营造和谐稳定的社会环境。在保障监督方面,前海成立企业廉洁促进与合规管理联合会,推动企业廉洁与合规建设。此外,为横向比较前海法治建设成果,项目组选取了规则制定、政务公开、司法公开三个视角对自贸(片)区进行了横向比较,通过比较不难发现,前海在众多自贸(片)区中先发优势明显,法治建设的重点领域持续领先。

表 3　前海历年评估结果对比

单位:分

一级指标及权重	2023 年	2022 年	2021 年	2020 年
规则制定(25%)	82.20	83.00	81.60	85.20
法治政府(25%)	88.60	90.63	90.50	85.15
司法建设(15%)	85.00	83.05	83.60	77.80
法治社会(20%)	91.30	85.96	78.85	80.56
保障监督(15%)	89.70	93.75	91.60	88.00
总分	87.17	87.12	85.23	83.57

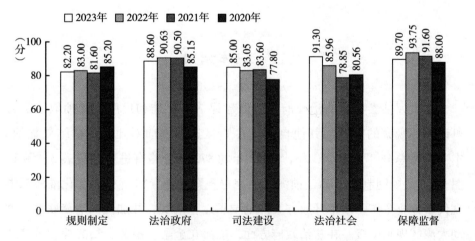

图 1　前海法治评估成绩对比

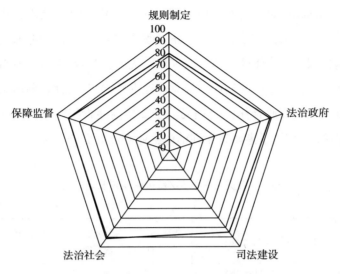

图 2　前海 2023 年度评估结果

（一）规则制定科学民主规范

自贸区承担着全面深化改革和扩大开放的重任，然而重大改革需于法有据、对外开放需有法可依，故规则体系建设对于自贸区而言至关重要。项目组选择规则制定民主性、规范性、科学性三个指标对自贸（片）区进行评估，并通过外部观察的形式就各个自贸（片）区规则制定情况进行了考察（见表4）。评估发现，前海在规则制定公开透明方面依然遥遥领先。首先，在规则制定民主性方面，前海积极公开征求意见采纳情况。对于与公众利益息息相关的规范性文件，前海不仅广泛征求意见，还将重点意见采纳情况在网上公开。一方面，积极引导公众参与规则制定，充分践行全过程人民民主；另一方面，消除了规范性文件中的瑕疵，有效提高了规范性文件的质量。其次，在规则制定规范性方面，前海注重规范性文件清理工作。前海建立了规范性文件定期清理机制，凡是重大法律、行政法规出台或修改后，均对相关规范性文件合法性进行重新审查，一旦发现同法律、行政法规相抵触，即可开展规范性文件修改或废止工作。最后，在规则制定科学性方面，前海注重规则出台同规划相结合。前海严格依照《全面深化前海深港现代服务业合作区改革开放方案》的要求，将规则制定同改革方案相结合。例如，《全面深化前海深港现代服务业合作区改革开放方案》提出："为港澳青年在前海合作区学习、工作、居留、生活、创业、就业等提供便利。"为此，前海出台《深圳市前海深港现代服务业合作区管理局关于支持港澳青年在前海就业创业发展的十二条措施》，扫清了港澳青年在前海就业创业的部分障碍。

表4　自贸（片）区/自贸港规则制定对比

单位：分

排名	自贸(片)区/自贸港	规则制定民主性	规则制定规范性	规则制定科学性	总分
1	中国(广东)自由贸易试验区——深圳前海蛇口片区	96	100	80	90.8
2	中国(广东)自由贸易试验区——广州南沙新区片区	96	84	90	90.0
3	中国(广东)自由贸易试验区——珠海横琴新区片区	90	100	80	89.0
4	中国(上海)自由贸易试验区——临港片区	88	100	80	88.4
5	中国(上海)自由贸易试验区——世博片区	88	100	80	88.4
6	中国(上海)自由贸易试验区——保税区片区	88	100	80	88.4
7	中国(上海)自由贸易试验区——金桥开发片区	88	100	80	88.4
8	中国(上海)自由贸易试验区——张江高科技片区	88	100	80	88.4
9	中国(上海)自由贸易试验区——陆家嘴金融片区	88	100	80	88.4
10	中国(江苏)自由贸易试验区——南京片区	88	100	79	88.0
11	中国(山东)自由贸易试验区——青岛片区	96	90	80	87.8

续表

排名	自贸（片）区/自贸港	规则制定民主性	规则制定规范性	规则制定科学性	总分
12	中国（四川）自由贸易试验区——成都天府新区片区	92	94	80	87.8
13	海南自由贸易港	80	94	88	87.4
14	中国（福建）自由贸易试验区——福州片区	92	94	79	87.4
15	中国（福建）自由贸易试验区——平潭片区	88	100	75	86.4
16	中国（福建）自由贸易试验区——厦门片区	88	90	82	86.2
17	中国（辽宁）自由贸易试验区——沈阳片区	96	90	75	85.8
18	中国（辽宁）自由贸易试验区——大连片区	88	92	79	85.6
19	中国（辽宁）自由贸易试验区——营口片区	88	86	79	83.8
20	中国（天津）自由贸易试验区——滨海新区中心商务片区	88	84	79	83.2
21	中国（天津）自由贸易试验区——天津港片区	88	84	79	83.2
22	中国（江苏）自由贸易试验区——苏州片区	88	100	66	82.8
23	中国（天津）自由贸易试验区——天津机场片区	84	86	79	82.6
24	中国（河南）自由贸易试验区——郑州片区	80	86	79	81.4
25	中国（重庆）自由贸易试验区——两江片区	60	94	80	78.2
26	中国（湖北）自由贸易试验区——武汉片区	80	100	58	77.2
27	中国（浙江）自由贸易试验区——杭州片区	80	78	72	76.2
28	中国（云南）自由贸易试验区——昆明片区	80	100	55	76.0

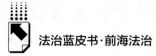
续表

排名	自贸(片)区/自贸港	规则制定民主性	规则制定规范性	规则制定科学性	总分
29	中国(浙江)自由贸易试验区——宁波片区	80	76	72	75.6
30	中国(湖北)自由贸易试验区——襄阳片区	80	94	57	75.0
31	中国(江苏)自由贸易试验区——连云港片区	88	100	40	72.4
32	中国(北京)自由贸易试验区——科技创新片区	88	90	40	69.4
33	中国(北京)自由贸易试验区——国际商务服务片区	88	90	40	69.4
34	中国(北京)自由贸易试验区——高端产业片区	88	90	40	69.4
35	中国(湖南)自由贸易试验区——岳阳片区	38	100	69	69.0
36	中国(浙江)自由贸易试验区——舟山片区	60	76	69	68.4
37	中国(湖南)自由贸易试验区——郴州片区	33	100	69	67.5
38	中国(河北)自由贸易试验区——雄安片区	32	100	69	67.2
39	中国(广西)自由贸易试验区——钦州港片区	29	58	100	66.1
40	中国(陕西)自由贸易试验区——中心片区	34	94	69	66.0
41	中国(河南)自由贸易试验区——洛阳片区	80	94	33	65.4
42	中国(河北)自由贸易试验区——正定片区	30	94	70	65.2
43	中国(湖北)自由贸易试验区——宜昌片区	36	88	69	64.8
44	中国(云南)自由贸易试验区——德宏片区	32	72	80	63.2

续表

排名	自贸（片）区/自贸港	规则制定民主性	规则制定规范性	规则制定科学性	总分
45	中国（陕西）自由贸易试验区——西安国际港务区片区	37	100	55	63.1
46	中国（黑龙江）自由贸易试验区——哈尔滨片区	70	60	60	63.0
47	中国（陕西）自由贸易试验区——杨凌示范区片区	33	94	60	62.1
48	中国（安徽）自由贸易试验区——合肥片区	60	70	55	61.0
49	中国（湖南）自由贸易试验区——长沙片区	35	94	55	60.7
50	中国（四川）自由贸易试验区——川南临港片区	35	84	57	58.5
51	中国（山东）自由贸易试验区——济南片区	50	43	70	55.9
52	中国（云南）自由贸易试验区——红河片区	34	40	80	54.2
53	中国（安徽）自由贸易试验区——芜湖片区	35	94	33	51.9
54	中国（广西）自由贸易试验区——崇左片区	29	38	79	51.7
55	中国（广西）自由贸易试验区——南宁片区	37	40	69	50.7
56	中国（山东）自由贸易试验区——烟台片区	37	33	69	48.6
57	中国（浙江）自由贸易试验区——金义片区	35	37	67	48.4
58	中国（河北）自由贸易试验区——曹妃甸片区	32	27	69	45.3
59	中国（四川）自由贸易试验区——成都青白江铁路港片区	35	40	55	44.5
60	中国（河南）自由贸易试验区——开封片区	34	29	57	41.7
61	中国（河北）自由贸易试验区——大兴机场片区	32	37	43	37.9
62	中国（重庆）自由贸易试验区——西永片区	35	33	33	33.6

续表

排名	自贸（片）区/自贸港	规则制定民主性	规则制定规范性	规则制定科学性	总分
63	中国（重庆）自由贸易试验区——果园港片区	35	33	33	33.6
64	中国（黑龙江）自由贸易试验区——黑河片区	34	32	33	33.0
65	中国（黑龙江）自由贸易试验区——绥芬河片区	32	33	33	32.7
66	中国（安徽）自由贸易试验区——蚌埠片区	35	27	33	31.8

（二）政务公开成绩依然亮眼

中国社会科学院国家法治指数研究中心项目组对自贸（片）区2023年政务公开情况进行了评估。本次评估选择了决策公开（20%）、管理和服务公开（35%）、执行和结果公开（35%）、平台建设（10%）四个指标，评估发现，深圳前海蛇口自贸片区在各个自贸（片）区政务公开排名中名列前茅，表现依然亮眼（见表5）。在决策公开层面，前海及时公开专项规划、重大决策以及政策解读，方便社会公众了解前海未来发展重点方向；在管理和服务公开方面，前海认真公开权责清单、政府采购项目、预决算等信息，接受群众监督；在执行和结果公开方面，前海及时公开重大项目和试点创新情况，为其他地区提供参考和借鉴。

表5 自贸（片）区政务公开对比

单位：分

排名	自贸（片）区	决策公开	管理和服务公开	执行和结果公开	平台建设	总分
1	中国（上海）自由贸易试验区——世博片区	91.25	83.00	64.15	100.00	79.76

排名	自贸（片）区	决策公开	管理和服务公开	执行和结果公开	平台建设	总分
2	中国（上海）自由贸易试验区——临港片区	90.00	82.90	64.15	100.00	79.47
3	中国（广东）自由贸易试验区——深圳前海蛇口片区	94.75	78.10	65.12	100.00	79.08
4	中国（广东）自由贸易试验区——广州南沙新区片区	83.25	75.40	74.98	97.50	79.04
5	中国（福建）自由贸易试验区——平潭片区	84.75	80.75	68.30	87.50	77.87
6	中国（上海）自由贸易试验区——张江高科技片区	81.25	83.00	64.15	100.00	77.76
7	中国（上海）自由贸易试验区——金桥开发片区	80.25	83.00	64.15	100.00	77.56
8	中国（上海）自由贸易试验区——陆家嘴金融片区	78.75	83.80	64.15	100.00	77.54
9	中国（上海）自由贸易试验区——保税区片区	77.50	83.00	64.15	100.00	77.01
10	中国（湖北）自由贸易试验区——武汉片区	70.50	58.20	76.15	90.00	70.13
11	中国（辽宁）自由贸易试验区——营口片区	88.50	57.95	58.80	97.50	68.32
12	中国（云南）自由贸易试验区——昆明片区	71.80	49.40	75.65	77.50	65.88
13	中国（陕西）自由贸易试验区——西安国际港务区片区	59.75	65.03	64.50	80.00	65.29
14	中国（辽宁）自由贸易试验区——大连片区	85.00	55.85	55.08	90.00	64.83
15	中国（浙江）自由贸易试验区——舟山片区	57.50	61.00	63.40	80.00	63.04
16	中国（广西）自由贸易试验区——南宁片区	72.50	77.35	28.85	100.00	61.67
17	中国（天津）自由贸易试验区——滨海新区中心商务片区	82.25	34.70	65.00	82.50	59.60

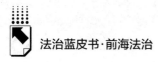

续表

排名	自贸(片)区	决策公开	管理和服务公开	执行和结果公开	平台建设	总分
18	中国(广西)自由贸易试验区——钦州港片区	95.80	52.73	39.62	67.50	58.24
19	中国(天津)自由贸易试验区——天津港片区	85.00	29.80	58.80	95.00	57.51
20	中国(广东)自由贸易试验区——珠海横琴新区片区	87.00	36.90	47.17	100.00	56.83
21	中国(广西)自由贸易试验区——崇左片区	84.75	57.95	25.20	100.00	56.06
22	中国(福建)自由贸易试验区——厦门片区	84.75	47.80	34.50	100.00	55.76
23	中国(四川)自由贸易试验区——成都天府新区片区	82.50	37.45	43.82	97.50	54.70
24	中国(江苏)自由贸易试验区——南京片区	83.50	27.70	52.40	75.00	52.24
25	中国(福建)自由贸易试验区——福州片区	84.00	24.60	36.88	80.00	46.32
26	中国(河南)自由贸易试验区——洛阳片区	27.90	42.00	47.35	67.50	43.61
27	中国(山东)自由贸易试验区——青岛片区	94.75	29.78	8.42	100.00	42.32
28	中国(湖南)自由贸易试验区——郴州片区	42.90	37.35	38.42	70.00	42.10
29	中国(陕西)自由贸易试验区——杨凌示范区片区	69.25	37.15	20.57	70.00	41.06
30	中国(重庆)自由贸易试验区——两江片区	64.00	15.80	36.65	87.50	39.91
31	中国(天津)自由贸易试验区——天津机场片区	65.55	15.05	42.25	60.00	39.17
32	中国(湖北)自由贸易试验区——宜昌片区	48.80	35.70	25.02	80.00	39.02
33	中国(陕西)自由贸易试验区——中心片区	65.00	15.93	33.17	72.50	37.44

续表

排名	自贸（片）区	决策公开	管理和服务公开	执行和结果公开	平台建设	总分
34	中国（辽宁）自由贸易试验区——沈阳片区	82.50	21.20	19.10	60.00	36.61
35	中国（河北）自由贸易试验区——正定片区	69.10	30.30	14.60	57.50	35.29
36	中国（湖南）自由贸易试验区——岳阳片区	62.50	18.75	25.02	60.00	33.82
37	中国（四川）自由贸易试验区——川南临港片区	58.90	29.80	10.02	70.00	32.72
38	中国（河南）自由贸易试验区——郑州片区	65.25	21.00	6.02	100.00	32.51
39	中国（湖北）自由贸易试验区——襄阳片区	60.00	12.70	25.02	65.00	31.71
40	中国（河北）自由贸易试验区——曹妃甸片区	68.50	17.25	5.02	80.00	29.50
41	中国（云南）自由贸易试验区——德宏片区	46.50	24.00	3.52	75.00	26.44
42	中国（河南）自由贸易试验区——开封片区	42.00	4.50	20.77	90.00	26.25
43	中国（山东）自由贸易试验区——济南片区	47.00	25.40	11.87	35.00	25.95
44	中国（黑龙江）自由贸易试验区——黑河片区	34.10	30.50	5.02	60.00	25.26
45	中国（河北）自由贸易试验区——雄安片区	76.00	0.00	6.02	70.00	24.31
46	中国（湖南）自由贸易试验区——长沙片区	46.35	10.30	19.95	40.00	23.86
47	中国（山东）自由贸易试验区——烟台片区	31.80	7.80	11.02	95.00	22.45
48	中国（云南）自由贸易试验区——红河片区	54.60	0.00	6.77	90.00	22.29
49	中国（河北）自由贸易试验区——大兴机场片区	47.05	12.40	5.07	62.50	21.78

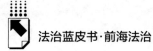

续表

排名	自贸(片)区	决策公开	管理和服务公开	执行和结果公开	平台建设	总分
50	中国(浙江)自由贸易试验区——金义片区	56.55	2.35	10.32	35.00	19.25
51	中国(安徽)自由贸易试验区——蚌埠片区	52.00	3.20	10.02	35.00	18.53
52	中国(四川)自由贸易试验区——成都青白江铁路港片区	46.80	1.60	10.02	45.00	17.93
53	中国(安徽)自由贸易试验区——芜湖片区	24.95	3.20	10.02	35.00	13.12
54	中国(安徽)自由贸易试验区——合肥片区	21.80	3.20	10.02	35.00	12.49
55	中国(黑龙江)自由贸易试验区——绥芬河片区	14.10	0.00	7.92	45.00	10.10
56	中国(浙江)自由贸易试验区——宁波片区	—	—	—	—	—
57	中国(浙江)自由贸易试验区——杭州片区	—	—	—	—	—
58	中国(重庆)自由贸易试验区——西永片区	—	—	—	—	—
59	中国(重庆)自由贸易试验区——果园港片区	—	—	—	—	—
60	中国(江苏)自由贸易试验区——苏州片区	—	—	—	—	—
61	中国(江苏)自由贸易试验区——连云港片区	—	—	—	—	—
62	中国(黑龙江)自由贸易试验区——哈尔滨片区	—	—	—	—	—
63	中国(北京)自由贸易试验区——科技创新片区	—	—	—	—	—
64	中国(北京)自由贸易试验区——国际商务服务片区	—	—	—	—	—
65	中国(北京)自由贸易试验区——高端产业片区	—	—	—	—	—

（三）司法透明度突飞猛进

中国社会科学院国家法治指数研究中心对全国 14 家专门法院 2022 年度司法透明度进行了评估，评估结果显示，深圳前海合作区人民法院成绩突飞猛进，从上一年度的第 8 名进步到本年度的第 4 名（见表 6）。深圳前海合作区人民法院以公开为抓手，不断提升服务诉讼当事人、服务社会治理、服务监督管理水平。一方面，深圳前海合作区人民法院在门户网站、移动终端手机 App、诉讼服务自助终端、微信公众平台等媒介上同步推进司法公开四大平台，让人民群众能够以最便利的方式接近司法；另一方面，深圳前海合作区人民法院打造诉讼事项全流程审判新模式，全面实现了网上立案、电子送达、远程视频委托见证、远程调解、网上评审和网上执行，极大节约了当事人的时间成本。

表 6 专门性法院司法透明度排名

排名	专门法院	2021 年排名	排名变动	总分（分）	服务诉讼当事人（分）	服务社会治理（分）	服务监督管理（分）
1	中国（广东）自由贸易试验区南沙片区人民法院	2	1	80.12	65.10	87.15	93.10
2	广州互联网法院	3	1	71.40	56.80	66.15	96.10
3	广州知识产权法院	5	2	69.35	52.80	63.75	97.00
4	深圳前海合作区人民法院	8	4	63.29	54.20	49.80	88.90
5	北京金融法院	9	4	61.79	48.50	61.80	79.50
6	重庆两江新区（自贸区）人民法院	1	−5	58.56	48.55	33.75	96.70
7	上海知识产权法院	12	5	58.36	51.40	68.40	57.60
8	北京互联网法院	6	−2	58.08	51.30	48.00	77.20
9	北京知识产权法院	10	1	57.08	46.50	56.55	71.70
10	成都天府新区（自贸区）法院	7	−3	56.83	58.60	49.80	61.50
11	中国（河南）自由贸易试验区郑州片区人民法院	——	——	56.47	58.40	57.75	52.60
12	上海金融法院	11	−1	53.50	41.95	51.90	70.50
13	珠海横琴新区法院	4	−9	53.46	65.70	22.50	68.10
14	杭州互联网法院	13	−1	38.19	37.35	52.80	24.70

三 前海法治评估发现的亮点

（一）推动粤港深度合作，推进跨境规则衔接

前海是粤港澳合作桥头堡，是构建对外开放新格局的试验田，是推进粤港澳大湾区建设的先遣队。前海联合香港各部门共同发布政策，推进深港金融互联互通，推动跨境商事法律规则衔接。

一是推动粤港合作，共同发布政策。为推动粤港澳大湾区建设，进一步推进规则衔接，前海管理局同香港各部门针对经济发展、知识产权保护等内容联合发文。该举措不仅深化了深港常态化交流合作机制，还增加了深港规则衔接、机制对接的经验。一则，前海管理局和香港财经事务及库务局共同发布《支持前海深港风投创投联动发展的十八条措施》，这是深港首次采取联合公告形式对外发布的"政策包"，引发业界热烈反响。二则，前海管理局和香港商务及经济发展局共同制定《关于协同打造前海深港知识产权创新高地的十六条措施》，支持香港知识产权在前海转化运用，打造知识产权跨境服务体系，共建前海深港知识产权创新高地，为粤港澳大湾区经济社会发展提供有力支撑。

二是推进深港金融互联互通。《全面深化前海深港现代服务业合作区改革开放方案》要求："与香港金融市场互联互通、人民币跨境使用、外汇管理便利化等领域先行先试。"随后，前海管理局同香港特别行政区政府财经事务及库务局联合发布《关于支持前海深港风投创投联动发展的十八条措施》。随着该措施的落地，香港投资者准入要求降低、投资范围拓宽、投资申办流程简化，投资热情高涨，深港金融互联互通迈上了新台阶。截至2023年4月，前海港资QFLP管理企业79家①，占全市的90%，基金规模

---

① QFLP（Qualified Foreign Limited Partner）即合格境外有限合伙人，是指境外机构投资者在通过资格审批和其外汇资金的监管程序后，将境外资本兑换为人民币资金，投资国内的PE以及VC市场。《中国人民银行 银保监会 证监会 外汇局 广东省人民政府（转下页注）

约 66 亿美元，重点投资半导体及电子设备、生物医药、新能源等"20+8"战略新兴产业，有效促进资金跨境流动，支撑实体企业发展。目前，前海已经成为大湾区资金联通最重要的枢纽之一。

三是推动跨境商事法律规则衔接。《最高人民法院关于支持和保障全面深化前海深港现代服务业合作区改革开放的意见》要求："推进与港澳法律规则衔接、机制对接。"评估发现，近年来，前海利用特区立法权出台前海合作区条例，允许民商事合同当事人一方为在前海注册的港澳台资及外商投资企业协议选择合同适用的法律，突破了《涉外民事关系法律适用法》需合同具有涉外因素方可适用域外法的规定。同时，前海法院通过"港区调解""港区陪审"制度和深圳国际仲裁制度保障落实当事人适用境外法的选择。此外，通过成立粤港澳合伙联营律师事务所、设立域外法查明专业机构和打造"一带一路"法治地图项目为当事人适用境外法提供服务保障和资源支撑。通过上述一系列举措，前海为推动跨境商事法律规则衔接提供可参考、可借鉴、可复制的样本。

（二）保障改革于法有据，引领体制机制创新

创新是引领发展的第一驱动力，紧抓创新就是把握经济发展的命脉，就是谋求社会进步的未来。前海作为改革创新的先行者，不仅"敢为天下先"，而且"善为天下先"。前海依托中央顶层设计的内容和要求，通过规则体系构建及完善，保障重大改革于法有据，引领体制机制创新。

一是保障改革于法有据。前海作为改革开放"尖兵中的尖兵"，在诸多领域获得顶层设计的支持，并积极将各种中央政策贯彻落地，转化为可行性方案。例如，2023 年 2 月发布的《中国人民银行 银保监会 证监会 外

---

① （上页注①）关于金融支持前海深港现代服务业合作区全面深化改革开放的意见》指出："优先支持在香港有限合伙基金制度安排下注册的私募股权基金获得合格境外有限合伙人（QFLP）资质以及直接申请在前海合作区设立合格境外有限合伙人，参与内地私募股权投资，在总量管理的基础上，允许灵活自主配置和更换投资项目，优先支持获得合格境外有限合伙人资质的机构主体运作一年后直接申请合格境内投资者境外投资资质。"

汇局 广东省人民政府关于金融支持前海深港现代服务业合作区全面深化改革开放的意见》提出，允许前海跨境人民币业务开展探索尝试。2023 年 7月 10 日，《关于贯彻落实金融支持前海深港现代服务业合作区全面深化改革开放意见的实施方案》出台，提出六大方面共计 115 条内容，旨在全面强化前海在金融对外开放和跨境人民币业务等方面的功能，将中央政策贯彻落地的同时，支持香港融入国家金融改革开放新格局，提升香港国际金融中心地位。

二是完善规则体系，推动制度创新。制度创新是前海模式的核心，亦是前海成为改革开放新高地的关键。前海自贸区成立以来，已经建立了以"三条例两办法"为核心、布局合理、层次分明的前海规则体系。同时前海将诸多制度创新融入规则体系，巩固制度创新成果。近年来，前海制度创新屡创新高，截至 2023 年 5 月底，前海已累计推出 765 项制度创新成果，其中全国复制推广 76 项。在《关于推广借鉴深圳综合改革试点首批授权事项典型经验和创新举措的通知》形成的 18 条典型经验和创新举措中，有 7 项创新举措为中央驻深各部门、市直各单位在前海率先试点。

三是推动前海涉税服务创新。为打造前海涉税服务业集聚区、支持涉税服务业高质量发展、深化深港澳涉税服务业合作、建设国际化涉税服务专业队伍、营造良好的产业生态环境，前海管理局联合深圳市税务局发布《关于支持前海深港现代服务业合作区涉税服务业创新发展十八条措施》（以下简称"十八条措施"）。评估发现，"十八条措施"通过补贴、奖励等方式，支持涉税服务业高质量发展，打造大湾区涉税服务业发展高地。例如，新设立或新迁入前海的税务师事务所，一次性奖励 15 万元，全国百强所最高奖励 200 万元，百强所分支机构最高奖励 100 万元。

（三）创设法治政府范本，打造一流营商环境

前海作为国家唯一批复的中国特色社会主义法治建设示范区，始终秉承法治就是最好的营商环境的理念，出台行政处罚减免责清单，发挥政府法律顾问作用，不断以更高的标准建设法治政府，打造一流的营商环境。

一是出台行政处罚减免责清单。《全面深化前海深港现代服务业合作区改革开放方案》要求："打造审慎包容监管环境，促进依法规范发展，提升监管能力。"前海为贯彻落实改革开放方案，在金融领域先行先试。2023年5月，深圳市前海地方金融监督管理局制定并公开了行政处罚减免责清单。凡是清单上列举的行为，如未经批准擅自设立融资担保公司等行为将减轻处罚。

二是发挥政府法律顾问作用。积极推行政府法律顾问制度，有利于推进法治政府建设，有益于提升行政决策水平，有助于加强法治工作队伍建设。评估发现，前海管理局充分发挥政府法律顾问作用，全年法律顾问反馈或审核重大制度意见130余件次，审核各类合同1000余份，出具法律意见4000余条，为疫情防控、重大项目建设、重大决策、行政复议诉讼和突发事件应对提供法律支持，全面防控政府法律风险。

三是打造前海免税品集散中心。前海推进"保税+免税+跨境电商+一般贸易"联动模式，货物从香港入区保税仓储后再出区供应免税店，同时，支持"过期不能使用或变质以外的免税品"退运，进一步实现综合保税区外免税品监管仓库与区内保税货物监管仓库流转，提高免税货物流通销售效率。2022年由前海综合保税区调拨至海南的免税品占海南离岛免税品总量的1/3，2023年1~6月前海综合保税区实现免税品进出口额37.5亿元，其中调拨供应海南离岛免税货物约18亿元。

四是投资开放程度不断深化。前海开展港澳跨境服务贸易负面清单管理试点，自贸试验片区外资准入负面清单进一步缩减至27条，探索放宽服务业准入，实现试验片区制造业负面清单条目清零。2022年，前海蛇口自由贸易试验片区实际使用外资55.8亿美元，同比增长3.3%，占全市的50.9%。2023年1~6月，前海合作区企业进出口2159.5亿元，其中与中国香港贸易额302.4亿元，同比增长39.8%；前海综合保税区企业进出口1096.7亿元，其中对港贸易额210.4亿元，同比增长达80.7%，香港均为第一大贸易地。

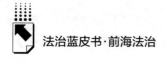

（四）推动司法改革创新，推进司法人才交流

司法改革既离不开中央顶层设计，也离不开基层制度创新。前海在全面准确落实司法责任制、深化司法体制综合配套改革过程中，坚持守正创新，结合自身实际状况，探索司法改革创新路径，开创司法人才交流新模式。

一是建立执行信息屏蔽制度。所谓"执行信息屏蔽"，是指被执行人的相关案件信息在"中国执行信息公开网"上暂时查询不到。对于在前海信用排名比较靠前的企业，其诚信指数暂时不会有所变动，并不会影响公司参与投标、融资、开设资管基金等正常的经营活动。这种善意灵活的执行措施能帮助它们尽快周转资金并履行法律文书义务，较快恢复正常经营。前海法院与前海管理局共同建立诚信企业名单，通过对 17 个二级指标共 117 个评分子项的分析，评定信用 A 类企业。这些信用 A 类企业，都是首次涉诉企业，之前没有不良司法记录。只要是名单中的前海信用 A 类企业，前海法院在执行过程中都视具体情况采取更加灵活、善意的执行措施，包括暂缓失信信息公开、适当设置执行宽限期、坚持比例原则灵活查封财产、慎用罚款和拘留等强制措施、出具自动履行生效法律文书证明等，保障这些企业在积极偿还债务的同时能够良好运转、正常经营。截至 2023 年 6 月，前海法院共办结诚信企业案件 3666 件，涉及诚信企业 315 家，结案标的额 52.78 亿元。

二是创新"检察+公证"监督模式。2023 年 2 月，前海检察院与前海公证处签署了《关于合理推进"检察+公证"现代化法律监督模式合作协议》，共同打造专业服务、集约管理、精准监督的现代化法律监督模式。推动"检察+公证"有利于进一步提高检察机关的司法公信力和司法效率，有利于主动接受监督、推进司法公开，有利于进一步汇聚法治合力、助力推动前海建设国际一流的法治化营商环境。

三是开创司法人才交流新模式。随着前海自贸区扩大开放和深化发展，大湾区融合发展不断深入，对跨境法律服务产生了较大市场需求。前海法院受理涉外涉港澳台商事案件增长速度较快，特别是涉港案件，占该类案件总数的近七成。为打造一流法治营商环境，在全国率先建立香港地区陪审员制度、聘任港澳调解员参与调解工作，开展多元化体系化对港澳司法交流活动，不断提升法律事务对外开放水平、跨境商事法律规则衔接水平，探索了一条具有前海特色的湾区法律人才交流融合新路子。截至 2023 年 5 月，前海法院先后选任 32 名港籍陪审员、45 名港澳台和外籍调解员参与涉港澳案件审理和调解工作。其中适用香港法审理案件 118 件，调解涉港澳案件 2448 件，在全国基层法院位居第一。

（五）聚集高端法律服务机构，提升涉外法律服务水平

深入推进涉外法律服务是统筹推进国内法治与涉外法治的重要内容，是构建发展新格局、服务高水平对外开放的需要。近年来，前海围绕中心工作，充分发挥自身优势，聚集高端法律服务机构，不断提升涉外法律服务水平，为促进经济社会发展提供法治保障。

一是高端法律服务机构云集前海。评估发现，已有多家高端境外律师事务所和顶级国内律所选择在前海布局。前海已经构建起仲裁、调解、律师服务、公证、司法鉴定、法律查明、中立评估等全链条法律服务体系，截至 2023 年 6 月底，已有 175 家法律服务机构集聚前海，粤港澳联营律师事务所 7 家，占广东省的 50%，68 名港澳律师在前海执业，大湾区律师 35 人，较上年分别增长 42% 和 46%，通过跨境法律服务规则的"软联通"，深入推进大湾区深港法律事务合作，前海法律事务对外开放水平明显提升。

二是开展中外律所联营试点。传统模式下，企业、组织和个人在境内产生同时涉及境内、境外的法律服务需求，需要同步委托国内律师事务所及国际律师事务所共同完成。这种模式无疑增加了企业、组织和个人的成本。为探索涉外法律服务新模式，广东省司法厅制定印发《关于在前海深港现代服务业合作区开展中外律师事务所联营试点实施办法》，前海成为目前广东获准开展中国律师事务所与外国律师事务所联营试点的唯一地区。在此模式下，企业、组织、个人仅需委托联营所即可满足上述法律服务需求，不仅更为便利，还可以获得更紧密、更专业的一体化法律服务。

三是提升法律事务对外开放水平。《最高人民法院关于支持和保障全面深化前海深港现代服务业合作区改革开放的意见》要求："扎实推进制度改革创新，推动现代服务业创新发展，提升法律事务对外开放水平，增强审判工作在粤港澳大湾区建设中的法治示范功能。"前海依托最高人民法院第一巡回法庭（第一国际商事法庭）和深圳国际仲裁院，以司法终审和一裁终局的"双终局"架构为两支柱，打造稳定、公平、透明、可预期的营商环境，不断提高法律事务对外开放水平。截至 2023 年 2 月，前海法院适用域外法审理案件 166 件，其中适用香港法审理 117 件（居全国法院第一）；深圳国际仲裁院适用域外法案件 114 件，含适用香港法 65 件，受理案件总争议金额人民币 1272 亿元，跃居亚洲第一、全球前三；全国 16 家粤港澳联营律师事务所有 8 家落户前海。

四是深圳国际仲裁院成绩显著。评估发现，深圳国际仲裁院取得显著成绩，多项重要指标位居全国第一、亚洲第一，其中，最关键的业务指标受理案件总争议金额人民币 1272 亿元，跃居亚洲第一、全球前三。深圳国际仲裁院深入推进"六个国际化"，香港法律专业人士可以理事、仲裁员、调解员、代理人、专家证人五种身份参与前海国际仲裁。深圳国际仲裁院率先在国内适用联合国贸易和发展会议规则，允许当事人在有涉港因素的情况下可以选择香港作为仲裁地进行仲裁。深圳国际仲裁院持续优化招才引智格局，在深圳加快集聚不同法域的世界高端仲裁人才，加快建设国际一流仲裁人才队伍。2022 年，深圳国际仲裁院启用新一届仲裁员名册。1547 名仲裁员覆盖全球 114 个国家和地区，境外仲裁员占比 36.78%，国际化程度进一步增强。2022 年深圳国际仲裁院受理涉外案件总争议金额 420 亿元，个案最高争议金额人民币 239.91 亿元，个案争议金额在 10 亿元以上的案件数量为 21 件，受理涉外案件覆盖国家和地区累计 138 个，均位居全国第一，案件当事人涉及 38 个国家和地区。

（六）保障优秀人才供给，推动新型智库落地

人才是经济发展的重要财富，是社会进步的重要资源。一方面，前海充

分利用粤港澳大湾区的地理优势，加强与港澳专业服务人才资质互认，为港人港企在前海发展提供支持，推动粤港澳大湾区相互融合。另一方面，前海推动新型智库落地，为源源不断提供人才创造条件，推动理论与实践相结合，推进人才与需求相匹配。

一是加强专业服务资质互认。《粤港澳大湾区发展规划纲要》要求："加强人才国际交流合作，推进职业资格国际互认。"专业服务资质互认有助于推动粤港澳大湾区人才交流，有利于激发粤港澳大湾区人才活力，为人才跨地区、跨行业、跨体制流动提供便利条件。评估发现，目前前海已经实现香港税务、建筑、规划、文旅等 18 类人才通过执业登记或执业备案后即可在前海执业。截至 2023 年 5 月，已有 522 名港澳专业人士完成跨境执业登记或备案，其中涉税领域 69 人，工程建设领域 418 人，文化旅游领域 26 人，医疗服务领域 9 人。在前海港资企业工作的香港居民超过 7500 人。

二是为港人港企在前海发展提供支持。《粤港澳大湾区发展规划纲要》指出，支持与香港、澳门建立创新创业交流机制，共享创新创业资源，共同完善创新创业生态，为港澳青年创新创业提供更多机遇和更好条件。前海发布"惠港九件实事"，从住房、创业、服务、就业、平台、科创、金融、落户、民生九个方面，为港人港企在前海发展提供全方位支持，为港澳青年在深圳发展提供便利化条件，旨在增强港人归属感、港企获得感、港机构参与感。聚焦深港合作硬联通、软联通、心联通，前海对港资港企提供优惠政策、建设重大合作平台，举办了粤港澳大湾区青年创业大赛等项目，建设了 7000 多套人才住房，建设前海深港青年梦工场，提供港人港味港服务，孵化了 700 多个创业团队，香港团队占比在一半以上。

三是推动前海法治智库落地。《全面深化前海深港现代服务业合作区改革开放方案》提出："发展中国特色新型智库，建设粤港澳研究基地。"目前，包括中国社会科学院全面依法治国智库、中山大学粤港澳发展研究院、中信改革研究发展基金会等机构已经落户前海，发挥智库咨政建言、理论创新、对外交流等方面的专业优势。在此基础上，2023 年，深圳国际仲裁院获批设立博士后创新实践基地，成为中国仲裁领域首个博士后基地。该基地的建成有利于落实中央全面依法治国委员会《国际商事仲裁中心建设试点方案》要求，为加快建设面向全球的国际商事法律和争议解决服务中心提供人才和研究支撑。

（七）完善廉政监督体系，推动企业合规管理

完善的廉政监督体系是实现自我净化、自我革命、自我完善的重要制度，是保持廉洁自律、预防腐败、纠正不正之风的重要保障。前海通过一系列举措不断健全行政制约和监督体系，完善企业合规管理，推动前海企业廉洁自律，保障社会风清气廉。

一是健全行政权力制约和监督体系。评估发现，前海通过行政诉讼、行政复议、审计、行政督查等一系列举措不断健全行政权力制约机制，完善行政监督体系。在行政诉讼和复议方面，前海深入推进法定机构负责人出庭应诉工作，实现法定机构负责人出庭应诉100%全覆盖。2022年前海管理局行政诉讼数量1件，行政复议案件数量1件，较往年有所下降。在审计方面，前海管理局机构改革专门成立审计与内控处，依法履行审计监督职责，编制实施年度内部审计项目计划，2022年已完成全部7个内部审计项目。在行政督查方面，前海管理局协助市政府完成中央、省、市部署安排的各项工作任务，其中省政府重点工作及民生实事涉前海共主办2项、协办3项，市政府重点工作及民生实事涉前海主办5项、协办12项。

二是成立前海企业廉洁促进与合规管理联合会。为深入贯彻落实《全面深化前海深港现代服务业合作区改革方案》，前海金融控股有限公司、深圳市机场（集团）有限公司、深圳市前海蛇口自贸投资发展有限公司等单位联合发起设立前海企业廉洁促进与合规管理联合会。联合会现有53家会员单位，涵盖了央企、国企、民企、港企各类型企业，覆盖了前海区域内金融业、专业服务业、现代物流业、科技业等各行业代表性企业。联合会的成立，标志着前海在推动企业廉洁与合规建设迈向新阶段、打造新高地上走出了重要一步，具有重要的示范引领作用。

四 评估发现的问题

（一）规则体系建设存在瑕疵

前海坚持立法先行，实行基础性立法、产业性规定和配套性制度三管齐下，打造了"条例+办法+指引"梯次型规则体系。在肯定前海规则体系建设成绩的同时，也要看到规则体系建设存在的部分瑕疵。

一是规则配套有待加强。规则体系的构建需要来自不同部门的配合和衔接，目前前海在推动深港澳合作过程中，规则配套亟须加强。例如，《深圳经济特区前海蛇口自由贸易试验片区条例》第19条规定："允许符合条件的港澳商事主体在自贸片区进行登记后，依法从事相关经营活动。具体办法由市人民政府另行制定。"至今，深圳市人民政府的具体办法仍未出台，这在一定程度上影响了港澳在前海投资兴业。

二是部分规范性文件征求意见时间略短。《优化营商环境条例》第62条规定："除依法需要保密外，制定与市场主体生产经营活动密切相关的行政法规、规章、行政规范性文件，应当通过报纸、网络等向社会公开征求意见，并建立健全意见采纳情况反馈机制。向社会公开征求意见的期限一般不少于30日。"评估发现，前海大部分征求意见时间为30日，有部分规范性文件征求意见时间略短，不利于社会公众充分表达意见。前海管理局公开征求《深圳市前海深港现代服务业合作区支持港澳医疗机构集聚发展办法（征求意见稿）》意见发布日期为2023年7月3日，结束日期为7月12日，征求意见时间为10天。前海管理局公开征求《深圳市前海深港现代服务业合作区管理局关于支持港澳青年在前海就业创业发展的十二条措施（征求意见稿）》意见，发布日期为6月7日，结束日期为6月16日，征求意见时间为10天。

三是规范性文件公开不及时。规范性文件成文后应当立即公开，对于影响公民、组织、企业的部分规范性文件甚至需要做好预公开。评估发现，部分规范性文件公开不及时，影响了社会公众了解文件内容。例如，《深圳市前海深港现代服务业合作区管理局关于服务深港合作　鼓励总部企业发展的实施办法》文件成文日期为 2022 年 12 月 28 日，根据该文件，成文日期办法即生效实施，但发布日期晚于成文日期，发布日期为 2023 年 1 月 9 日。此处并非孤例，《深圳市前海深港现代服务业合作区管理局支持科技创新实施办法（试行）》2023 年 8 月 6 日生效，公开日期为 8 月 10 日，规范性文件公开亦出现不及时现象。

四是规范性文件清理有遗漏。尽管前海建立了完善的规范性文件清理机制，但依然不能保证所有文件均及时清理。评估发现，部分规范性文件清理存在遗漏，未能及时废止。例如，2023 年 6 月，深圳市前海管理局印发的《深圳市前海深港现代服务业合作区香港工程建设领域专业人士执业备案管理办法（修订）》第 20 条规定，本办法自印发之日实施，同时《深圳市前海深港现代服务业合作区香港工程建设领域专业人士执业备案管理办法》（深前海规〔2020〕7 号）废止，而在前海门户网站中，深前海规〔2020〕7 号依然是现行有效状态，未被清理。

五是规范性文件表述错误。评估发现，前海部分规范性文件引用中央文件表述存在瑕疵。例如，《深圳前海深港现代服务业合作区产业投资引导基金管理办法》第 1 条表述本办法依据时，将其描述为"为贯彻落实《中共中央　国务院关于深化体制机制改革　加快实现创新驱动发展战略的若干意见》（中发〔2015〕8 号）文件精神"。而该文件标题为"中共中央　国务院关于深化体制机制改革　加快实施创新驱动发展战略的若干意见"，不是"实现"而是"实施"。

（二）法治政府仍有进步空间

前海诸多改革创新为其他自贸（片）区提供了可参考、可复制的经验，尤其是在法治政府建设方面取得了不俗的成绩。但也应看到，前海在推进法治政府建设过程中，存在权责清单清理不及时、法治政府建设年报公开过早。

一是权责清单清理不及时。近年来，中国立法处于加速状态，每年立法机关制定、修改、废止大量的法律、行政法规、部门规章。对此，地方政府应当及时清理权责清单，保障权责清单依据正确。评估发现，前海权责清单清理不及时，存在以下问题。一则，部分法律法规已经修改或废止，却依然是行政审批的依据。例如，在前海权力清单中，设立外籍人员子女学校的审批依据是《中华人民共和国国家教育委员会关于开办外籍人员子女学校的暂行管理办法》（教外综〔1995〕130号），而该办法已经被废止。二则，权力清单依据的法律法规名称不准确。例如，高等学校教师资格认定的依据是《教师资格条例》，事实上并没有一部名叫"中华人民共和国教师资格条例"的行政法规，该条例的全称是《教师资格条例》，法律法规是严肃的，名称要准确，否则会造成认知错误。三则，部分权力清单的依据已经失效。例如，临时用地审批的法律法规依据是《广东省实施〈中华人民共和国土地管理法〉办法》，而该办法已经失效。

二是法治政府建设年报公开过早。法治政府建设年报是政府法治建设的年度总结，是展示法治建设成果的重要窗口，是未来一年法治发展的年度计划。《法治政府建设与责任落实督察工作规定》要求："每年4月1日之前，地方各级政府和县级以上政府部门的法治政府建设年度报告，除涉及党和国家秘密的，应当通过报刊、网站等新闻媒体向社会公开，接受人民群众监督。"评估发现，前海管理局、前海蛇口自贸片区综合行政执法局法治政府建设年度报告公开略微过早。其中前海蛇口自贸片区综合行政执法局2022年法治政府建设年度报告公开时间是2022年11月25日，此时2022年尚且没有结束，12月一整月的工作亦是2022年的重要组成部分，提前发布法治政府建设年度报告并不符合"年报"的题中应有之义。

（三）部分平台建设有待加强

网上平台是展示前海工作成效的窗口、是传递重要信息的手段、是同社会公众沟通联系的渠道。评估发现，部分平台存在运行不稳定、内容公开不完整、平台之间数据存在壁垒等问题。

一是前海法院的门户网站不稳定。前海合作区人民法院主要通过门户网站和微信公众号两种渠道实现司法公开。其中，前海合作区人民法院可以通过微信公众号实现网上立案、在线缴费、联系法官等功能，亦可了解审判流程、典型案例，还可观看庭审直播、浏览裁判文书。但由于微信公众号存在碎片化问题，会遗漏诸多重要信息，如缺少执行信息公开、司法数据公开等内容。故司法公开依然应当以门户网站为第一平台。评估发现，前海合作区人民法院门户网站运行不稳定，多次未能有效打开，给人民群众了解前海合作区人民法院带来了不必要的麻烦。

二是前海法院司法数据公开不完整。尽管前海合作区人民法院在专门法院司法公开评估中取得良好成绩，位列专门法院第 4 名，但不可否认，前海合作区人民法院在司法公开方面依然存在改进空间。评估发现，前海合作区人民法院未能及时公开工作报告，截至评估结束依然没有公开 2022 年工作报告；执行信息仅仅公开了 2022 年情况，缺少 2023 年信息数据。

三是前海信用平台数据壁垒亟须打通。信用体系构建需要政府、法院、检察院、仲裁等多方参与、共同努力。前海信用作为集中展示前海企业、组织、个人的信用平台，应当尽量汇聚行政执法、司法判决等多方面信息，以方便了解这些企业、组织、个人信用状况。评估发现，目前前海信用服务平台中的数据与其他机构的数据尚存在一定壁垒，信息互通尚且存在障碍，部分行政处罚信息、法院执行信息、信用承接和褒奖信息并没有完全体现在前海信用平台中。

（四）纠纷化解普法存在缺陷

前海在构建社会治理新格局、探索纠纷化解新路径方面进行了大量有益探索，但前海涉外律师数量依然存在缺口，争议解决规则、普法责任清单制订及公开依然有完善空间。

一是涉外律师数量依然存在缺口。目前全国能够熟练从事涉外法律服务业务的律师有 7000 余名，其中可以从事"双反双保"业务的律师仅有 500 余名，可以在世界贸易组织（WTO）争端解决机制中独立办案的律师只有 300 余名。具体到深圳，目前涉外律师领军人才共有 499 名，其中真正能够从事涉外法律服务业务的律师仅有 106 名。其数量无法满足现实需求。可以预见，随着前海对外开放的拓宽加深，未来会有更多的涉外案件需要涉外律师处理，目前涉外律师的缺口在相当长时间内依然较大。

二是争议解决规则仍有完善空间。《深圳国际仲裁院条例》为仲裁院确立了仲裁、调解、谈判促进、专家评审四项职能，并允许仲裁院继续探索新的纠纷解决机制。该条例规定："仲裁院应当根据国家有关法律、法规和本条例的规定，借鉴国际仲裁的先进制度，以尊重当事人意思自治和保障仲裁独立为基本原则，制定仲裁规则、调解规则、谈判促进规则、专家评审规则和其他争议解决规则。"评估发现，深圳国际仲裁院目前仅公布了仲裁规则、调解规则和谈判促进规则，专家评审规则及其他形式的争议解决规则尚未制定。

三是普法责任清单缺失。普法责任清单的制订和公开有利于强化普法的针对性，有益于推进新时代全民普法，有助于贯彻落实普法责任制。评估发现，前海管理局未能在网上有效公开普法责任清单，未能有效公开典型案例，没有执法人员应知法律法规清单，相比广东自贸区南沙片区执法局通过典型案例推动普法、通过公开普法责任清单落实责任，前海在普法方面依然有待提高。

五　未来展望

2023 年 6 月，《国务院印发关于在有条件的自由贸易试验区和自由贸易港试点对接国际高标准推进制度型开放若干措施的通知》指出："推进高水平对外开放，实施自由贸易试验区提升战略，是贯彻落实习近平新时代中国特色社会主义思想的重大举措，是党的二十大部署的重要任务。"前海未来应当积极融入国家战略，更加主动承接依法治国重大改革试点，持续推动顶层设计落地、推进规则衔接、营造一流法治化营商环境、打造国际法律服务中心、推广社会主义法治文化，真正成为中国特色社会主义法治示范区。

（一）顶层设计继续落地

近年来，前海获得了大量的制度红利，包括但不限于《粤港澳大湾区发展规划纲要》《全面深化前海深港现代服务业合作区改革开放方案》《自贸试验区重点工作清单（2023~2025年）》《海关总署支持前海深港现代服务业合作区全面深化改革开放若干措施》《中国人民银行 银保监会 证监会 外汇局 广东省人民政府关于金融支持前海深港现代服务业合作区全面深化改革开放的意见》。消化上述制度红利，不仅需要前海潜心研究中央顶层设计的制度内容和权责边界，还需要将制度红利与前海实践相结合，并最终转化为切实可行的制度规范。例如，《交通运输部关于创新海事服务支持全面深化前海深港现代服务业合作区改革开放的意见》（交海发〔2023〕35号）提出："支持研究制定《深圳经济特区国际船舶条例》""支持深圳市用好经济特区立法权，在授权范围内探索优化海事服务相关法规制度。支持前海合作区根据授权，依法规范开展改革创新工作。"因此，在未来一段时间内，前海仍然需要不断完善规则体系，搭建起前海法治规则体系的四梁八柱，将顶层设计中的内容转化为地方性法规、地方政府规章、规范性文件。

（二）持续推进规则衔接

《自贸试验区重点工作清单（2023~2025年）》提出："推进与港澳规则衔接、机制对接，深化与港澳在贸易、投资、金融、法律服务和职业资格互认等领域合作，促进内外贸法规制度衔接。"长期以来，前海努力在生产生活生态各领域与香港进行全方位规则衔接，从政府、市场、社会运作方面与香港进行机制对接，目前已经积累了大量有益经验，取得了令人瞩目的成绩。时至今日，前海面临的内外环境均发生了变化。2023年6月，国务院印发的《关于在有条件的自由贸易试验区和自由贸易港试点对接国际高标准推进制度型开放的若干措施》提出：率先在上海、广东、天津、福建、北京等具备条件的自由贸易试验区和海南自由贸易港，试点对接相关国际高标准经贸规则，稳步扩大制度型开放。前海作为改革先锋，理应充分利用制度红利，除了推动港澳规则衔接、机制对接外，还要对接 CPTPP 规则，构建与国际高标准经贸规则相衔接的制度体系和监管模式。

（三）营造一流法治营商环境

当前，中国对外贸易面临前所未有的挑战，对此，中央要求自贸区积极开展高水平对外开放探索，不断取得新突破、积累新经验。前海自贸片区肩负着改革创新的重大使命，未来应当在新的起点上形成更多引领性、标志性创新成果，打造更多高水平的开放平台，壮大现代产业发展新动能，以高水平开放促改革、促发展。对此，未来前海应在以下几个方面发力。在制度完善方面，前海应当积极争取深圳市人大常委会的支持，建立健全产权保护、市场准入、公平竞争、社会信用等重点领域制度，并将相关制度体现在《深圳经济特区前海合作区投资者保护条例》中。在信用体系建设方面，前海应推进政府、市场、社会协同的诚信体系建设，在市场监管、税收监管、贸易监管、投融资体制、绿色发展等领域，推进以信用体系为基础的市场化改革创新。在重点领域，前海应聚焦知识产权、跨境数据、货物贸易等领域，提升服务贸易便利化水平，增强政府透明度，进一步深化改革，着力营造公平透明、可预期的营商环境。

（四）打造国际法律服务中心

当下，前海拥有最高人民法院第一巡回法庭"司法终审"和深圳国际仲裁院"一裁终局"，形成了全国自由贸易试验区中唯一"双终局"框架。同时，深圳知识产权法庭、深圳金融法庭在前海挂牌成立，广州海事法院在前海设立巡回法庭，可以说前海形成了全国独一无二的商事、知识产权、海事等门类齐全的专业审判机构布局。前海应当在此基础上大胆创新、引进域外优秀的商事审判、知识产权审判、海事审判的司法理念和制度，并加以改

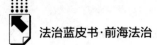

造，形成本土方案，力争将前海打造成为国际法律服务中心、国际商事争议解决中心和知识产权保护高地。

（五）推广社会主义法治文化

中国特色社会主义法治文化是法治国家建设的重要支撑，是中国特色社会主义文化的重要组成部分。法治是前海有别于国内其他功能开发区和自贸试验区的突出特点，也是前海的核心竞争优势和主要驱动力。作为中国特色社会主义法治示范区，同时也是展示中国法治建设成就的重要窗口，前海不但应当完善规则体系、打造一流营商环境、健全司法体制，还应当推广社会主义法治文化，努力将前海打造成为中国特色社会主义法治文化的传播交流重要阵地，成为国际社会观察中国法治建设的重要窗口。因此，未来应当进一步引进科研院所和智库，打造法治智库聚集区，将前海法治改革创新提炼成法治理论，讲好前海法治故事，展示中国法治文化。

法治化营商环境

Business Environment Ruled by Law

B.3

前海法治化营商环境建设的
实践探索与未来展望

阳雨璇*

摘　要： 法治是最好的营商环境，前海对于法治化营商环境建设的重视由
来已久，在规范建构、行政执法、争议解决以及守法氛围层面持
续推进改革创新，逐步形成自身的独特竞争力与相对优势。为进
一步凸显法治对前海营商环境优化的引领作用，有必要基于法治
化营商环境的逻辑前提，对前海法治化营商环境建设的既有成就
加以总结凝练，从而分析当前营商环境制度体系仍然存在分散
化、碎片化发展的问题，有必要从统合视角对其加以完善，破除
前海营商环境进一步优化的体制机制障碍。

关键词： 法治化营商环境　市场主体　政府与市场

---

* 阳雨璇，重庆大学法学院助理研究员。

　　创建良好的营商环境对地方政府吸引投资和提高核心竞争力至关重要。法治经济是社会主义市场经济的核心，近年来，习近平总书记多次强调"法治是最好的营商环境"；2020 年 10 月，习近平总书记在深圳经济特区建立四十周年庆祝大会上强调，要着眼于解决高质量发展中遇到的实际问题，为建设更高水平的社会主义市场经济体制，推动市场化法治化国际化营商环境等重点领域先行先试。法治化营商环境建设的关键地位已成为中央与地方的基本共识，在党中央、国务院以及省市的政策精神引领下，为进一步优化与提升前海法治化营商环境，《中国（广东）自由贸易试验区深圳前海蛇口片区暨前海深港现代服务业合作区 2019 年营商环境改革行动方案》发布，从规范层面为优化前海营商环境提供了实用性的指南。法治化营商环境的优化仰赖规范体系的完善与实施机制的落实，也同治理现代化的基本要求相一致。作为深港合作区、自贸试验区和保税港区的前海，近年来积极探索与优化法治化营商环境，在规范建构、行政执法、争议解决以及市场主体的守法氛围等方面开展了相应的实践与改革。但审慎而言，前海法治化营商环境建设仍然面临瓶颈，一定程度上呈现分散化、碎片化发展趋势，系统性、整体性的制度体系有待进一步完善。为此，有必要总结前海法治化营商环境建设的既有成就，厘清其内在逻辑，进而从统合视角展开制度反思并对前海营商环境建设作出展望，进一步发挥其"先行先试"功能，为全国法治化营商环境建设提供"前海样本"。

一　前海法治化营商环境建设的逻辑前提

　　前海法治化营商环境建设以营商环境的法治内涵为基本观照。因此，首先须厘清何为法治化营商环境的具体内涵，并结合国内外理论源流与实践探索，明晰法治化与营商环境的基本关系，明确前海法治化营商环境建设的方向，这也是优化前海法治化营商环境建设的基本逻辑前提。

（一）法治化营商环境的内涵解构

法治化营商环境具有丰富内涵，但无论学术界还是实务界，仍未对这一概念的具体定义达成共识。究其根源，其一，"营商环境"这一概念发源于域外，其源于 2001 年世界银行提出的"加快发展各国私营部门"战略，"营商环境"概念由此正式提出，是指企业等市场主体在经营活动中所涉及的制度性要素与实施机制[①]。世界银行通过每年发布的《营商环境报告》评估相关经济体存在周期内的适用法规，以实现营商环境的整体评估。《营商环境报告》因其相对专业、发布稳定与逐年完善，成为全球最具权威性的评估类报告[②]，其所涵盖的 191 个经济体在其影响下逐步开展营商环境制度改革。直至 2021 年世界银行决定停发《营商环境报告》，并于 2022 年 2 月发布了宜商环境体系（Business Enabling Environment），将原营商环境观察指标纳入一级指标，新的指标更着眼于制度体系的有效性[③]。其二，法治作为中国式现代化国家治理的基本方式，强调将法治作为国家治理体系和治理能力现代化的基本方式。法治化营商环境并非营商环境与法治建设的简单相加，而是强调将营商环境建设整体纳入法治轨道，将法治作为制度性改革的基础。在此意义上，法治化营商环境的定位为：完善同优化营商环境相关的实体性制度体系，健全相应的程序性机制，以保障制度得以良好落实[④]。

---

① 依据世界银行 2003 年起发布并更新的《营商环境报告》，营商环境指标包括开办企业（4个维度）、办理施工许可（4个维度）、获得电力（4个维度）、登记财产（4个维度）、获得信贷（4个维度）、投资者保护（4个维度）、纳税（6个维度）、跨境贸易（3个维度）、合同执行（3个维度）、办理破产（3个维度），共计 10 个一级指标 39 个二级指标。

② 参见白牧蓉、陈子轩《中国语境下的法治化营商环境评估体系》，《西北师范大学学报》（社会科学版）2023 年第 2 期。

③ 世界银行 2022 年发布的宜商环境指标包括企业准入、经营地点、公用事业连接、劳动力、金融服务、国际贸易、纳税、争端解决、促进市场竞争和企业破产，共计 10 个一级指标 30 个二级指标。

④ 参见冯玥《武汉市法治化营商环境建设研究》，《长江论坛》2016 年第 2 期。

（二）前海法治化营商环境建设的时代使命

2008 年世界银行首次发布了我国的营商环境报告，此后，营商环境优化逐步成为中央与地方的共同关注事项。2014 年 12 月，习近平总书记提出："加快市场化改革，营造法治化营商环境，提高国际竞争力和抵抗风险能力"①，法治化营商环境的概念在我国正式确立。随后，2018 年党中央、国务院逐步引入世界银行营商环境指标体系以打造"一流营商环境"，法律制度建构及其实施机制成为决定性因素。2019 年国务院《优化营商环境条例》出台，一方面，其作为系统化、规范化的行政法规，为地方营商环境建设实践提供了明确依据；另一方面，这一规范将世界银行覆盖面较广的评估指标予以本土化，聚焦制度体系完善，避免了外延的过度扩张②。

前海立足世界银行与国家有关部门营商环境指标体系，依托深圳的立法变通权，法治环境逐步成为前海发展的关键动力。具体而言，全国首个自贸片区法治指数，即"前海法治指数评估体系"已于 2017 年建立，相应的第三方评估考核机制业已出台，为构建法治化前海营商环境提供了重要指引。2019 年 8 月，《中共中央　国务院关于支持深圳建设中国特色社会主义先行示范区的意见》将"法治城市示范"明确作为其战略定位；中共中央办公厅、国务院办公厅印发的《深圳建设中国特色社会主义先行示范区综合改革试点实施方案（2020~2025 年）》进一步提出，要"打造市场化法治化国际化营商环境"。中央与地方的政策指引，为前海进一步优化法治营商环境，承担其自由贸易试验、粤港澳合作、"一带一路"建设、创新驱动发展"国家使命"提供了具体实践指南。

---

① 习近平：《习近平谈治国理政》（第二卷），外文出版社，2017，第 101 页。
② 参见常健《国家治理现代化与法治化营商环境建设》，《上海交通大学学报》（哲学社会科学版）2021 年第 6 期。

二 前海法治化营商环境建设的既有实践

中国式现代化是中国实现伟大复兴的根本之路，在迈向这一目标的宏伟征程中，深圳无疑探索了一条后发地区高效率、高质量迈向现代化的示范路径，前海扮演着关键的探路者角色，其法治化营商环境建设是我国地方实践的具体展开。

（一）前海营商环境建设的立法实践

深圳被赋予了经济特区立法权，改革开放以来在制度创新方面"大胆地试、大胆地闯"。得益于中央政策与经济特区立法权，前海着力改革，形成了一系列符合本地特色且对全国其他地区具有镜鉴意义的体制机制创新举措。立法方面，依据中共中央、国务院《全面深化前海深港现代服务业合作区改革开放方案》与国务院《优化营商环境条例》，深圳制定了《深圳经济特区优化营商环境条例》《深圳经济特区个人破产条例》，修订了《深圳经济特区商事登记若干规定》《深圳经济特区知识产权保护条例》《深圳经济特区注册会计师条例》《深圳经济特区建设工程施工招标投标条例》《深圳经济特区社会信用条例》等地方性立法。依托深圳的经济特区立法权，前海继续发扬敢闯敢试精神，充分发挥立法的引领作用，助推改革开放向纵深发展，其经验为其他地区乃至全国性营商环境优化立法提供了重要的制度镜鉴。

（二）前海营商环境建设的执法实践

随着全面深化改革向广度与深度不断拓展，前海法治化营商环境建设面临更高的要求，推进法治政府建设并服务于经济社会发展具有重要意义。深圳市通过了《市推进全面深化前海合作区改革开放工作领导小组法律事务组2022年工作要点》，为行政执法领域法治化建设指明了基本方向。一是把法定机构在法治化营商环境建设中的职能落到实处。在法定机构区域管理模式下，前海管理局梳理了拟提请广东省政府、深圳市政府授权实施的省级、市级行政职权事项清单，如外商投资、规划建设、建设管理等省级事权，投资管理、规划建设、城市更新、海洋管理以及金融监管等市（区）级事权。二是健全行政制度体系。为进一步优化投资环境、保障投资者合法权益提供了规范依据，前海管理局起草了《深圳经济特区前海深港现代服务业合作区投资者保护条例》。三是深化行政执法体制改革。按照《关于优化前海深港现代服务业合作区管理体制机制的实施方案》的要求，前海管理局以"统一监管"为原则，明确区分专业执法与综合执法事项，实行"权力清单"与"责任清单"制度。

（三）前海营商环境建设的司法实践

最高人民法院印发的《关于支持和保障深圳建设中国特色社会主义先行示范区的意见》（法发〔2020〕39号）明确支持深圳法院"根据授权开展试点经验示范，努力攻坚一批创新性引领性示范性改革项目"，"探索符合我国国情的司法服务保障营商环境评价指标体系"，"建立法治化营商环境分析研判机制"。为此，前海法院立足长期改革实践，形成了有益经验。一方面，持续推进最高人民法院第一巡回法庭项目，以逐步完善两审终审审判制度为抓手。另一方面，创新多元化争议解决机制，为拓宽涉外涉港澳商事案件ADR解决路径，前海法院于2022年初成立了"ADR国际商事争议解决中心"；前海法院起草了跨境商事法律规则衔接白皮书，率先制定了域外法查明办法等多项规范制度；以《关于深入推进跨境商事诉讼规则衔接工作指引》为统领的诉讼规则衔接制度成果已于2022年发布，并确立了包括司法诚信、简化港澳诉讼程序等在内的若干制度，为前海营商环境建设提供了兜底性的司法保障。

（四）前海营商环境建设的法律服务实践

法治化营商环境建设除立法、行政、司法等制度保障外，也强调为市场主体创设安全、规范的市场环境。为此，前海法治化营商环境建设要求市场主体的法治参与，唯有使法治成为市场主体的基本共识与行为准则，前海法治化营商环境建设的社会根基才能根深蒂固。一是强化市场主体的法治宣传教育。前海管理局依据"谁执法谁普法""谁服务谁普法""谁主管谁负责"的分工原则，依托多元化平台开展普法宣传；创办"前海法治大讲堂"；面向市场主体开展普法讲座、专题研讨会等系列活动。二是落实市场主体合规制度建设。《深圳经济特区优化营商环境条例》中明确提出了市场主体合规建设的要求①，为前海市场主体合规建设提供了基本依据。三是强化法律服务供给。《深圳市前海深港现代服务业合作区管理局关于支持前海深港国际法务区高端法律服务业集聚的实施办法（试行）》（深前海规〔2022〕7号）明确提出，为律师事务所、国际组织、仲裁、公证、司法鉴定、商事调解、合规等专业服务机构提供支持，以发挥法律服务的聚集效应。

三　前海法治化营商环境建设面临的挑战

（一）立法回应性有待进一步提升

立法作为前海法治化营商环境建设的基石，科学性与合理性关系其能否适应营商环境优化的基本需求。尽管当前法律、行政法规、经济特区法规与地方性法规体系使得市场主体准入、运营与推出等方面实现了有法可依，但随着全面深化改革的持续推进与我国经济社会的高速发展，立法呈现回应性不足的局面，导致前海实践中的先进经验难以上升为立法等问题。《深圳建设中国特色社会主义先行示范区综合改革试点实施方案（2020~2025年）》

---

① 《深圳经济特区优化营商环境条例》第27条规定："市场主体应当遵守法律、法规和相关政策规定，恪守社会公德和商业道德，诚实守信、公平竞争、合规经营，在国际经济贸易活动中遵守当地法律，遵循国际通行规则。"第61条规定："市人民政府应当运用人工智能、大数据、移动互联网等现代信息技术，为市场主体提供普惠式、智能化、便捷化的法律风险自测服务。市发展改革、司法、商务等部门应当推动市场主体强化涉外经营合规风险意识，支持和引导市场主体完善合规管理体系。"

明确提出深圳建设的主要目标之一，就是要形成可供其他地区复制与推广的改革成果。因而将前海的改革成果通过制度的形式加以固定，无疑也是法治化营商环境建设的落脚点之一。但审视当前既有制度，并无较为系统化的改革成果复制推广机制。尽管《国家发展改革委关于推广借鉴深圳综合改革试点首批授权事项典型经验和创新举措的通知》（发改体改〔2022〕1579号）中有七条为中央驻深各部门、市直各单位在前海合作区形成的"前海经验"，包括国际船舶登记入级管理集成创新等改革成果。但总体而言，法治化营商环境建设成果的推广机制缺乏程序性保障，难以将改革成果推向全国性法治化营商环境建设的层面。

（二）行政执法体制改革亟待进一步深化

法律的生命在于实施。前海管理局的行政执法机关地位与其具体职能已在《深圳经济特区前海深港现代服务业合作区条例》等地方性立法中得到明确。前海在发展过程中始终关注行政执法队伍内部的法治化建设，注重行政机关在法治化营商环境建设中的积极作用。但同时，前海行政执法有待进一步加强体制改革。长期以来，我国改革进程呈现"改革先行、法治附随"模式，这一模式在改革开放初期保障了改革顺利进行，使改革不因法的相对滞后性而耽搁。这一阶段行政机关在推动政策运行与实施中发挥着最为关键的作用。但在持续驱动市场主体自主创新的时代背景下，"改革先行"的改革路径以及"法治附随"的改革模式已经难以适应法治化营商环境建设的需要，而必须保证制度改革在法治轨道上运行。为此，前海行政执法体制改革亟待进一步深化，提高运行的稳定性与系统性。

（三）司法公开形式亟待创新

效率是市场主体从事经营活动关注的重要价值，法治化营商环境建设同样须着眼于高效、便利的定分止争，从而保障市场秩序稳定运行。一方面，前海司法公开的具体形式有待进一步明确。如习近平总书记所言，执法司法越公开，就越有公信力①。当前，前海在司法公开方面已取得一定成效，检务公开、法院审判信息与审判流程、裁判文书、执行信息等公开均已取得一定成果。在此基础上，最高人民法院对深圳司法公开建设提出了更高要求，即进一步建设网上司法公开平台，健全完善更高透明度、便捷高效的司法公开制度体系。因而，前海司法公开建设亟待在"智慧司法"上有所作为，避免市场主体获得公开信息的渠道过于复杂，不利于司法便民原则的落实。

（四）市场主体守法观念亟待转型

法治化营商环境建设中市场主体守法氛围的打造，以及符合市场主体需要的法治环境的建构，不仅需要科学立法、严格执法与公正司法，还需要市场主体的积极配合，引导市场主体有序、理性表达自身利益诉求，从而为前海法治化营商环境建设降低遵从成本，筑牢社会基础。但目前前海采取的针对各类主体的守法机制，无论是针对企业的法治宣传教育、市场主体的合规制度建设还是社会组织的规范管理，均由行政机关主导。既有的守法机制缺乏对市场主体参与的激励，难以发挥市场主体自下而上的守法积极性，守法观念难以成为其认同的基本行为准则，缺乏自下而上的驱使法治化营商环境进一步健全的外在动力。

四 前海法治化营商环境建设未来展望

（一）提升立法回应性，及时巩固法治化营商环境改革成果

深圳肩负建设社会主义现代化强国的城市范例的战略使命，促进法治化营商环境建设辐射其他地区乃至全国，也是前海的发展目标所在。对营商环境建设的针对性制度供给乃是实现优化完善的逻辑基点。一方面，应强化立法保障。深圳经济特区成立以来，营商环境建设的逻辑演进足以证明，及时

---

① 《十八大以来重要文献选编》（上），中央文献出版社，2014，第720页。

将改革成果通过立法程序加以固定，能够进一步对营商环境建设提供反馈与推动。例如，珠海市 2015 年出台了《珠海经济特区促进民营经济发展条例》，将经济特区的改革措施上升到经济特区法规层次，与其法治化营商环境建设相适应。另一方面，完善立法后评估机制。《广东省地方立法条例》第 63 条已规定了有关职能机构的立法后评估责任[①]，2022 年《深圳市前海深港现代服务业合作区管理局暂行办法》同样为前海开展立法后评估提供了规范依据。为此，有必要对前海执法、司法等规范开展立法后评估，及时清理落后、过时的规范，确保市场主体得到良好、清晰的制度供给。

（二）推进前海行政执法体制改革，保护市场主体权益

行政执法是法治化营商环境的重要环节，前海法治化营商环境的优化，须在制度体系基础上，严格规范法定机构监管执法，从而捍卫市场主体的合法权益。一方面，健全法定机构职能体系，用法治规范政府与市场的关系，建设"市场型政府"，防止政府的越位或缺位。"市场型政府"即"权利型政府"，法定机构对资源配置的干预作用被较大限度压缩，而将功能定位转移至市场主体与社会组织的权利维护与实现。另一方面，进一步健全法定机构内部权力配置。在协调政府与市场、社会等外部关系的同时，在政府系统内部也要形成权责明确的权力格局。具体而言，即在前海管理局职能体系优化的基础上，将同一类别的行政权力相对集中配置给相应部门，使得市场主体能够"一站式"办理相关手续，同时亦能推动内部权力配置进一步科学化。

（三）整合多元化纠纷解决机制，营造公平公正的司法环境

最高人民法院要求，"完善矛盾纠纷源头治理机制，支持多元化纠纷解决机制特区立法"。为此，运用传统意义上的司法手段固然必不可少，但非

---

① 《广东省地方立法条例》第 63 条规定："地方性法规实施两年后，或者根据经济社会发展的需要，有关的专门委员会、常务委员会工作机构可以组织对地方性法规或者地方性法规中有关规定进行立法后评估。评估情况应向常务委员会报告。"

正式的社会规范调整手段在市场主体产生矛盾纠纷时往往具有高效率、低成本的优势。健全与统合既有的纠纷解决手段，对于前海法治化营商环境优化具有相当的必要性与改革空间，2022 年出台的《深圳经济特区矛盾纠纷多元化解条例》也提供了规范依据。其一，充分发挥民间纠纷解决机制的作用，依靠行业惯例等社会性规范化解矛盾。其二，在贸易、投资等具有专业性与相对封闭性的商事领域，充分发挥商事主体、行业协会等主体的行业调解作用。

（四）营造全民守法的市场氛围

法治化营商环境建设并不仅仅依靠制度化建设或组织性建设，也是一种法治经济的文化意识与理性精神，在此法治具有信仰性的意义[①]。习近平总书记曾指出，全民守法要求任何组织或个人都应当以宪法为自身行为准则[②]。为此，前海法治化营商环境建设除了在具体机制上落实全民守法，更须树立法治观念，使法律规范与制度内化为市场主体的内在认知与社会组织、行业协会等中间层的目标取向，从而使守法成为其自身行为的基本遵循。深化社会组织与行业依法治理，推进各类市场主体自我治理，发挥行业内部规则等社会规范的积极作用，使市场主体在制定规范、执行规范、适用规范、遵守规范的过程中实现自我规制、自我约束、自我监督。

---

① 参见王人博、程燎原《法治论》，广西师范大学出版社，2014，第 197 页。
② 《习近平关于全面依法治国论述摘编》，中央文献出版社，2015，第 68 页。

B.4
功能区检察机关参与法治化
营商环境建设研究

——以深圳前海蛇口自贸区人民检察院为视角

王永城 吴 昊*

摘　要： 经济功能区是依据国家经济社会的发展目标与任务分工，通过公
共管理被赋予特定经济功能的特定区域，区别于行政区，其更多
承载着经济体制机制改革创新的使命。专门设立的功能区检察机
关应深度参与法治化营商环境建设。本文以深圳前海蛇口自贸区
人民检察院为视角，实证分析精准服务法治化营商环境建设的工
作思路，并提出功能区检察院助力法治化营商环境建设的路径
建议。

关键词： 功能区　检察机关　法治化营商环境

一　功能区检察机关与法治化营商环境

《全国主要经济功能区分类与代码》对经济功能区的定义是，依据国家
经济社会的发展目标与任务分工，通过公共管理被赋予经济功能的区域①。

---

* 王永城，深圳前海蛇口自贸区人民检察院第三检察部主任；吴昊，深圳前海蛇口自贸区人
民检察院第三检察部二级主任科员。
① 《全国主要经济功能区分类与代码》（标准号：GB/T 37028-2018），发布日期：2018年12月
28日，实施日期：2019年7月1日，发布单位：国家市场监督管理总局、中国国家标准化管
理委员会。

经济功能区按类别分为国家级经济功能区、经济技术开发区、国家级新区、高新技术产业开发区、海关特殊监管区域、边境经济合作区、跨境经济合作区、国家自主创新示范区、沿边重点开发开放试验区、内陆开发型经济试验区、自由贸易试验区、国家可持续发展议程创新示范区等等。

功能区不是一般行政区，以自贸区为代表的功能区的改革核心是市场化、国际化、法治化。功能区检察机关在权力来源、监督对象、业务衔接上与一般的属地检察机关相比存在较大差异，如自贸区检察机关的设立，既承担为自贸片区贯彻落实国家自贸区战略提供法律保障与服务的职能，也肩负着探索检察新体制机制的重要使命①，这是自贸检察与行政区检察相较的特殊之处，也是自贸检察设立的初衷。自贸检察是在自贸区诞生与成长的大背景下产生的，服务保障自贸区建设发展是自贸检察与生俱来的职责和使命。

功能区检察院主责主业的关键在于办理功能区的特质案件。办案既是检察机关履行法律监督职责的重要手段，也是彰显法律监督效用的重要方式。作为自贸区区，核心任务是在投资、贸易、金融等领域进行自主改革和制度创新。以"法治化营商环境"为服务指向的功能区检察机关当然应顺势而为，将焦点和精力集中在与功能区经济活动密切关联的上述领域。功能区检察机关更应突出特定案件的办理，实现其特定功能，将优化法治化营商环境作为检察工作的重要目标任务来提质增效。

二 前海检察院参与法治化营商环境建设的实践

自贸区检察院围绕提供司法保障和法律服务积极探索，主动融入功能区建设。区别于一般行政区检察院四大检察、十大业务均衡发展的路径，以服务功能区发展为中心的是功能区检察机关发展的大方向。为加强功能区检察工作力量，各地结合自身实际，以设立功能区检察院、派驻功能区检察室和

---

① 如最高人民检察院批复设立深圳前海蛇口自贸区人民检察院时明确，其在为自贸区和合作区建设提供坚强有力的司法保障的同时，积极探索建设社会主义法治示范区新型检察机关的新路径，为进一步深化检察改革提供可复制可推广的经验。

检察工作站等多种形式成立功能区检察工作机构。例如，前海自贸片区成立了专门的自贸区检察院，胶州市人民检察院设立上合示范区检察服务保障办公室，上海、福建、天津、四川等地的检察机关在自贸片区成立了派驻检察室，在服务市场主体、优化政务环境、保障市场环境、创优法治环境、提升人文环境等方面提供了重要保障。

深圳前海蛇口自贸区人民检察院（以下简称"前海检察院"）是全国首个专门设立的自贸区检察院，肩负探索新体制新机制的重要使命。建院以来，前海检察院紧密结合自贸区经济社会发展需要，逐步形成并完善了以服务自贸区为引领的自贸检察运行机制构想，积极探索走专业化功能性自贸检察新路径。针对前海特色，保障支柱产业金融业，服务前海特色港企，营造良好的社会环境，专业化探索跨行政区划类海洋检察，为营商环境建设发挥作用。

（一）延伸职能，为前海金融产业发展提供有力的法治保障

金融产业已成为前海的支柱产业之首，占税收的 40% 以上，将近 6000 家金融机构，其中持牌的金融机构有 260 多家。前海合作区承担着国家金融改革创新的重要使命，是中国金融业对外开放示范窗口和跨境人民币业务创新示范区。为贯彻落实中央《全面深化前海深港现代服务业合作区改革开放方案》，贯彻落实《关于金融支持前海深港现代服务业合作区全面深化改革开放的意见》，依法履行法律监督职责，安商惠企，服务和保障地方经济社会高质量发展，前海检察院主动延伸职能，为前海金融业创新发展营造更优的法治环境。

1. 构建联动格局，助推金融产业集聚创新发展

一是打造四位一体工作格局。2023 年，前海检察院在金融企业聚集区挂牌成立全市首家金融检察工作室，制订"1+3"工作清单（即一个工作规程、构建"亲""清"检企关系工作清单、保障金融企业合法权益法律服务清单、企业点对点结对清单），为金融企业提供诉前、诉中、诉后全方位、全链条法律服务和法律保障，全力打造"惩治、监督、防范、服务"四位

一体工作格局。二是建立联席会议制度。定期与前海管理局法治处、企业服务处、前海地方金融管理局、前海金融同业公会等单位开展交流座会，与前海金融同业会签订《加强金融法律服务备忘录》，了解入驻企业状况，倾听企业困难和需求，形成良性互动。三是组建专业化队伍。检察机关指派经验丰富、熟悉金融业务的检察官、检察官助理，金融企业主管部门指派具有专业知识水平的工作人员，互相配合开展工作。

2. 提供靶向服务，助力企业防风险堵漏洞

一是加强企业合规建设。依托港企合规发展服务中心，提升企业合规意识。围绕银行、保险、证券、基金以及新金融等多种金融业态，向不同类型企业提供合规宣讲和专项咨询，提示风险点，帮助企业堵塞漏洞。针对金融企业举办企业合规座谈会，了解相关企业经营模式、规章制度，提供全流程法律指导。二是"走出去"，主动送法上门。聚焦企业普遍性、高发性问题，提供维护公平竞争、规范企业经营、加强生产安全防范、保护知识产权等涵盖企业生产经营全过程的普法宣传服务。开展检企结对"点对点"服务，精准对接企业司法需求，为企业和员工提供"订单式"法律咨询，及时协调相关部门帮助企业纾困解难。三是"请进来"，零距离感受法治。组织企业人员走进检察机关，通过组织检察开放日、法治宣传周、旁听庭审等形式，提高企业人员法治意识，更好预防违法犯罪。

3. 加强法律保障，维护前海良好的金融秩序

一是通过充分履行法律监督职能，防范企业工作人员侵犯企业利益，严格规范股东高管行为，助力维护企业经营管理秩序。组织上门听证，在金融企业聚集区举办涉金融案件公开听证会，听取多方意见，在加强案件办理的同时凝聚矛盾纠纷化解合力。二是建立绿色通道，及时受理企业控告、申诉、咨询和举报，引导企业依法反映诉求，给问题"开方"。开通企业投诉受理热线，切实维护企业合法权益。三是既严厉打击电信网络新型违法犯罪、非法集资类犯罪、洗钱犯罪等金融犯罪，又针对履职过程中发现的共性金融监管问题，及时提出检察建议，从源头防范化解金融风险，倾心助力前海深港国际金融城建设。

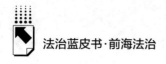

（二）服务港企，开展涉外涉港澳民商事监督

前海承载着"依托香港、服务内地、面向世界"任务和使命，作为深圳建设粤港澳大湾区、社会主义先行示范区"双区"的新引擎，立足打造公正、公平、和谐、有序的营商环境。前海司法也在奋力打造对接港澳面向国际的营商环境，前海检察机关在其中发挥检察监督的作用。

1. 探索港企合规建设

一是做实港企合规发展服务中心。认真落实《深圳市人民检察院 深圳市前海管理局关于共建港企合规发展服务机制的协议》，在 12309 检察服务中心设置"港企合规发展服务中心"，深化港企合规发展服务中心工作举措，打造港企合规研究、交流、建设、咨询、宣讲"一体化"平台，主动靠前服务，为深港企业提供合规法律服务。二是健全企业合规工作指引体系。通过前海管理局相关部门调取前海港企数据，分析涉港企业特点，依托法治前海研究基地，开展港企合规课题研究，针对不同类型、不同行业企业需求，制订合规工作指引。加强与其他行政机关的沟通联络，搭建沟通平台，完善行政合规和刑事合规衔接工作机制。三是加强涉港企业合规宣讲培训。以普法咨询、专题走访、合规讲座等形式，组织开展港人港资企业合规宣讲；深化与前海深港青年梦工场、前海基金小镇等企业平台的常态化联系机制，主动提供合规辅导；搭建港企合规发展交流平台，举办企业合规研讨活动，促进深港规则衔接、机制对接。

2. 探索开展涉外涉民商事法律监督

前海检察院开展民事检察业务以来，80%以上为涉外涉港澳台案件。发出再审检察建议 3 份，发出审判程序违法行为监督检察建议 1 份，均获得法院支持。一是探索开展类案监督。对前海法院 2016~2018 年已审结的涉外涉港澳台一审商事案件进行专项监督，通过书面审查、数据统计等方式，对 2139 份涉外涉港澳台商事判决书逐一审查分析，从案件数量、涉外因素、案件类型、裁判结果等多角度梳理研判、归纳总结，形成《关于前海法院管辖"涉外"民商事案件专项调研报告》《关于前海法院适用香港法判决案件的调研报告》，并对部分案件存在的证据采信标准不统一、法律适用不明确、法律判例援引不准确、文书制作不规范等问题向前海法院集中反馈。二是用足用好调查核实权，强化矛盾化解。改进办案方式。将传统"坐堂办案"逐渐转化为调查核实与案卷审查有机结合，充分利用法律赋予的调查核实权，提升调查取证的主动性，准确把握案件事实。强化释法说理。在个案监督中，对审查后依法不支持监督申请的案件，逐案进行社会风险评估，强化法律文书释法说理，引导群众依法解决纠纷，理性表达诉求。三是内外兼修，提升民事检察业务能力。主动邀请资深法官、执业律师结合案件研判工作开展系列讲座，选派优秀的检察官赴香港交流学习，努力提高检察人员监督能力水平。借助外脑。层报最高人民检察院试点聘请港澳籍专业人员参与办理涉外民商事诉讼监督案件获得支持，目前，在上级检察院的牵头下，正逐步推进港澳人士作为人民监督员、专家咨询委员会委员等参与办案工作，已有港澳籍人民监督员5人、专家委员成员4名。目前正有序选取案件开展公开听证或者专家咨询，同时，邀请相关人员参与对法院采取域外法律审理案件的类案监督。

3. 探索开展与港澳司法机关的协作交流

一是打造深港澳执法司法协作"桥头堡"。在上级检察机关的指导下，推动与港澳有关刑事证据标准的制定和互认。积极争取上级授权，与港澳开展执法司法交流协作，率先在前海检察院开展证据调查、文书送达、法律查明等个案协作。二是打造深港澳执法司法交流"窗口"。积极争取上级检察机关和前海党工委支持，率先在前海检察院探索开展与港澳执法司法机关互派人员交流学习、同堂培训等活动，开展执法司法交流，增进理解和合作。三是探索聘请港澳籍专业人员参与检察办案。根据市检察院聘请港澳人士担任咨询委员会委员、人民监督员、特约检察员的进度，有序选取案件开展公开听证或者专家咨询，邀请相关人员参与对法院采取域外法律审理案件的类案监督。

（三）维护稳定，探索建立重大公共事件提前介入机制

没有稳定的社会环境，经济建设就无从谈起。2021年7月，前海检察

院承接辖区三个派出所的刑事检察案件，着力指控犯罪，保障企业合法利益，促进环境安定有序，全力为企业发展、项目建设创建平安稳定、和谐共融的营商环境。

1. 依法能动履职，做好刑事检察工作

一是健全完善刑事检察工作机制。以业务指标为导向，规范引导刑事检察业务提质增效。依法妥善办理各类刑事犯罪案件，有效化解各类刑事案件引发的社会矛盾，切实维护国家政治安全与社会和谐稳定。二是持续更新和转变司法理念。坚持将"少捕慎诉慎押"刑事司法政策贯穿刑事诉讼全链条。深化认罪认罚从宽制度适用，认真落实关于量刑建议工作的三个指导意见文件，提升量刑建议精准度。三是能动履行侦查监督职能。全面落实侦查监督与协作配合机制，定期派驻检察官到侦查监督与协作办公室办公，强化侦查监督平台应用，提升利用平台挖掘监督线索的能力。加强与深圳海警部门沟通协作，探索检察引导侦查机制，切实提升"两项监督"质效。

2. 探索重大公共事件提前介入机制

一是在前海辖区内具有重大影响的，对国家利益和社会公共利益造成侵害或有侵害危险的事件处置过程中，发挥参与、跟进、融入式法律监督优势，能动履职，探索检察机关提前介入机制。二是明晰职责任务。与重大公共事件处置相关职能单位建立常态化联系机制，协同做好重大公共事件会商研判；引导协助相关职能单位全面收集固定证据、规范处置程序；协同相关职能单位做好释法说理工作，共同促进矛盾纠纷化解；综合发挥好立案监督、侦查活动监督、公益诉讼、行政检察、司法人员职务犯罪侦查等职能，对于发现的公益损害和违法犯罪线索，依法监督、处置；就调查核实中发现的社会治理问题，积极提出检察建议，帮助相关单位堵塞管理漏洞。三是逐步健全制度性保障。在先期探索开展相关工作的基础上，适时推动党工委制发《关于支持检察机关发挥法律监督职能介入辖区重大公共事件的意见》。

3. 加强社会治理，深化平安建设

一是细化控申信访工作。对照上级的基本"红线"要求，落实好首办责任制，抓好信访回复、检察长接访等工作。分析信访形势，及时发现解决苗头性问题。做好案件主动筛查线索工作，用好司法救助手段，助力案件办理、矛盾化解。二是深化检察听证工作。筹建本院检察听证员库，推动检察听证工作常态化、规范化，实现各业务条线和部门全覆盖，督促落实应听尽听，使司法办案更公开透明。三是刚化检察建议工作。既要检察建议制作规范化、说理规范化、管理规范化、评估规范化等实现内部规范化，又要检察建议发送规范化、宣告规范化、跟踪规范化、督办规范化、备案规范化。通过统一监督标准、深入以案释法、加强合力监督，确保检察建议落实见效。

（四）立足前海，全力推动粤港澳大湾区海洋综合司法保护

二十大报告提出，"发展海洋经济，保护海洋生态环境，加快建设海洋强国"，给深圳创建全球海洋中心城市注入了动能。海洋正成为深圳经济社会可持续、高质量发展的重要资源和战略空间。中央支持深圳探索构建海洋中心城市司法保护体系，前海所在的粤港澳大湾区是"一带一路"经济带核心区，最高人民检察院贯彻落实《支持深圳建设中国特色社会主义法治先行示范城市意见的分工实施方案》明确，"探索由前海检察院集中办理深圳海洋检察案件"。2022年7月1日起，前海检察院集中办理全市基层检察院管辖的涉海洋公益诉讼案件、探索涉海洋行政违法行为监督；8月1日起，集中办理南山、龙岗法院管辖的涉海洋刑事案件（含全市涉海洋环境资源类案件）。前海检察院整合内部职能资源，服务海事贸易，监督海事审判，促进海洋经济繁荣。

1. 积极落实海洋检察案件集中管辖

2022年受理提请审查逮捕案件4件15人，受理移送审查起诉15件31人，办理涉海洋公益诉讼案件2件，审核海洋行政执法线索134条。对29件历史遗留盗采海砂案件进行梳理，已提前介入14件；选取渔业、环保等海洋重点执法领域，对27件非法开采海砂、非法捕捞等行政处罚案件进行了抽样核查。拓展海洋刑事案件范围。积极争取上级支持，将涉海洋刑事案件范围由现阶段的龙岗、南山法院管辖进一步拓展到宝安、盐田两地法院，以便更好地衔接海警的四个工作站、海洋综合执法的四个大队，从而实现海洋刑事案件检察环节的全覆盖。针对常见涉海洋刑事案件的特点，主动研究

证据规格，出台办案指引，探索构建海洋检察数字监督模型，着力提升办案效果和质量。

2. 探索海洋检察监督机制

一是开展离岛巡回检察。成立工作专班，采取定期不定期相结合的方式，常态化开展对海岛的巡回检察，将调查取证、执法办案、法律监督和检察服务延伸至海岛一线，推动诉源治理，实现海洋检察监督的全覆盖。二是建立健全海洋检察公益诉讼观察员制度。在民间组织、专业人士中聘请首批观察员，使之成为海洋检察的"末梢神经"和"最强外脑"，拓展案件线索来源，辅助公益诉讼等案件的办理。落实公益诉讼线索举报有奖机制，加大宣传力度，形成正向效应。三是加强海洋检察大数据分析研判。争取与海洋行政执法机关达成数据获取及案件调阅共识，借鉴舟山等地的数据应用经验，推动海洋行政执法与刑事司法衔接，强化侦查引导，提升行政违法行为监督和"两项"监督的办案质效。

3. 探索建立粤港澳大湾区海洋保护协作机制

一是加强与南沙、横琴、惠州检察机关的沟通协作，推进环珠江口"黄金内湾"、"大亚湾—大鹏湾"全方位协作，努力保护海洋生态环境资源。二是举办大湾区海洋检察论坛。邀请粤港澳地区有关海洋行政执法、司法部门和相关科研院校学者、法学专家等举办大湾区海洋检察论坛，发表大湾区海洋检察宣言，回顾梳理海洋检察业务实践的经验做法，研讨谋划海洋检察发展的新思路新举措，为海洋检察提供理论支撑和智力支持。三是主动服务保障海洋产业创新发展。积极参加中国海洋经济博览会，主动送法上门，共同推进企业合规，精准服务海洋科技创新、保障海洋行业开发。

三 功能区检察院助力法治化营商环境建设路径建议

（一）功能区检察机关参与法治化营商环境建设的一般要求

功能区检察机关是法治建设的重要组成部分，通过履行法律监督职责，为功能区经济社会发展提供法治保障，功能区检察机关应当着重发挥以下基本职能作用。

1. 服务保障功能区发展

法治化、国际化、市场化的营商环境是功能区建设的重要内容和突出特点，功能区各项工作的顺利开展，离不开法治的引领和规范，离不开良好的司法环境。服务保障功能区法治营商环境建设是功能区检察机关的工作职责，功能区检察机关应当充分履行法律监督职能，成为服务功能区发展的助推器，发挥好对功能区公平竞争环境的维护和改革创新的支持、导向作用，用优质的法治产品、检察产品为建设功能区提供有力的法治保障。

2. 检察业务创新发展

以服务功能区建设为中心的功能区检察机关的设立是一项全新的探索，功能区检察机关的实践探索源源不断地为检察业务的创新发展提供新概念、新经验和新成果。在创新动力上，功能区法治化营商环境建设提出的工作标准和要求，始终督促着功能区检察机关不断提升业务质效、健全法律监督机制、产出优质检察产品。

3. 司法工作交流合作

功能区是国内外司法机关信息交互、相互认知交往的重要平台。包括功能区检察机关在内的司法机关的举动都将影响区内外企业乃至国际社会对区域法治环境、营商环境的认知。应当发挥功能区检察机关的特殊区位优势，创新国际司法交流合作机制，打破信息壁垒，积极寻求开展司法协助与合作，把功能区检察机关打造成对外交往和跨法域对话的高地。

4. 进行检察理论研究

检察工作的创新发展，离不开理论的有力支持。功能区经济社会发展的多样性、制度创新成果的前瞻性等为检察理论研究提供了丰富素材和样本，助力功能区法治化营商环境发展也离不开检察理论的蓬勃发展。

（二）功能区检察机关助力法治化营商环境建设路径分析

各功能区检察机关围绕提供司法保障和法律服务积极探索，主动融入功能区营商环境建设。笔者认为，应从理念、制度、机制、人员协作四个方面着手。

1.围绕服务保障功能区的检察理念

一是树立服务保障功能区的理念。积极回应自贸区等功能区改革对检察工作的新要求新期待，最大限度地发挥检察机关的职能，保持司法权谦抑、保守的属性，坚持宽严相济的刑事政策，容忍适度风险，激发创新动力。在遵循法律框架、保证案件质量的前提下，支持自贸区等功能区转变管理职能和监管方法，实现体制机制创新，使检察监督职能与自贸区改革创新的内在法治需求相一致，营造公平公正的市场竞争环境。二是结合区位特点，深化监督重点。自贸区等功能区检察机关要结合区域特点，对短期内亟须解决的相关领域问题的规则适用、案件特点、犯罪行为等及早预判、加强应对，助力营商环境建设。例如，浙江自贸区大宗商品交易繁荣，为该地区检察机关保障的重点，上合示范区深化拓展与上合组织和"一带一路"沿线国家地方经贸合作这个根本原点，该地检察机关关注物流、贸易的新动态做好服务保障。三是主动维护功能区社会稳定的理念。探索建立重大公共事件提前介入机制，在功能区内具有重大影响的事件处置过程中，发挥参与、跟进、融入式法律监督优势，能动履职，营造安全稳定的社会环境。

2.探索服务保障营商环境制度

一是制定并落实服务保障功能区的规章制度。一方面，为明确检察机关服务和保障自贸区建设的司法政策，制定关于服务和保障功能区的意见。例如：广东省检察院印发《关于充分发挥检察职能 服务保障粤港澳大湾区建设的意见》；深圳市检察院制定《服务保障粤港澳大湾区建设的意见》；前海检察院制定《关于服务保障中国（广东）自由贸易试验区深圳前海蛇口片区和前海深港现代服务业合作区建设的若干意见》。另一方面，积极参与自贸区制度建设，在法律监督、司法协作、容错纠错等相关制度建设和法治创新等方面积极建言献策，为检察机关服务保障自贸区等功能区建设夯实制度基础。二是开展创新性探索。一方面，探索符合功能区发展要求的检察权工作运行模式，主要是对相关案件管理和办理方面的机制实践探索，如探索相关类案的指定集中管辖等；另一方面，着力加强服务自贸区等功能区的检察服务平台建设，如定期发布自贸检察工作白皮书，设立派驻重大项目检察工作站等，努力营造公开透明可预期的法治化营商环境。三是深入开展检察理论研究工作。及时了解功能区内改革措施、政策走向和法制建设的动态趋势，紧紧抓住商事制度改革和综合执法体制改革等政府职能转变的关键，寻求检察工作的着力点和切入点，推进探索服务保障营商环境制度课题研究工作。

3. 提升案件办理质效机制

一是健全完善刑事检察工作机制。以业务指标为导向，规范引导刑事检察业务提质增效。打击破坏营商环境的犯罪，建立企业合规机制，依法妥善办理各类刑事犯罪案件，有效化解各类刑事案件引发的社会矛盾，切实维护社会和谐稳定。二是加大民商事监督力度，助力解决民商事纠纷。常态化抓好生效裁判结果监督、审判程序违法监督、执行监督等主责主业，加强业务数据的碰撞及分析研判，坚持履职不干预、保护不越位。三是加强行政检察，平等保护各类主体权利。开展对行政执法机关履行法定职责的检察监督，着重关注行政机关及其工作人员行政审批、行政干预企业经营，违法行政或不履职，发现行政机关违法行使职权或者不行使职权的，督促其纠正。四是构建公益诉讼检察助力法治化营商环境保障体系。针对自贸区等功能区"推进负面清单"为核心的行政管理模式改革实际，着力发挥法律监督职能，推进行政公益诉讼，保护企业合法利益。切实发挥好检察职能在参与社会治理中的监督履职和协调沟通作用，助力一流政务环境、营商环境建设。

4. 加强内外部协作提升

一是对内提升队伍专业素能。加强常态化业务培训，建立功能性特色主题培训班，实现内部挖潜，促进提质增效，建立常态化、针对性的教育培训机制，重点开展涉及自贸区监管模式的创新内容和运行规则等相关专业知识的培训，开阔视野，提升司法能力。二是加强检察机关横向合作机制。加强相似功能区如各自贸区检察机关之间的沟通协作，优势互补、资源共享，如广州南沙、深圳前海、珠海横琴加强自贸检察工作交流与合作，共同签订了

《广东自贸试验区检察工作对接合作机制备忘录》。三是加强与外部职能部门对接。为加强检察系统内外部衔接协作，各功能区检察机关主动与功能区管委会、金融商贸、知识产权、海关、税收等行政职能部门对接，加强"两法衔接"机制和工作平台建设，致力于形成融监督、管理、服务为一体的工作合力。加强与公安、法院等司法办案机关对接，致力于理顺功能区案件管辖及办理模式。四是加强与企业联络。畅通与企业的沟通联络渠道，与企业搭建战略合作框架，探索检察机关为高新企业、"一带一路"企业提供法律服务的新路径，共同构建功能区防控风险的合力。

B.5
数据跨境流动监管困境与因应策略
——以前海为考察视角

王 轩 韩希霖*

摘　要： 随着各国对数据价值的越发重视，数据跨境流动成为国际贸易的重要组成部分。近年来，中国凭借粤港澳大湾区的开放优势，在健康医疗、科技金融、教育政务等领域开展了一系列探索。必须看到，数据跨境流动对国家安全、社会安全、企业发展以及个人信息保护等方面带来新挑战。究其原因，是数据主权、数据安全以及数据自由流动三大目标的冲突。当前，中国立法存在体系性弱、法律衔接不足、规定笼统以及规范冲突等问题，监管中存在治理手段单一、缺少跨境协作监管等不足。在尚未形成成熟监管机制的当下，中国应当明确数据主权优先的基本立场，构建数据分级分类监管制度，补充评估标准、评估流程等程序性立法。推动前海自贸区实践先行，加强政府部门内部合作，探索跨境协作监管机制。

关键词： 数据跨境　跨境协作　数据主权　数据安全

引　言

在全球数字化浪潮下，数据成为一种重要的生产要素，数据跨境流动已

---

* 王轩，广州大学粤港澳大湾区法制研究中心研究员，澄观治库执行主任，高级研究员；韩希霖，暨南大学硕士研究生。

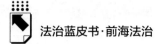

成为促进国际合作交流和推动经济发展的重要一环。如何实现数据跨境流动、数字主权以及数据安全的平衡，已经成为当下极其重要的课题。2021年7月，广东省政府印发的《广东省数据要素市场化配置改革行动方案》指出，要推动粤港澳大湾区数据有序流通，推动深圳先行示范区数据要素市场化配置改革试点①。同年9月，党中央、国务院印发《全面深化前海深港现代服务业合作区改革开放方案》，要求前海深港合作区"建设跨境贸易大数据平台，推动境内外口岸数据互联"②。2023年1月，"前海数据要素深港跨境融通高峰论坛"在前海深港创新中心举行，与会专家分别就数据要素流通领域的场景需求、制度设计、政策监管、技术实现等方面进行了探讨③。2023年6月，国家互联网信息办公室与香港特区政府创新科技及工业局签署《关于促进粤港澳大湾区数据跨境流动的合作备忘录》，要求"建立粤港澳大湾区数据跨境流动安全规则，促进粤港澳大湾区数据跨境安全有序流动"④。2022年，前海地区实际使用外资58.6亿美元，占深圳全市的55.3%、占广东省的20%。2023年上半年，前海深港现代服务业合作区实现地区生产总值983.1亿元，同比增长15.8%；综合保税区进出口额实现1096.7亿元，增长13.9%；预计实际使用外资19.56亿美元，其中实际使用港资17.36亿美元⑤。前海产业的跨境合作产生了巨大的数据跨境流动需求。当前，前海正不断探索推进数据要素在深港跨境融通，落实党中央、国务院提出的探索

① 《广东省人民政府关于印发广东省数据要素市场化配置改革行动方案的通知》，广东省人民政府官网，http：//www.gd.gov.cn/xxts/content/post_3342648.html。
② 《中共中央 国务院印发〈全面深化前海深港现代服务业合作区改革开放方案〉》，中央人民政府官网，https：//www.gov.cn/zhengce/2021-09/06/content_5635728.htm。
③ 《数据要素深港融通，前海这个论坛说明白了!》，微信公众号"深圳前海"，https：//mp.weixin.qq.com/s/Wx_fQLtimkuclHOb5cnRAg。
④ 《国家互联网信息办公室与香港特区政府创新科技及工业局签署〈关于促进粤港澳大湾区数据跨境流动的合作备忘录〉》，国家互联网信息办公室网，http：//www.cac.gov.cn/2023-06/30/c_1689687618127403.htm。
⑤ 参见《三大平台"引擎"强劲 大湾区发展动能澎湃》，微信公众号"澳门中联办"，https：//mp.weixin.qq.com/s/BWi63eokCC-Fy9JAA7Qcjg。

数据跨境流动新途径新模式，构建数据安全跨境流动与交易机制的要求①。然而，数据跨境流动作为一种新兴事物，中国尚无健全的法律体系和成熟的监管措施予以应对，而且各国（或地区）法律体系和数据安全标准各异。对此，中国应当明确数据跨境流动的基本立场，寻找发展和安全的平衡点，完善法律体系，充分发挥前海自贸区的开放优势，探寻区域协同治理和多元监管模式，实现数据跨境流动的有效监管。

一 中国数据跨境流动实践探索与风险

近年来，数据资源重要性凸显，数据跨境流动成为必然趋势。粤港澳大湾区是开放程度最高的区域之一，中国正积极在大湾区开展数据跨境流动的探索和规则试行。但同时，数据跨境流动也对中国数据安全、数据主权等提出新的挑战。

（一）粤港澳大湾区数据跨境流动实践探索

近年来，中国依托粤港澳大湾区互联互通的优势，在健康医疗、科技金融等方面开展了数据跨境流动的系列探索。在健康领域，疫情期间，广东和澳门实现健康码跨境互认，借助区块链技术和可信数据交换解决方案，将两地的健康码信息转化为加密的可验证数字凭证，在用户数据不传输的情况下实现了信息跨境验证，这一方案在保护数据安全的同时满足了信息交互的需要。在医疗领域，广东和香港实现了电子病历跨境互通，解决了疫情期间港籍患者跨境就医不便的问题。患者可通过电子健康记录互通系统（简称"医健通"）授权港大深圳医院查阅病历，为保证患者隐私安全，医键通将以加密方式发送给港大深圳医院，并限制查阅人员和查阅事由。这是港籍跨境病人病历跨境传输的首次尝试，在保护患者隐私的前

---

① 参见《中共中央 国务院关于构建数据基础制度 更好发挥数据要素作用的意见》，中央人民政府官网，https://www.gov.cn/zhengce/2022-12/19/content_ 5732695.htm。

提下实现数据流动，为患者就医创造便利环境。在金融领域，广东和澳门两地共同打造粤澳跨境数据验证平台。该平台借助区块链技术，采取用户自主传递数据模式，在个人资产信息、企业资产证明等方面为跨境数据提供可信、合法、安全的数据验证，这既保证了数据的真实性和可靠性，也有效保护了用户和机构的数据隐私①。2023年2月，中国人民银行等联合印发的《中国人民银行 银保监会 证监会 外汇局 广东省人民政府关于金融支持前海深港现代服务业合作区全面深化改革开放的意见》指出，在征得香港居民同意的情况下，允许前海合作区内符合条件的港资商业银行依法共享其香港母行掌握的同一香港居民信用状况；支持在前海合作区设立深圳市地方征信平台，探索深港跨境征信合作；在遵守相关法律法规、安全可控的前提下，允许在前海合作区和香港均设有分支机构的中资商业银行、港资商业银行开展内部数据跨境流动试点②。在科研领域，中国澳门与欧盟合作构建了"中国澳门—欧盟数据跨境流动通道"，借助IPv6、区块链等技术，实现了科研数据安全有序跨境双向流动。在政务服务领域，粤港澳实现政务跨境办理，前海已经开展港澳税务、商业注册、社保等跨境办理业务。江门市也推出"湾区服务通"，基于线上身份核验、数字空间等新技术实现各类政务服务跨境办理。此外，前海深港合作区还重点以跨境科学研究、金融科技、医疗服务、高等教育、交通运输等为应用场景，开展深港、深澳跨境数据流通融合应用创新，探索安全规范的跨境数据合作模式③。在数据跨境流动监管方面，深圳前海正开展"数据海关"试点，探索建立数据跨境审批与管控机制，开展跨境数据流通的审查、评估和监管。总之，开展粤港、粤澳以及部分国外数据跨境传输探索具有重

---

① 参见中国（深圳）综合开发研究院《数"链"大湾区——区块链助力粤港澳大湾区一体化发展报告（2022）》，第34~36页。

② 《中国人民银行 银保监会 证监会 外汇局 广东省人民政府关于金融支持前海深港现代服务业合作区全面深化改革开放的意见》，中央人民政府官网，https://www.gov.cn/zhengce/zhengceku/2023-02/23/content_ 5743026. htm。

③ 参见《专访深数交王腾：开展深港、深澳跨境数据流通融合应用创新，探索安全规范合作模式》，新浪网，https://finance.sina.com.cn/tech/roll/2022-08-11/doc-imizmscv5823102.shtml。

要意义，一方面避免数据主权丧失危险，另一方面能为国内外数据跨境流动积累经验。

（二）中国数据跨境流动立法现状与湾区规则探索

当前，中国从国家层面对数据跨境流动的立法主要包括《网络安全法》《数据安全法》《个人信息保护法》。通常认为，中国对数据跨境流动的规制始于 2017 年的《网络安全法》，该法第 8 条明确了网络安全问题的监管职责部门，第 37 条则明确，数据在中国境内运营中收集和产生的个人信息和重要数据应当在境内储存，确需向境外提供的，应当按照国家有关规定进行安全评估。该法的出台不仅填补了中国网络信息安全基本大法和专门性法律的空白，还为中国开展网络安全治理和数据流动规制提供了法律保障。随着数字经济的迅猛发展，数据表现形式越发多样，2021 年出台的《数据安全法》对数据跨境流动管理作出了细化规定，第 2 条明确了数据的定义，即"任何以电子或者其他方式对信息的记录"；该法第 36 条从数据主权和数据安全角度出发，禁止一切主体在未经批准的前提下向外国司法或者执法机构提供存储于中国境内的数据；而第 11 条则从正面提出积极开展数据治理和数据利用的国际合作交流以及促进数据跨境安全和自由流动的要求。同年出台的《个人信息保护法》更是专门设立了"个人信息跨境提供的规则"一章，就处理方式、保护措施等方面作出了详细规定。

除了国家层面的立法，为适应国际形势发展和治理需要，粤港澳大湾区也在规则和政策层面进行了探索。大湾区层面，《粤港澳大湾区发展规划纲要》对数据跨境流动管理作出了一系列规定，如共建粤港澳大湾区大数据中心、对跨境使用的医疗数据进行优化管理等。内地层面，《广东省数据要素市场化配置改革行动方案》指出，要推动粤港澳大湾区数据有序流通，支持科研合作项目数据资源有序跨境流通，建立数据分级分类和隐私保护制度，健全数据安全管理机制；《深圳市数据交易管理暂行办法》也为大湾区数据跨境流动提供了制度支持。港澳层面，香港特区政府早在 1995 年就制定了《个人资料（隐私）条例》，对个人信息进行全生命周期管理，澳门的《个人资料保护法》也对个人信息跨境流动分别作出了原则规定和例外规定。

（三）数据跨境流动的现实风险

在数据跨境流动中，通常会涉及多个处理主体和处理地点，前者包括数据的生产者、所有者、接受和使用者等，后者则包括数据的产生地、中转地、目的地等[1]，这也导致数据在传输过程中容易被拦截、修改或者发生泄露，侵犯个人隐私甚至危害国家安全。部分数字强国还会形成数据垄断或数据霸权，加剧了数字地缘政治风险[2]。具体而言，数据跨境流动会带来以下三个方面的风险。

一是国家安全和国家主权风险。当前，国家综合实力的体现与国家对数据的拥有规模、利用能力等紧密关联[3]，数据的流动与利用受到政治因素的干扰，各国正不断在网络空间追求更大的话语权。从客观来看，数字经济发达国家正依靠强大的技术和欠发达国家的数据站上了数据价值链的顶端，这也使得数字经济欠发达国家陷入两难境地。一方面，若数字欠发达国家为了国家安全拒绝数据跨境流动，容易被世界网络体系孤立，制约国家发展；另一方面，放任数据外流又会威胁国家安全和数字主权。

二是企业与社会发展风险。无论是国家还是企业，数据已然成为极其重要的生产要素，对本国的数字经济发展起到决定性作用。从全球范围来看，数据跨境流动主要集中在北美、欧洲和亚洲之间，而以苹果、谷歌等为代表的互联网巨头企业无一不依赖来自全球的海量、实时、异构的数据资源跨境传输和开发利用[4]；相反，数据不加限制地外流的数字经济欠发达国家会进一步丧失数字发展主动权和本土数字产业发展机遇。

---

① 张莉：《数据治理与数据安全》，人民邮电出版社，2020，第55页。
② 唐巧盈、杨嵘均：《跨境数据流动治理的双重悖论、运演逻辑及其趋势》，《东南学术》2022年第2期。
③ 李海英：《大数据发展及其立法挑战》，《信息安全与通信保密》2015年第6期。
④ 宋晶晶、吴建华：《我国数据跨境治理的因应策略研究》，《图书与情报》2022年第3期。

三是个人信息隐私风险。数据跨境流动依赖多个网络节点，这就导致数据会在不同国家和地区之间传输，出现数据来源地与储存地分离的情况，也导致数据管辖权和治理权发生分离①，势必带来个人数据在用户不知情的情况下被利用以及国家无法实施有效监管等问题。尽管各国都有针对个人信息保护的立法，但由于各国立法、执法乃至司法的尺度不一，国际社会也未就数据跨境流动的监管措施达成共识，要在个人数据跨境流动中实现有效监管、保护个人隐私，存在较大困难。

二　中国数据跨境流动的现实困境

数据跨境流动作为一个全新课题，中国正在努力探索，仍然面临诸多理论困局和现实困境，主要表现为数据跨境流动无法同时实现多重目标，现行立法体系性与衔接性不足，以及监管协作能力有待提高等。

（一）"三元悖论"困局

在国际经济学中存在这样一种论断，即在开放经济条件下，一国货币政策的独立性、汇率的稳定性、资本的完全流动性不能同时实现，最多只能同时满足两个目标，而放弃另外一个目标。这就是美国经济学家保罗·克鲁格曼提出的著名的"三元悖论"。在数据跨境流动的语境下，同样存在类似的"三元悖论"，即无法同时实现"保护数据安全"（以下简称"目标1"）、"促进数据跨境流动"（以下简称"目标2"）、"数据保护主权"（以下简称"目标3"）三个目标。若要实现目标1和目标3，各国就需要制定严格的数据保护法律制度，同时限制本国数据外流，这会阻碍数据跨境自由流动。若要实现目标2和目标3，各国必须通过放宽数据保护标准以吸引国外数据流入，让更多数据资源在本国汇聚和流通，这便使数据安全和隐私保护无法得到切实保障。若要实现目标1和目标2，就需要"超国家政府"或

---

①　蔡翠红：《国际关系中的大数据变革及其挑战》，《世界经济与政治》2014年第5期。

"超主权机构"的存在，制订一套能约束各国的强有力制度，但这又会导致一国的数据自主权丧失。归根结底，数据跨境流动语境下的"三元悖论"是各国国内政策和国际协调相冲突的结果，是各国相互竞争的必然结果。即使在粤港澳大湾区，由于三地数据保护政策不同、数据安全级别标准不一，仍然存在自由流动与开发利用、数据安全以及数据主权等方面的矛盾，制约着粤港澳大湾区的数字经济发展，如何平衡三者的关系，在安全可控范围内促进数据交易和流动，成为推动粤港澳大湾区数据跨境流动的关键，也是探索未来在国际上数据跨境的关键。

（二）数据跨境流动立法体系性不足

尽管当前我国的《网络安全法》《数据安全法》《个人信息保护法》都对数据跨境流动作出了规定，形成了数据跨境流动的基本法律框架，为数据跨境安全有序流动提供了法律支持，但总体上仍然存在专门立法缺失、制度体系性和衔接性不足等问题。具体而言，体现在以下四个方面。

首先，数据跨境流动专门性立法缺失。数据跨境流动涉及数据的生成、储存、流动、接收、使用和再流转等环节，每一个环节都需要法律加以规制。然而，我国针对数据跨境流动的法律规定分散在不同法律中，并未形成统一化、体系性的规范，规范之间也未形成有效衔接，不利于为企业或个人的数据跨境流动活动提供指引，也不利于国家或政府发挥监管职能。

其次，上位规定较为笼统、操作性不强。《网络安全法》第 37 条要求数据应当本地化储存，数据出境应当进行安全评估；《数据安全法》第 31 条则扩大了适用主体，将"其他数据处理者"纳入规制范围；《个人信息保护法》第 36 条同样对个人信息储存和跨境流动作了原则性规定。但上述规范均仅强调"数据本土化储存"理念，既没有对储存作出细化规定，也难以适应大数据时代数据跨境大规模流动的需求。

再次，缺乏数据级别界定标准。从数据安全级别看，《数据安全法》将数据分为国家核心数据、重要数据和一般数据，对核心数据实行更加严格的管理制度，加强对重要数据的保护。尽管《数据安全法》对核心数据作出了界定,《数据出境安全评估办法》也对需要安全评估的数据作了规定,但仍未细化"重要数据"的重要程度和危害程度的判断标准,而是列举了评估需要考察的项目。此外,由于《数据安全法》授权"各地区、各部门"设定评估标准,这导致在实践中容易出现企业跨地区规避监管和地区博弈的现象,不利于数据跨境流动同标准、一体化监管。

最后,缺乏完善的数据跨境流动监管程序性规定。尽管中国对数据跨境流动进行了原则性规定,《数据出境安全评估办法》也作出了补充,但并未覆盖监管流程、数据再流转环节评估程序等内容,而现行的规定缺乏灵活性,无法满足数据出境安全和效率的需要,也无法为数据入境和数据出境提供明确的程序法保障,阻碍数据跨境流动的效率和监管国际合作[①]。

(三)数据跨境流动协同监管缺位

诚如上文所述,数据跨境流动监管涉及多环节、多主体,唯有形成通力合作、贯通衔接的规制理念,方能实现数据跨境流动全链条监管。然而,中国当前数据跨境流动监管机制缺乏系统性和整体性,监管思路和监管方式不足以应对大规模数据跨境流动的需要。长期以来,中国对数据领域的监管采取分散管理方式,没有统一的数据监管机构,监管标准和监管方式也只是由地方或行业制定,当某一领域需要多部门介入时,就很可能出现标准冲突从而阻碍执法的问题。例如,金融数据跨境流动问题同时涉及网信部门和金融监管部门的监管,前者主要根据《网络安全法》规定的"境内存储为原则、境外流动安全评估"要求监管,而后者则主要根据2016年颁布的《中国人民银行金融消费者权益保护实施办法》规定的"以禁止跨境传输为原则、以业务必需且当事人同意为例外"要求监管[②],规范标准的冲突为数据跨境流动监管带来了阻力。事实上,不少部门都出台了相关规范性文件限制数据

---

① 陈兵、马贤茹:《系统观念下数据跨境流动的治理困境与法治应对》,《安徽大学学报》(哲学社会科学版)2023年第2期。

② 值得注意的是,2020年修订的《中国人民银行金融消费者权益保护实施办法》已经将金融数据跨境流动的相关规定删除,这在一定程度上缓解了法律适用冲突问题。

跨境流动，并且都在一定程度上与三部上位法发生冲突，这也直接导致出现各部门执法标准不一、适用法律各异、监管职权不明晰等问题，甚至造成"重复执法"与"执法真空"并存的监管失灵现象①。尽管2021年出台的《数据安全法》提出了"建立国家数据安全工作协调机制"的要求，体现了国家对数据安全的重视，但该法尚未突破地方分权和行业自治的监管架构。

此外，中国缺少数据跨境流动国际（或区际）监管协作。当前，中国参与数据跨境流动监管协作主要通过加入自由贸易协定或国际协会或签署备忘录等。但是，除RCEP外，其他协定极少涉及数据跨境流动；国际数据管理协会作为非营利性机构，尚无实际监管权力；而备忘录仅仅是初步磋商，要落实监管协作仍需要大量后续配套制度。由此可见，中国在数据跨境流动国际监管协作方面仍存在协调方式单一、合作层次较浅等问题。至于粤港澳大湾区内的数据跨境流动，中国进行了诸多探索，但在"一国两制三法域"的背景下，仍然对区际合作带来挑战，如何衔接三种标准、如何跨境解决纠纷等问题，需要进一步探索和完善。

三 数据跨境流动规范化监管解决之道

由于数据跨境流动涉及数据主权和数据安全问题，在尚无成熟做法可借鉴的当下，应当优先明确我国主权优先的监管态度和原则，并在此基础上完善法律体系，探索数据跨境流动监管新路径。

（一）明确中国数据跨境流动监管的立场

通过前文分析可知，数据跨境流动无法实现"三全其美"，因此必须对目标进行价值排序。中国对数据跨境流动监管和规制中，应当确立和遵守以下三个原则。

---

① 许多奇：《论跨境数据流动规制企业双向合规的法治保障》，《东方法学》2020年第2期。

第一，数据主权保护优先，尊重各国数据主权。数据主权是国家主权的表现形式之一，也是影响数字地缘政治竞争的重要因素[①]。实践中，数据跨境流动以数字经济欠发达国家向发达国家流入为主，而这种流动方向加剧了地区和国家不均衡的局面，使得强国攫取了更多数据资源和数据控制权。部分西方强国会利用这种主导地位实施数据长臂管辖，不仅侵犯他国数据主权，还打击其他弱国参与数据跨境和协作监管的积极性。在数据跨境流动监管和规制中，中国应当始终坚守数据主权的第一价值顺位，并以尊重各国数据主权为底线，平衡各国利益诉求[②]，通过多边合作维护本国和各国的数据主权[③]。

第二，促进数据在安全可控范围内跨境流动。数据只有流动才能更好地发挥其价值，这也是近年来各国不断探索和发展数据跨境流动的原因之一。但数据不能盲目流动，还必须考虑数据安全、数据主权等，并对流动作出一定限制。必须指出，数据跨境流动应当至少满足数据正当和风险可控两项要求，即跨境数据应当保证数据自身的完整性和可靠性，以及有能力防范数据大规模跨境引发的安全风险[④]，如信息泄露等。因此，中国在立法和执法中应当始终贯彻国家数据安全和数据开放的要求[⑤]，坚持安全可控与自由流动并举。

第三，加强国际监管合作，倡导平等共赢理念。国际合作应当以平等、互惠、共赢为基调，避免数据垄断或实行单边主义。当前，不少地区和国家采取单边保护的态度，如美国采取的数据自由跨境流动主义、欧盟的数据个人权利保护主义等，这些做法具有较强的排他性和利己性，不利于数据在国

[①] Ruohonen J. The Treachery of Images in the Digital Sovereignty Debate. *Minds and Machines*，2021（3）：439-456.

[②] 陈曦笛：《法律视角下数据主权的理念解构与理性重构》，《中国流通经济》2022 年第 7 期。

[③] 郑琳、李妍、王延飞：《新时代国家数据主权战略研究》，《情报理论与实践》2022 年第 6 期。

[④] 刘金瑞：《迈向数据跨境流动的全球规制：基本关切与中国方案》，《行政法学研究》2022 年第 4 期。

[⑤] 许可：《自由与安全：数据跨境流动的中国方案》，《环球法律评论》2021 年第 1 期。

际间平等跨境流动。因此，中国在制定数据跨境流动监管政策时，应当积极参与国际社会的探讨和磋商，推动数据跨境流动监管领域多边合作，打造数字领域命运共同体，共同致力于维护数据跨境流动的良好秩序。

（二）完善数据跨境流动顶层设计

推动数据跨境流动高效监管，需要法律规范提供支持。但正如前文所述，我国现行针对数据跨境流动的规范存在分散化、笼统化、操作性不强以及冲突和衔接弱等问题，需要从以下几个方面完善数据跨境领域的顶层设计。

一是设立专门性上位法。由于不同法律和法规的制定机关或层级不同，难免会发生规范间不协调的问题。同时，当前规定局限于单一的流动环节，并未关注跨境后的使用、再流转等环节。因此，应当加快专门性立法工作，体系性构建数据跨境流动监管规范，关注数据跨境后的保护工作，避免因各国规定不同而形成法律漏洞，即防止利用法律标准差距让数据在他国中转外流，进而损害中国数据利益。

二是构建数据分级分类监管制度。尽管数据已然成为各国的重要资源，但并非所有的数据都需要严格保护或限制跨境流动。因此，应当对不同类型的数据设立不同的保护标准和跨境流动规则，在一定程度上缓解"三元悖论"困局。《数据安全法》已经依据数据重要程度作了初步分级，这表明国家已经对特定数据进行倾斜性保护。但是，分级和分类在数据保护中是相辅相成的，中国应在当前立法模式上对承载不同信息、不同来源或用途的数据进行类型化管理，或者按照数据流转的环节划分为原始数据、衍生数据与增值数据等，分别设定不同的监管标准。

三是完善评估体系，细化监管流程。由于中国对数据跨境流动的探索才刚刚起步，尚无完善的法律配套，特别是缺乏完善的数据安全评估体系和评估监管流程。因此，中国应当在现行的《数据出境安全评估办法》基础上，进一步细化评估内容、评估标准、评估机构、评估流程、跨境后监管程序等，打造数据跨境流动全链条监管模式。

当然，数据跨境流动监管的顶层设计无法"一蹴而就"，但不妨以自贸区为试点，借助粤港澳大湾区的开放优势，进一步探索该领域的规范和标准。2023 年 8 月，深圳市政府发布了《深圳市优化国际化营商环境工作方案（2023~2025 年）》，要求前海蛇口自贸片区"积极参与跨境数据流动国际规则制定，在国家及行业数据跨境传输安全管理制度框架下，积极推动数据跨境传输（出境）安全管理工作，建立数据安全保护能力评估认证、数据流通备份审查、跨境数据流通和交易风险评估等数据安全管理机制"①。我国可继续推动前海自贸片区立法先行，探索更多可行方案。

（三）探索多元主体共治与区域协同治理模式

面对监管模式单一、监管协作不顺畅等问题，中国可从以下四个方面入手，打造协同治理模式，在安全可控范围内促进数据跨境流动。

第一，构建多部门协作监管机制。诚如前文所述，数据跨境流动涉及多部门职权，在缺乏统筹治理的当下，极可能出现"多头执法""执法真空"等"九龙治水"局面。因此，应当落实《数据安全法》规定的"中央国家安全领导机构统筹协调国家数据安全的重大事项和重要工作，建立国家数据安全工作协调机制"和"国家网信部门负责统筹协调网络数据安全和相关监管工作"的要求，在中央国家安全领导机构的统一领导下，建立以网信部门为牵头部门，联合公安、电信、工业、交通、环境资源、卫生健康、教育科技等主管部门通力协作的监管机制，实现部门间信息相通、证据相认、标准相同，形成跨部门、跨行业、跨区域的监管合力。

第二，实行多主体的共同治理模式。数据跨境流动主要涉及的主体为企业，中国可在数据跨境流动领域推行企业合规治理，形成"政府+企业"共治模式。政府应当引导企业了解国内外有关数据跨境流动的法律规范，为企业提供必要的解读和协助服务。此外，数据跨境流动监管本身涉及经济、外

---

① 《深圳市优化国际化营商环境工作方案（2023—2025 年）》，微信公众号"深圳发布"，https：//mp.weixin.qq.com/s/ujY1DCcaqIkCQZZyRC8HGg。

交、国家安全、法律等范畴，国家在立法或制定政策时，应当注重与科研机构的协作，借助前海等合作区的优势，开展跨境学术和治理经验交流，实现"理论—实践"的转化。

第三，推动粤港澳大湾区跨区域协作，探索国际协同监管新路径。尽管粤港澳大湾区存在三个法域，但仍以"一国"为基础，这为数据跨境流动提供了安全可控的保障。中国应当充分发挥以前海为代表的自贸片区的开放优势，推动与港澳共同设定数据分级分类保护标准，建立白名单和负面清单目录，探索构建跨境执法协作机制和互信机制，形成粤港澳大湾区联动治理格局。此外，我国应当积极参与数据跨境流动国际规则的制定和谈判工作，通过规则磋商表达中国企业的利益诉求，提升中国在数据跨境流动领域的话语权与国际地位①。同时，在数据跨境流动的浪潮下，中国还应发挥前海自贸片区临近港澳、开放创新等优势，试点与港澳地区和周边国家建立数据跨境流动自贸区，进一步探索国际协同监管新路径。

第四，在前海打造数据跨境交互平台。《关于金融支持前海深港现代服务业合作区全面深化改革开放的意见》指出，"开发建设前海深港现代服务业合作区是支持香港经济社会发展、提升粤港澳合作水平、构建对外开放新格局的重要举措"。可见，国家正大力推动前海合作区成为我国对外开放和交互的平台。2023年6月，国家（深圳·前海）新型互联网交换中心试运行两周年之际，交换峰值流量达到1.05Tbps，正式进入T级时代。根据国际交换中心权威网站统计数据，前海新型互联网交换中心的用户规模和峰值流量均已跻身全球百强②。中国应当充分利用前海在数据信息交换领域积累的丰富经验，在前海打造数据跨境流动集散平台，降低网络接入和流量交换成本，推动粤港澳大湾区乃至国际间数据快速、大规模流动，进一步激发经济活力。

---

① 李滨：《跨境数据流动的社会共治：一个新的治理领域》，《国家治理》2020年第28期；张正怡：《数字贸易规制构建及中国的因应》，《江淮论坛》2022年第1期。

② 《前海：全面激发高质量发展新动能》，微信公众号"深圳发布"，https：//mp.weixin.qq.com/s/vCG1ecvhb6z2KWWtjRaOug。

结　语

在后疫情时代，数字经济成为社会发展的重要推力，数据跨境流动已然成为国际交流的重要组成部分。面对数据跨境流动可能带来的风险，各国纷纷制定和完善法律法规以应对由此带来的冲击和挑战。当前，中国存在针对数据跨境流动的法律体系尚不完善、监管队伍尚未建立、治理手段较为单一等问题，无法满足数字化时代的治理需要。因此，中国应当明确应对数据跨境流动风险的基本立场，坚持数据主权优先原则。在治理方面，中国应当打通监管部门间的协作通道，构建政企合作架构。同时，应当充分发挥前海自贸片区等开放区域的优势，采取经济特区和自贸区先行策略，探索流动规则和治理方案。2023 年 7 月，国务院发布的《国务院关于进一步优化外商投资环境　加大吸引外商投资力度的意见》指出，支持"粤港澳大湾区等地在实施数据出境安全评估、个人信息保护认证、个人信息出境标准合同备案等制度过程中，试点探索形成可自由流动的一般数据清单，建设服务平台，提供数据跨境流动合规服务"①。当然，对于如何实现数据安全高效跨境流动、如何实现全方位监管、如何实现数字经济高质量发展等问题，仍有极大的探讨空间，也需要在实践中不断摸索。

---

① 《国务院关于进一步优化外商投资环境　加大吸引外商投资力度的意见》，中央人民政府官网，https://www.gov.cn/gongbao/2023/issue_ 10666/202308/content_ 6900874. html。

司 法 建 设
Judicial Construction

B.6
深化司法诚信体系建设研究

深圳前海合作区人民法院课题组*

摘　要： 推进司法诚信建设是落实"公正与效率"、坚持为民司法、保障粤港澳大湾区一体化建设的题中应有之义。目前，司法实践中存在虚假调解、虚假诉讼、逃避执行等不诚信行为，需要规制与预防。香港和澳门针对不诚信诉讼行为建立了相应的规制机制，并形成了证据开示、律师费转付等有益经验。前海法院立足审判实际，考察港澳有益实践，分别从完善诚信调解和诉讼的引导与惩戒机制、优化诚信执行司法激励与惩戒机制、建立诚信联动协调机制三条路径着手，不断营造诚信和谐的诉讼环境。

关键词： 司法诚信　信用惩戒　虚假诉讼

---

* 课题组成员：谢雯、潘泽玲、刘星雨。执笔人：谢雯，深圳前海合作区人民法院法官；潘泽玲，深圳前海合作区人民法院法官助理；刘星雨，深圳前海合作区人民法院法官助理。

《粤港澳大湾区发展规划纲要》（以下简称《规划纲要》）提出，要着力打造法治化营商环境，为粤港澳大湾区建设提供优质、高效、便捷的司法服务和保障。《全面深化前海深港现代服务业合作区改革开放方案》（以下简称《前海方案》）提出，要创建经济试验区，推进政府、市场、社会协同的诚信建设。深化司法诚信体系建设是落实"公正与效率"，践行司法为民理念，发挥司法对培育和践行社会主义核心价值观的规范、引领和保障作用的题中应有之义，也是实现内地与港澳司法诚信建设互鉴互补、推进大湾区内法治建设一体化进程、打造国际一流营商环境的必然要求。

一 前海法院深化司法诚信体系建设的基本情况

前海法院努力推进司法诚信建设，立足司法审判职能，解决道德领域诚信缺失的问题，严格打击背信欺诈、危害社会诚信的行为，发挥公正裁判的示范功效，引导公众树立诚实守信的价值观，营造良好的社会诚信氛围和环境。《前海方案》发布后，前海法院进一步立足粤港澳大湾区融合发展和前海深化改革开放需求，找准法院工作与诚信社会建设的结合点，形成了具有前海特色的司法诚信制度体系。

一是紧盯全流程，确保诉讼过程全覆盖。以《民事诉讼法》及相关司法解释为依据，制定发布《关于深入推进司法诚信体系建设工作指引》，将诚信诉讼行为的引导和规范延伸到立案、送达、调解、答辩、举证、证人与专家出庭、执行等民商事诉讼各节点全过程，为域内外当事人诚信诉讼提供了更加明确精准、体系全面的指引，营造诚实守信的良好诉讼氛围。

二是面向大湾区，融合港澳地区有益经验。以商事法律规则衔接为契机，在现有法律框架下，充分吸收和借鉴港澳地区司法诚信机制的有益经验。例如，当事人属实申述、促进调解、证据交换、证人出庭等方面吸收了香港地区《高等法院规则》《区域法院规则》《证据条例》的相关规定，对当事人准确真实陈述事实、及时全面提交证据、积极参与调解、规范证人出庭等作出进一步规制和约束，保证诉讼的有效推进。

三是打好组合拳，实现预防惩戒双管齐下。注重制度的刚柔结合，形成了防治并进、有效运转的司法诚信制度体系。一方面，通过清晰、柔性的方式，对当事人诚信起诉、配合送达、促进调解、按期答辩与举证、按期出庭、配合执行等行为进行正面引导；另一方面，针对当事人恶意逃避和妨碍送达、滥用管辖权异议、虚假调解、逾期举证、虚假陈述、规避执行等不诚信诉讼行为，通过训诫、罚款、调整诉讼费用或律师费用负担等明确、刚性的惩戒措施，让当事人对不诚信诉讼行为的结果有明确的预见，督促当事人诚实理性行使诉讼权利，保证矛盾纠纷得到及时和实质性解决。

二　当前深化司法诚信体系建设存在的主要问题

（一）诉前调解阶段

诉前调解阶段面临的司法不诚信行为主要包括虚假调解、无正当理由拒绝合理调解方案、以调解拖延诉讼进程等行为。虚假调解行为主要是指双方当事人以损害案外第三人利益或公共利益为目的，采取隐瞒或欺诈的方法，相互串通，虚构民事法律关系或法律事实，利用法院调解程序，促使法院作出错误调解协议的一种非正当诉讼行为①。据统计，中国 90% 的虚假诉讼案件是以虚假调解结案的②，尤其在借贷合同纠纷③、股权转让④等领域，当事人常常通过虚构债权债务关系、虚构不合理违约金等来实现转移财产的目

---

① 参见潘牧天《论虚假调解行为的识别与规制》，《学术交流》2014 年第 1 期，第 23 页。
② 参见项延永《虚假民事诉讼之防范》，《人民司法》2010 年第 11 期。
③ 参见浙江省东阳第三建筑工程有限公司、戴某、戴某锦适用特殊程序案件案由第三人撤销之诉民事判决书，浙江省瑞安市人民法院（2019）浙 0381 民撤 2 号；林某义、沈某勇民间借贷纠纷再审民事判决书，浙江省瑞安市人民法院（2017）浙 0381 民再 2 号；孙某高、沈某勇民间借贷纠纷再审民事判决书，浙江省瑞安市人民法院（2017）浙 0381 民再 4 号；重庆市才富建筑钢模版有限公司与郑某祥、郑某林买卖合同纠纷再审民事裁定书，重庆市第一中级人民法院（2018）渝 01 民再 51 号。
④ 参见李蜀黔、昆明钻福贸易有限公司第三人撤销之诉二审民事判决书，云南省高级人民法院（2020）云民终 312 号。

的。无正当理由拒绝合理调解方案的行为主要是指一方当事人无正当理由不参加调解，或一方当事人提出了明确的调解方案但另一方当事人无正当理由拒绝。以调解拖延诉讼进程的行为主要表现为当事人消极对待调解，或以延长调解期限的方式拖延案件进入诉讼程序。诉前调解阶段的不诚信行为造成司法资源浪费，降低纠纷解决的效率，也对社会治理造成负面影响。当前，在规制诉前调解阶段的不诚信行为时，主要存在以下问题。

1. 调解员专业性、职业伦理性弱，难以发现不诚信调解行为

调解员是甄别不诚信行为的第一道防线。当前，调解员整体素质主要存在专业性差、职业伦理性弱等问题。在专业性方面，受限于法学专业水平、社会阅历或调解经验等因素，难以准确发现和识别虚假调解等不诚信行为。在职业伦理方面，目前商事调解还缺乏一整套特定的职业伦理规则研究和制度设计，受调解数据等因素影响，部分调解员为促使当事人达成和解，对甄别虚假调解的能动性不强。

2. 审查方式不明晰，影响虚假调解行为的甄别防范

在中国，司法确认工作负有防范虚假调解风险的重要责任。当前，司法确认的审查方式不够清晰，从规范文本来看，对形式审查、实质审查要求有不同侧重。2009年最高人民法院首次对司法确认制度予以肯定，采用较为审慎的审查模式①。2011年《最高人民法院关于人民调解协议司法确认程序的若干规定》仅规定人民法院"在必要时可以通知双方当事人同时到场"②，《民事

① 《最高人民法院关于建立健全诉讼与非诉讼相衔接的矛盾纠纷解决机制的若干意见》第23条规定："人民法院审理申请确认调解协议案件，参照适用《中华人民共和国民事诉讼法》有关简易程序的规定。案件由审判员一人独任审理，双方当事人应当同时到庭。人民法院应当面询问双方当事人是否理解所达成协议的内容，是否接受因此而产生的后果，是否愿意由人民法院通过司法确认程序赋予该协议强制执行的效力。"
② 《最高人民法院关于人民调解协议司法确认程序的若干规定》第6条规定："人民法院受理司法确认申请后，应当指定一名审判人员对调解协议进行审查。人民法院在必要时可以通知双方当事人同时到场，当面询问当事人。当事人应当向人民法院如实陈述申请确认的调解协议的有关情况，保证提交的证明材料真实、合法。人民法院在审查中，认为当事人的陈述或者提供的证明材料不充分、不完备或者有疑义的，可以要求当事人补充陈述或者补充证明材料。当事人无正当理由未按时补充或者拒不接受询问的，可以按撤回司法确认申请处理。"

诉讼法》未明确具体的审查模式①，《最高人民法院关于适用〈中华人民共和国民事诉讼法〉的解释》则规定，"人民法院审查相关情况时，应当通知双方当事人共同到场对案件进行核实"。司法确认案件审查方式在规定上的不统一，造成司法实务的困惑与混乱，亟待结合司法实践，进一步明晰针对司法确认有效务实的审查方式，预防虚假调解风险。

（二）诉讼阶段

1. 虚假诉讼

虚假诉讼是指单独或者与他人恶意串通，捏造民事案件基本事实，虚构民事纠纷，向人民法院提起民事诉讼，损害国家利益、社会公共利益或者他人合法权益，妨害司法秩序的行为②。司法实践表明，目前存在对虚假诉讼的事前引导不足、事后惩戒力度不够等问题，亟须进一步加强对虚假陈述、伪造证据等行为的规制力度。

2. 证人未履行出庭义务

证人是证据的载体，证人诚实守信是充分发挥证人证言这种证据作用的关键环节。如实作证是对证人诚实守信的最基本要求，证人应本着善意、良知、守信的态度妥善处理其与案件当事人和社会的利益关系，本着诚信的心态就本人所了解的案件情况出庭如实作证，无正当理由不得拒绝出庭作证③。但在实践中，存在证人出庭率较低、仅提供书面证言、不出庭接受交叉询问等情况，导致证言采信率低。对证人出庭权利保护的细化规定不足、证人权益的保障程度不够等是影响证人出庭的关键因素。

---

① 《民事诉讼法》第202条规定："人民法院受理申请后，经审查，符合法律规定的，裁定调解协议有效，一方当事人拒绝履行或者未全部履行的，对方当事人可以向人民法院申请执行；不符合法律规定的，裁定驳回申请，当事人可以通过调解方式变更原调解协议或者达成新的调解协议，也可以向人民法院提起诉讼。"

② 参见《最高人民法院关于深入开展虚假诉讼整治工作的意见》（法〔2021〕281号），2021年11月4日发布。

③ 参见王佳《证人拒绝出庭作证的诚信追问及规制》，《学术交流》2011年第5期，第53页。

3. 无正当理由恶意逾期提交证据

当前，证据交换制度未在司法实践中得到较好落实，弱化了"证据失权"的效果，无法较好实现其制度目标。其一，对逾期证据的认定程序实施不严格。部分案件先考虑逾期举证是否与案件基本事实相关，再考虑当事人的主观过错情况，或未严格依法先责令当事人说明理由，存在当事人主观过错情况与案件基本事实的司法适用顺序不恰当问题。部分案件未在裁判文书中对逾期举证行为是否存在故意或重大过失予以明确定性，不利于强化当事人按期举证意识。其二，处理恶意逾期举证不严格。逾期举证获得采纳的案件中，对恶意逾期行为未训诫、未罚款的案件多于训诫、罚款的案件，部分当事人具有故意或重大过失情节但未受到任何训诫和罚款。多数情况下近乎"零成本"的实际后果使庭前逾期举证、庭上证据突袭现象频繁发生，有损诉讼效率和司法公正。

4. 诉讼费和律师费转付适用率低

在内地，律师费虽然不在诉讼费用范围之内，但属于诉讼成本的重要组成部分。为合理分配司法资源，鼓励理性诉讼，形成良好的诉讼环境，需要解决因诉讼引起的律师费问题。司法实践中，律师费转付制度存在适用率不高、缺乏统一尺度等问题，未与其他引导诚信诉讼的制度形成"组合拳"，提高诉讼效率、优化配置司法资源的目的未充分实现。

（三）执行阶段

1. 诚信企业权益保障待加强

执行阶段中，信用记录良好、有债务履行意愿的诚信企业无足够的债务履行能力的情形较常发生。此时，若不考虑诚信企业的权益保障问题，介入司法强制力，如减扣企业信用、查封机器设备、冻结企业账户等，可能进一步加剧企业资金周转困难，导致企业丧失正常持续生产经营能力，不利于营造良好的营商环境。

2. 恶意规避执行

规避执行是指负有履行生效法律文书确定义务的当事人，或与案外人串通，采取表面合法的手段或者利用法律的漏洞，转移、隐匿财产，或者对法院执行设置障碍，制造无履行能力的假象，躲避法院强制执行①。规避执行在实践中主要存在恶意变更法定代表人规避执行、通过虚假诉讼逃避执行、利用体外循环规避执行等表现形式，导致胜诉当事人的合法权利难以充分实现，损害司法公信力。

三 前海法院深化司法诚信体系建设的主要做法和经验

（一）积极引导与促进司法诚信调解

1. 探索无正当理由拒绝合理调解方案的惩戒机制

前海法院制定实施《关于引导和促进当事人适用调解程序的若干规定》，明确被告以低于原告起诉请求的数额提出和解、调解方案，原告无正当理由拒绝的，且法院裁判支持原告数额等于或者低于被告提出数额的，可以依据当事人胜诉比例和在推动适用调解程序中发挥的作用确定诉讼费用在当事人之间的合理分担。在拓进公司与去融公司合同纠纷案中，被告提出返还40%费用的调解方案，原告以返还金额过低为由拒绝被告的调解方案，致该案调解不成。最终法院判决支持原告的数额低于被告提出的数额，法院参照原被告在调解过程中的表现，判定该案受理费不按照胜诉比例分担，均由原告负担。

2. 探索"逆向听证"方式

有疑点的调解协议要积极适用听证程序②，全面核实调解协议的效力、合法性、合理性③。以一对一形式独立分别与各方当事人讨论，深入挖掘案

---

① 参见胡剑锋、赵俊山《虚假租赁规避执行及其法律应对》，《"强制执行的理论与制度创新"——"中国执行论坛"优秀论文集》，中国政法大学出版社，2017，第432页。

② 《最高人民法院关于适用〈中华人民共和国民事诉讼法〉的解释》第356条规定："人民法院审查相关情况时，应当通知双方当事人共同到场对案件进行核实。人民法院经审查，认为当事人的陈述或者提供的证明材料不充分、不完备或者有疑义的，可以要求当事人限期补充陈述或者补充证明材料。必要时，人民法院可以向调解组织核实有关情况。"

③ 《最高人民法院关于深入开展虚假诉讼整治工作的意见》提出："当事人诉前达成调解协议，申请司法确认的，应当着重审查调解协议是否存在违反法律、行政法规强制性规定、违背公序良俗或者侵害国家利益、社会公共利益、他人合法权益等情形；诉前调解协议内容涉及物权、知识产权确权的，应当裁定不予受理，已经受理的，应当裁定驳回申请。"

件细节，促进法官更好地判断调解协议真实性。同时，谨慎对带有执行行为的和解协议进行司法确认，倾向于让案件进入诉讼程序，并在排除虚假诉讼可能性后，开展诉中调解等后续多元解纷工作。

3. 健全调解员管理机制

引入专业调解力量，发挥特邀调解制度优势，聘请律师等专业人士担任特邀调解员，同时聘请包括 33 名大湾区律师在内的 49 名港澳台地区及外籍特邀调解员、21 名多法系律师执业资格特邀调解员、8 名多语种特邀调解员，在调解工作中与法官相互配合，有效提高调解成功率，节约司法资源。定期对调解人员进行集中培训，强化调解员调解技巧、法律专业知识积累等，提高其专业水平和职业技能，增强对虚假调解的甄别能力。

（二）完善诚信诉讼引导与预防机制

1. 建立属实申述制度

香港《高等法院规则》第 41A 号规定了属实申述制度，明确了当事人、证人及专家证人通过属实申述核实其状书、证人陈述书和专家报告真实性的义务，要求签署"属实申述书"，作出属实申述承诺，保证申述内容的真实性和准确性。前海法院立足国内民事诉讼有关规定，吸收香港地区有益经验，强化内地民事诉讼法律体系与香港地区属实申述制度的兼容性。一是制定并发布《关于深入推进司法诚信体系建设工作指引》，对诉讼参与人提出属实申述要求，将申述人的真实义务明确化、制度化。二是厘清属实申述制度的适用程序与范围，由当事人、诉讼代理人及其他诉讼参与人在向法院提交起诉状、答辩状、证据材料时签署"属实申述书"，保证相关材料的真实性。三是明确违反属实申述规定的法律后果，诉讼参与人无正当理由拒绝签署"属实申述书"的，法院可以对其进行训诫，并要求其补正；签署"属实申述书"后违背属实申述义务、妨害民事诉讼的，法院可对其予以惩戒。在名磊公司诉温某权证照返还纠纷案中，原告名磊公司诉请被告温某权返还该公司行政公章、财务专用章等公司证照材料，被告温某权在本案诉讼过程中对要求其核实的事实不予回复，且多次进行虚假陈述，表示行政公章未由其保管，严重拖延诉讼进程。为有效规制虚假诉讼，引导当事人真实陈述案件事实，前海法院依法对被告温某权恶意虚假陈述、妨害民事诉讼正常进行的行为处以人民币 10 万元的顶格罚款。

2. 优化证人出庭制度

证人出庭作证，是其亲历案件审理、参与质证的表现，更是直接言辞原则的应用，有助于最大限度保障司法公正。前海法院吸收港澳有益经验，制定《关于规范民商事案件证人出庭作证工作指引》。一是细化证人出庭程序规范，明确证人出庭作证义务和资格要求，并明确当事人申请出庭、发送证人出庭通知书、证人属实申述、连续陈述和客观陈述要求等庭前准备和出庭程序。二是建立交叉询问规则，借鉴香港地区相关实践，在庭审中对出庭的证人进行交叉询问，为法庭查明事实提供帮助。具体包括：原告申请原告方第一位证人进入法庭，原告先向其询问，再由被告向其询问；原告向原告方第一位证人再次询问；原告申请原告方第二位证人进入法庭，重复以上程序，直至原告方所有证人作证完毕；被告方申请被告方证人依次进入法庭，重复以上程序，直至被告方所有证人作证完毕。为提高诉讼效率和弥补当事人诉讼能力不足，最后可由法官进行补充性询问。三是完善配套机制，支持现场出庭确有困难的证人在线出庭，并明确礼仪纪律要求和场所要求，细化证人出庭作证的费用负担和证人安全保护规则，有效缓解证人出庭难、怕出庭的困境。截至 2023 年 6 月底，适用交叉询问的案件共 29 件。

3. 强化恶意逾期证据交换的法律后果

对于需要开庭审理的案件，当事人交换证据是明确争议焦点的重要方式，逾期举证行为与证据交换立法目的相背离。为充分实现证据交换制度功能，前海法院强化逾期举证法律后果，以香港地区实践为鉴，结合举证情况合理调整双方当事人的诉讼费负担比例，由故意或重大过失逾期举证方负担更多诉讼费用和罚款等，提高当事人诚信诉讼意识。在奈空公司与易通公司等的国际货物买卖合同纠纷案中，被告易通公司逾期当庭提交多份证据，这些证据并非举证期限届满后形成，构成证据"突袭"，严重妨碍原告的抗辩、质证，干扰法院依法审理，造成不必要的诉讼迟延。为制裁滥用诉讼权利的不当行为，引导当事人诚信理性诉讼，前海法院判定案件受理费不按照胜诉比例分担，均由被告易通公司负担。

4.深入推进律师费转付制度实施

前海法院充分发挥诉讼费用、律师费用调节当事人诉讼行为的杠杆作用，强化法院对诚信理性诉讼的引导，围绕律师费用专门制定《关于依法保障律师诉讼权利的若干规定》《关于正确裁判律师费用 推进诚信理性诉讼的若干规定》等文件，细化不诚信诉讼行为及惩罚措施。最高人民法院在《关于政协十三届全国委员会第一次会议 第3944号（政治法律类409号）提案的答复》中对前海法院的律师费转付实践予以肯定。一是明确律师费转付的原则，包括不告不理、依法确定、实际生效、公平合理、惩罚恶意等，确保裁判律师费用合法合理。二是明确适用范围及例外情形，规定律师费转付适用于恶意诉讼或明显不当诉讼、无正当理由拒绝调解等不合理诉讼行为和败诉方承担律师费的情形，不适用于特别程序、督促程序、公示催告程序、小额诉讼等特殊程序，为法官正确裁判律师费提供了具有较强操作性的工作指南。在创信公司诉山水公司公司债券交易纠纷案中，被告违约未支付原告3000余万元，且存在滥用管辖权异议等行为，损害了原告合法权益，导致司法资源浪费，最终法院判决被告向原告赔付律师费30万元。该案是前海法院首宗适用律师费转付机制的案件，获2018年度"全国法院年度百篇优秀裁判文书"。

（三）完善诚信执行激励与惩戒机制

1.确立对诚信企业的优惠措施

前海法院制定《关于支持前海蛇口自贸片区诚信建设 加强善意文明执行的指引》，并与前海管理局共同建立了诚信企业名单，通过对17个二级指标共117个评分子项的分析，评定信用A类企业。对于信用A类企业，在执行过程中视具体情况采取更加灵活、善意的执行措施，保障企业在积极偿还债务时能够良好运转、正常经营。一是灵活查封诚信企业财产，坚持比例原则，执行诚信企业案件优先选择对生产影响较小的财产、优先采取

"活封"措施，保障诚信企业生产经营需要。二是慎用拘留、罚款等强制措施，除抗逃执行、转匿财产、拒不申报等情形外，对诚信企业的法定代表人、负责人谨慎采取拘留、罚款等强制措施。三是适当设置宽限期，对于决定纳入失信名单或者采取限制消费措施的诚信企业，给予一至三个月宽限期，展现司法温度。四是促进信用修复，对积极主动履行生效法律文书确定义务的诚信企业，出具自动履行生效法律文书证明，并将自动履行信息主动向前海管理局推送。2023 年 1 月至 6 月，办理失信修复案件 4 件。五是强化司法支持，根据生产经营困难诚信企业的实际需要，做好执行和解和破产重整工作，盘活企业资产。2023 年 1 月至 6 月，促进执行和解的案件共 757件。诚信企业司法激励机制有力有效鼓励了企业积极主动履行法律义务，2023 年 1 月至 6 月，前海法院共办理涉诚信企业案件 114 件，涉及诚信企业40 家，涉案标的额 2.19 亿元，已办结案件 93 件。

2. 完善规避执行行为的打击惩戒措施，加大财产查控力度

一是在现有纳入失信被执行人名单、限制高消费等措施的基础上，引入失信彩铃措施。对于被纳入失信被执行人名单且拒不履行生效法律文书确定义务的被执行人的直接责任人员，同样设置失信彩铃，敦促其尽快履行义务。二是立足集中审理深圳市第一审涉外涉港澳台商事案件的实践，加大边控措施力度。2023 年 1 月至 6 月，前海法院采取边控措施的执行案件共 203 件。

（四）建立诚信联动协调模式

一是完善诚信建设司法建议机制，在法院内部完善司法建议制作、审签、备案、考核的标准化流程，充分发挥专业法官会议、审判委员会的指导功能，提高诚信建设相关主题研究论证和审查的质量标准；在外部加强与司法诚信建议涉及对象的沟通机制。目前，前海法院已向律师协会发出关于诚信诉讼、律师费转付制度的 2 篇司法建议。二是强化与律师协会联动合作，增强律师诚信参与诉讼和引导当事人诚信参与诉讼的自觉性。2023 年 1 月，前海法院与深圳市律师协会前海合作区律师工作委员会共同举办"共建司法诚信治理体系"主题活动，并签署《共建司法诚信治理体系倡议书》，凝聚共识、紧密合作，共建前海特色司法诚信治理体系，为前海创建信用经济试验区提供有力的司法保障。三是健全与公安、检察机关共同防范和查处虚假诉讼的协调配合机制，形成防范与打击虚假诉讼的合力，及时中止审理陈某诉蔡某、柯某诉蔡某等7件虚假诉讼行为涉嫌刑事犯罪的案件，并移送至公安机关立案。

四 司法诚信体系建设未来展望

未来，中国应坚持依法治国和以德治国相结合，使法治和德治在国家治理中相互补充、相互促进、相得益彰，推进国家治理体系和治理能力现代化。深化司法诚信体系建设是结合法治与德治，推进国家治理体系和治理能力现代化的重要组成部分。通过深化司法诚信体系建设，敦促当事人与其他诉讼参与人坚持诚信行使诉讼权利及履行诉讼义务、及时寻求救济、据实陈述事实和主张、积极协助法院有效率地进行诉讼，有助于实现公平与效率的价值目标、充分发挥法院为民司法功能。为此，应立足实际、发现问题，同时汲取港澳有益经验，进一步完善司法诚信体系建设，为我国社会与经济发展提供坚实的法治保障。其一，继续深入推进粤港澳大湾区司法诚信体系建设，定期梳理粤港澳三地司法诚信建设的新规则、新实践，实现互补互鉴，共同推动构建更为诚信的司法环境、更加优化的营商环境，助力大湾区高质量发展。其二，强化粤港澳大湾区法律职业共同体建设，以联动香港建设国际商事争议解决中心、完善港澳法律服务参与诉讼、支持大湾区律师在前海法院代理涉港澳民商事案件等为契机，加强内地与港澳司法机关、律师协会等的沟通协调，建立法官、律师引导当事人诚信调解、诚信诉讼、配合执行等合作与分工机制，形成大湾区共建司法诚信的合力。其三，加强与港澳司法交流合作，在举办论坛、接待来访等交流方式基础上，建立系统化常态化的人才交流与司法合作新机制、新渠道，围绕大湾区司法诚信建设、涉港澳商事审判前沿问题等联合开展针对性研究，在法治建设、诚信建设等方面凝聚更多互信与共识。

B.7
防范化解金融风险
探索金融审判"深圳经验"

深圳金融法庭课题组*

摘　要： 深圳金融法庭作为全国第一家金融法庭，迄今已成立五年多。五年多来，深圳金融法庭坚持深耕金融审判，敢于实践创新，取得了丰硕成果。在办理金融纠纷案件、化解金融纠纷的同时，积极探索金融审判机制创新，特别是在证券审判领域取得了突出业绩。主动服务发展大局，融入国家治理、社会治理，防范化解金融风险，为深圳市金融业持续健康发展提供了司法保障，为金融审判工作探索出了"深圳经验"。

关键词： 金融法庭　机制创新　证券审判

最高人民法院多次要求各级法院做好金融审判工作，切实防范化解金融风险，把促进金融体制改革作为金融审判重要使命。深圳作为改革开放的前沿阵地，是中国乃至全球重要的金融中心城市，金融业已成为深圳支柱产业之一。2017年12月，深圳金融法庭在前海合作区挂牌，是最高人民法院批准成立的全国首个金融法庭，同时也是深圳唯一的金融专业化审判机构。成立五年多来，深圳金融法庭根植前海、面向全国，充分发挥法治建设示范的综合优势，先行先试，推动化解金融纠纷，探索金融审判机制创新，不断优

---

* 课题组成员：庄凯衡、陈鹏飞、靳歌。执笔人：陈鹏飞，深圳金融法庭法官助理；靳歌，深圳金融法庭法官助理。

化司法资源配置，提升审判专业化水平，形成了一套专业化、规范化的审判机制，发展成为金融审判领域重要的力量。

一　全面加强金融审判专业化建设

五年多来，深圳金融法庭面临繁重的审判任务，但始终未停下开拓创新、追求卓越的脚步，开展了大量富有成效的改革探索工作。

一是筑牢专业化建设基础。组建专业化审判团队，针对金融纠纷多、疑难复杂问题多的现状，组建了专业化证券审判团队，配齐配强审判力量。按照"一专多能"的总体思路，对审判团队进行随机分案的同时，明确每个审判团队的业务领域和专长。统一金融审判法律适用，总结审判经验，每季度发布一期《金融审判通讯》，每半年发布一次发改案件分析报告。定期组织两级法院业务培训，推动金融纠纷案件归口审理，提升整体专业化水平。五年多来，先后有1个案件入选全国法院十大商事案例，2个案件入选中国法院年度案例，2个案件入选中国证监会典型案例，5个案例入选市级典型案例（优秀案例），优秀裁判文书一等奖、二等奖各1个，优秀司法建议、优秀庭审各1个。

二是完善金融审判法律适用统一机制。出台多项制度文件及裁判指引，化解认识分歧，统一两级法院裁判标准和裁判理念。近年来，在总结审判经验的基础上，先后出台涉及证券期货、财产保险、场外股票融资等领域的裁判指引。建立合议庭对口指导制度，提升两级法院金融审判整体水平，统一类案裁判标准，组织两级法院编撰覆盖主要金融纠纷类型的类案审理指南。

三是建立金融咨询专家制度。出台《金融业务专业咨询工作规程（试行）》，聘请来自深圳证券交易所、上海期货交易所、北京大学等机构和高校20名理论界与实务界专家担任金融审判业务咨询专家委员，作为"外脑"和"参谋"，专家委员将就金融审判领域新型疑难问题提供专业咨询，还可以针对课题研究、裁判成果提炼等事项提供论证意见。

四是探索建立金融案件适用督促程序机制改革。探索在部分金融类案件中适用督促程序的改革探索工作，组织业务骨干对督促程序理论与实务问题进行全面整理，并选择 1 家金融机构、2 家基层法院进行前期试点工作，对改革方案进行充分验证，最终确定了最符合深圳市司法实践的改革思路，在此基础上制定《关于部分金融类案件适用督促程序的工作指引》，正式启动金融类案件适用督促程序改革工作，推动金融纠纷快速有效化解。

五是实行繁简分流机制改革。探索实行简案快审、普案细审、繁案精审，在征求深圳银行业协会、各大银行等金融机构意见的基础上，率先在金融借款合同纠纷案件中试行"表格式""要素式"审理。随后又将范围扩大至民间借贷等领域，扩大适用要素式审理范围，进一步简化裁判文书。组建"1+2"模式金融速裁团队，实行二审金融案件简案快审、集中审理的审判模式。引进技术支持，提升案件识别精准度，实现金融速裁案件准确标识和集约化审理。

二 积极实践证券审判新机制

证券业是现代金融的重要组成部分，是深圳的重要产业，同时也是金融审判的重要领域。作为全国第一家金融法庭以及深交所所在地金融审判机构，深圳金融法庭积极探索证券审判机制创新，不断提升证券审判水平，为建设规范、透明、开放、有活力、有韧性的资本市场营造良好的法治环境。

（一）建立专业化审判机制

一是组建专业化审判团队。证券审判一直是深圳金融审判工作的重头戏，在证券市场创新发展、案件量逐年攀升、专业化日趋增强的背景下，深圳金融法庭积极开展专业化审判机制改革，率先组建专业化的证券审判团队，以高标准、高要求配齐配强证券审判力量。目前，证券审判团队由 3 名法官和 8 名审判辅助人员组成，均有丰富的证券审判经验或者良好的专业背景，有法学博士 3 名，有证券从业经历的 3 名，审判力量雄厚。

二是建立专业化审判体系。在全国法院首次实行专业化核算机制，与深交所、中证资本市场法律服务中心、中国证券登记结算公司合作，引进外部数据和专业支持，实现快速、准确确定损失，形成"法院需求+深交所数据+中证资本技术+法院复核"的专业化工作机制，极大提高审判效率和审判专业化水平。

（二）推动证券审判机制改革

一是探索"15233"证券审判工作体系。2020 年 4 月，深圳金融法庭在系统总结证券审判工作的基础上，率先建立证券审判"15233"工作体系（1 个前置程序，5 大审理机制，2 大重点内容，3 种简化处理模式，3 种不同情形），在全国首次提出一整套解决群体性证券民事纠纷的系统化方案，形成了较大示范效应。在"15233"工作体系下，通过选定示范案件优先审理判决，推动平行案件简化处理，辅之灵活组合运用其他纠纷解决机制等，实现纠纷批量化处理，极大提高了审判效率。近年来，深圳金融法庭仅用一个合议庭的审判力量平均每年审结群体性证券纠纷案件近 3000 件。"15233"工作体系先后入选深圳经济特区 40 年法治创新案例、2020 年度深圳治理现代化"法治保障"优秀案例，并获首届广东法院改革创新提名奖。

二是实践"三合一"新型审理机制。为统一证券民事、刑事、行政案件的裁判标准，深圳金融法庭开展证券纠纷民事、刑事、行政"三合一"审理机制改革，制定了《关于证券期货民事、刑事、行政案件"三合一"审理机制改革的工作方案》。2022 年 7 月 1 日起，在证券期货领域实行"三合一"新型审判机制，相应的民事、刑事、行政案件统一归口至深圳金融法庭集中审理，在全国首次探索证券纠纷"三合一"新型审理机制。

三是积极推动涉创业板案件集中管辖机制改革。为统一裁判标准，保障创业板改革并试点注册制顺利推进，根据最高人民法院授权，深圳金融法庭对在创业板以试点注册制首次公开发行股票并上市公司所涉证券发行纠纷、证券承销合同纠纷、证券上市保荐合同纠纷、证券上市合同纠纷和证券欺诈责任纠纷等第一审民商事案件试点集中管辖。为充分发挥司法职能，深圳金融法庭发布了《关于服务保障创业板改革并试点注册制的实施意见》，提出了30条具体举措，涵盖刑事、民事、行政审判等各个领域，贯穿立案、审判、执行等各个环节。保障创业板改革并试点注册制相关做法和制度建设，被评为2020年度深圳十大法治事件。

四是加强金融审判信息化建设。推动建设"一站式证券纠纷化解平台"，并被省法院确定为"抓示范促改革惠民生"改革培育计划重点项目。面向全国各地的中小投资者，利用社会普及面最广的微信小程序，打造方便、快捷、经济、跨时空的对外统一入口，将实现全流程线上一站式诉讼服务，中小投资者可以在线完成绝大部分的诉讼活动，审判人员可通过线上批量通知送达、数据整理等，减少重复劳动。从各项技术指标来看，该平台功能完备、操作便捷，将为中小投资者提供优质的司法服务。

（三）先行先试新型证券审判理念

一是率先适用"预测性信息安全港"制度。如何合理界定、区别预测性信息和虚假陈述，是证券审判领域前沿问题。在2022年《关于审理证券市场虚假陈述侵权民事赔偿案件的若干规定》实施之前，深圳金融法庭就已对受理案件中涉及的预测性信息问题做了研究和探索，大胆借鉴国外证券法"安全港规则"，首次适用"预测性信息安全港"制度进行裁判，对认定预测性信息的规则作出了论述，培育出具有规则创设意义的案例。

二是先行先试不以行政处罚为前置条件。在上市公司没有行政处罚或刑事制裁的情况下，如何认定虚假陈述行为，是新形势下证券审判实践中极具争议的难题。从2019年开始，深圳金融法庭就探索不再以行政处罚或刑事制裁为前提条件受理证券虚假陈述案件，在全国具有首创性意义，这一理念及做法与之后最高人民法院相关规定和要求高度契合。

三是首次践行"追首恶理念。一直以来，证券立法侧重于以发行人为第一责任主体的法律责任模式，容易导致责任失衡。针对控股股东、实际控制人操纵上市公司实施虚假陈述行为屡禁不止的问题，监管部门多次强调要管好"关键少数"，在惩罚对象上"追首恶"。在何某诉东方金钰公司证券虚假陈述责任纠纷一案中，深圳金融法庭在全国首次判决上市公司实际控制人作为第一责任主体赔偿投资者的损失，对于增加违法成本、震慑"关键少数"具有积极指引作用。

（四）依法保护中小投资者权益

一是构建中小投资者权益保护体系。依法保护中小投资者合法权益，深圳金融法庭开展了很多富有成效的机制创新，探索出了一条新路径，在这一领域走在了全国前列。2018 年，深圳金融法庭就专门出台《关于依法妥善处理证券期货纠纷　加强中小投资者合法权益保护的意见》。"15233"工作体系充分体现了加强中小投资者权益保护精神，并作出了完整的制度安排。2022 年 5 月份，中国证监会发布了投资者保护八大案例，深圳金融法庭独占两席，数量在全国最多。

二是提升中小投资者维权能力。与投资者权益保护机构建立常态化合作关系，为中小投资者提供有力的专业支持，弥补中小投资者专业知识和诉讼经验方面的短板，开创了中小投资者权益保护新模式。审理了全国首件由投资者权益保护机构支持诉讼并作为示范案件的证券虚假陈述责任纠纷案件，专业的投资者保护机构作为支持诉讼方派员出庭支持诉讼，并在全国首次在法庭设置支持诉讼席位。

三是多元联动专业化解纠纷。开创"示范判决+诉前调解"多元联动纠纷化解机制，从金融机构、证券业协会、社会调解组织引进专业力量，在法院指导下联动化解纠纷，大量纠纷得以在诉前阶段化解。与深圳证监局签订合作协议，形成"专业化审判+专业化调解"新格局。邀请证券调解机构、投资者保护机构加入特邀调解名单，充分发挥其专业优势，共同开展证券期货纠纷的调解工作。

三　服务经济社会发展大局

对于金融审判工作，可以从两个层面进行把握：第一个层面的金融审判，可以从审判工作自身角度来审视，主要体现为法院整体审判能力以及法官个人审判技能，熟知金融业底层运作逻辑，能够准确认定事实、适用法律；第二个层面的金融审判，要从外在角度来考量，体现为金融审判对金融发展、金融创新、金融稳定的保障与促进作用，金融审判能否服务保障金融业良性发展、能否维护金融秩序稳定、能否防范化解金融风险。这个层面集中体现了金融审判的社会价值，是对金融审判专业化更高层次的要求。深圳金融法庭从经济社会发展大局把握金融审判工作，把金融审判工作融入金融发展、创新和稳定。

一是充分发挥金融审判规制引导功能。办好一个案件、解决某个纠纷只是金融审判的基本要求，作出的司法裁判能否对金融业产生积极的引导、保障、规范作用，促进资本优化配置，才是专业水平的终极体现。深圳金融法庭坚持以金融服务实体经济为导向，通过依法审理各类金融案件，降低实体经济融资成本。对于通过咨询费、管理费等名目变相提高借款利率的，依法予以调减，有效减轻企业负担，优化营商环境。审慎对待各种金融创新，对名为创新实为违法违规行为的，依法予以否定，保障金融业健康发展，引导金融资本良性运作。

二是着力防范化解重大风险。金融审判要始终提高站位，准确理解和深入贯彻总体国家安全观，把维护国家金融安全作为头等大事。深圳法院高度重视依法审慎处理可能引发金融风险、影响社会稳定的敏感案件，做好个案金融风险分析研判，防止个案引发系统性区域性风险，努力把维稳风险降到最低限度，通过司法裁判尽快恢复受到侵害的社会秩序。主动参与金融风险防范化解工作，为地方党委政府防范化解金融风险、作出金融决策提供有力支持。与金融监管部门、金融机构、行业协会建立常态化沟通机制，推动形成统一完善的金融法治体系，服务和保障金融改革。

三是主动延伸金融审判职能。针对金融机构存在制度漏洞问题，及时通过司法建议等形式，明确指出其不足之处，并就改进工作、防范风险提出建议，司法建议均获采纳，有的建议还成为相关合同的格式条款。2019年12月，深圳金融法庭组织深圳市金融监管机构和70多家银行、保险公司参加最高人民法院与中国人民银行、中国银保监会联合召开的金融纠纷多元化解机制建设推进会，共同探讨金融纠纷多元化解工作。2021 年 6 月，金融法庭组织深圳市 13 家主要银行机构开展座谈，就金融借款、信用卡等业务中存在的问题、漏洞，向各大银行提出了明确的完善建议。2023 年 4 月以来，先后走访金融机构、监管部门、行业协会十余家，全面听取意见建议，提高金融审判工作与经济社会发展的契合度。

四　全面推进法庭建设

（一）坚定不移坚持政治建庭

学习贯彻习近平新时代中国特色社会主义思想，在提升党员干部政治判断力、领悟力、执行力以及党支部组织力上下功夫。制定《深圳金融法庭党支部组织生活制度实施细则》，把党支部组织生活作为对党员进行教育管理监督的重要形式，落实好"三会一课"、组织生活会、谈心谈话、民主评议党员、主题党日等制度，努力以党建带队伍促审判。扎实做好党的建设，深入开展政治理论学习，创新党建工作形式。党支部"金融十年百家行"特色党建品牌项目入选市直机关工委"一支部一品牌"。积极主动为群众办实事，以司法办案为抓手，不断改进审判工作，积极回应群众各项诉求。

（二）完善法庭内部管理机制

针对金融审判流程管理实际，制定《深圳金融法庭关于加强审判流程管理　严格规范案件办理期限的规定（试行）》《深圳金融法庭权责清单》等多项规章制度，明确各个主体职责权限，从金融审判角度对审判管理作出流程化规定。完善内部监督，坚持有序放权和有效监督相结合原则，将责任具体落实到人。组建综合办公室，整合相对分散的管理职能和综合性事务，由综合办公室统一负责，将审判人员承担的综合性事务全面剥离，最大限度集中办案力量进行办案攻坚。

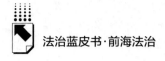

（三）加快专业人才培养

聚焦前沿，攻坚金融审判重大问题。最高人民法院直接指定深圳金融法庭在新兴领域开展系统、深入研究，完成了具有首创意义的调研报告。针对金融审判和队伍管理方面的问题，针对性开展调查研究，主动找问题，努力找对策。在金融法庭内部成立调研指导组，由业务骨干担任组长，其他法官和部分法官助理参与，专门负责金融审判领域调查研究和疑难问题指导工作。近年来，先后完成省法院重点调研课题 2 项，中证投资者保护中心重点课题 1 项，市中院重点调研课题 5 项，调研成果多次获得优秀等次及一、二等奖；在全国、全省法院学术讨论会以及全市有关评比活动中，先后有 5 篇论文获奖。深圳金融法庭先后承接最高人民法院委托的新型金融调研课题 2 项，高质量完成调研任务，在全国范围内具有首创意义。

五　下一个五年工作重点

下一步，深圳金融法庭将继续坚持以习近平新时代中国特色社会主义思想为指导，充分发挥金融审判职能，勇于奋进、敢于担当、善于作为，推进金融审判工作再创佳绩。重点做好以下几项工作。

一是聚精会神抓业务，切实提高金融审判质量、效率和整体水平。下大力气提升审判质量，把提升金融审判工作质量作为重中之重抓实抓好，进一步提升深圳金融法庭在金融审判领域的权威性。推动统一金融案件裁判标准，根据各合议庭分工，整理相应领域的法律法规、司法解释，梳理、汇编常见法律问题和裁判标准、文书说理标准。加强对基层法院金融审判业务的监督指导，进一步完善对口联系指导制度，经常性深入基层法院调研讲评，全面提升司法水平。加强新情况新问题研究，对金融资产交易平台、资产证券化、新类型担保、供应链金融等法律问题加强研究，并转化应用相关调研成果，形成裁判共识。

二是先行示范树标杆，不断提升创新意识、精品意识和品牌意识。完善群体性纠纷化解工作机制，针对群体性证券、期货等纠纷，用好"15233"工作体系，并在办案中继续丰富完善，用好示范判决机制，加快落地实践代表人诉讼机制，细化诉讼操作规程，逐步积累工作经验，努力形成金融纠纷化解的"深圳模式"，提升深圳的金融中心地位与金融市场的规则话语权。完善"三合一"审理机制，深入开展金融刑事、行政案件研究论证，稳妥推进金融审判"三合一"审理机制，探索专业化审判新路径。在分析研判深圳金融审判工作形势的基础上，积极走访各大金融机构、监管部门和行业协会，争取各方支持，推动建设金融司法协同平台。加强优秀典型文书、案例的培育、筛选、报送、评选和提炼工作，提升专业性、指导性、权威性。

三是协同配合防风险，始终坚持大局站位、系统观念和底线思维。积极防范化解金融风险，依法妥善审理涉众型、敏感型金融案件，坚决避免群体性事件和区域性风险。切实履行金融审判职责，支持监管部门依法实施监管，配合市有关专班的工作，处理好金融发展、金融稳定和金融安全的关系，引导金融市场主体依法合规经营。完善、落实金融纠纷多元化解机制，借力专业调解组织，实现案件有效分流和纠纷及时化解，推动金融纠纷多元化解机制向纵深发展。做好对外沟通交流工作，健全与金融监管部门、行业协会、金融机构等的信息交流沟通机制，强化与科研院所、法学会、律师协会等的合作机制。加强司法建议工作，强化以司法建议方式参与社会管理、促进前端治理的意识，注重通过审判工作收集、发现、分析金融行业运行或金融行业监管工作中存在的重大、突出问题，及时向党委、政府、相关监管部门和行业协会、金融机构提出对策和意见建议。

四是坚持不懈夯根基，不断强化高质量发展的组织保障、纪律保障和基础保障。全面提升司法能力，坚持部门业务学习制度，做好《民法典》和有关司法解释的学习贯彻工作。组织全市法院金融审判专项业务领域培训，邀请法律业务专家、金融实务领域专家授课，进一步提升金融审判法官专业素养。加强部门管理工作，落实好金融法庭审判权责清单，制订部门考核工作细则，充分发挥考核机制的评价、导向功能。着眼于深圳金融审判工作、深圳金融法庭的长远发展，着力提升审判能力，实施金融审判队伍建设

"五年计划"。坚持内部培训与外部培训相结合、金融业务培训与法律业务培训相结合、组织培养与自我培养相结合、基层人才培养与中院人才培养相结合,落实好全年培训工作,使用好金融审判业务专家咨询委员会,切实提升金融审判专业化水平,力争三年内深圳金融法庭审判队伍素质有显著提高,初步形成老、中、青相结合的人才梯队结构,案件发改率明显下降,承担金融审判工作的主要基层法院均建立专业化办案团队;五年内,实现省级以上专业审判业务专家的突破,基本形成人才充沛、结构合理的金融审判队伍,为提升深圳金融审判地位提供强有力的组织和人才保障。

知识产权保护

Intellectual Property Protection

B.8

深圳法院知识产权
司法保护状况

深圳知识产权法庭课题组*

摘　要： 2022年是党的二十大召开之年，是进入全面建设社会主义现代化
国家、向第二个百年奋斗目标进军新征程的重要一年。党的二十
大报告强调："坚持创新在我国现代化建设全局中的核心地位"，
并提出"加强知识产权法治保障，形成支持全面创新的基础制
度"。深圳法院坚持以习近平新时代中国特色社会主义思想为指
导，全面贯彻党的二十大精神，紧密围绕"双区"建设的司法需
求，把知识产权审判工作放到服务保障创新驱动发展、营造国际
一流营商环境和促进高水平对外开放的大局中去思考、定位和谋
划，依法公正高效审理各类知识产权案件，持续深化审判机制改
革创新，不断提升知识产权司法保护质效，为推动深圳创新驱动

---

* 课题组成员：黄志坚，深圳市中级人民法院党组成员、副院长；蒋筱熙，深圳市中级人民法
院知识产权法庭副庭长；刘轩，深圳市中级人民法院知识产权法庭法官助理。执笔人：刘轩。

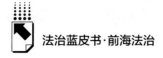

发展战略实施和"双区"建设提供了坚实有力的司法保障。

关键词： 知识产权　中国式现代化　司法保护

一　2022年知识产权审判总体情况

（一）聚焦主责主业，切实提升知识产权司法保护质效

2022年，深圳法院充分发挥知识产权审判职能，依法公正高效审理各类知识产权案件，不断提升知识产权司法保护质效，保障知识产权强国战略和创新驱动发展战略实施，为粤港澳大湾区和深圳先行示范区建设提供了有力的司法服务保障。2022年，深圳全市法院共新收知识产权案件16594件，审结18945件，结收比达到114%。其中，新收民事、刑事、行政案件分别为16347件、229件和18件，审结民事、刑事和行政案件分别为18646件、277件和22件；新收一审案件15099件，审结17118件；新收二审案件1495件，审结1827件（见图1、图2）。深圳知识产权法庭新收知识产权案件4680件，审结6010件，结收比达到128%。其中，新收民事、刑事、行政案件分别为4614件、58件和8件，审结民事、刑事和行政案件分别为5940件、60件和10件；新收一审案件3340件，审结4324件；新收二审案件1340件，审结1686件（见图3）。

从案由来看，2022年度全市法院共审结专利民事案件3437件，审结商标民事案件4449件，审结著作权民事案件9093件，审结其他知识产权民事案件1667件，审结知识产权刑事案件277件，审结知识产权行政案件22件。深圳知识产权法庭共审结专利民事案件3418件，审结商标民事案件757件，审结著作权民事案件1239件，审结其他知识产权民事案件526件，审结知识产权刑事案件60件，审结知识产权行政案件10件（见图4、图5）。

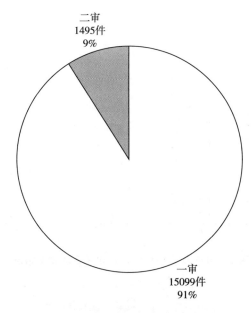

图1 2022 年深圳法院新收知识产权案件情况

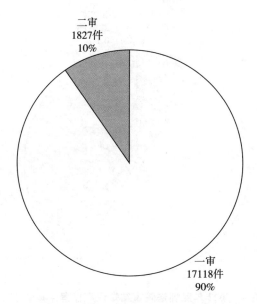

图2 2022 年深圳法院审结知识产权案件情况

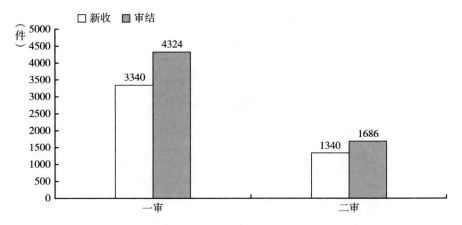

图 3 2022 年度深圳知识产权法庭收结案情况

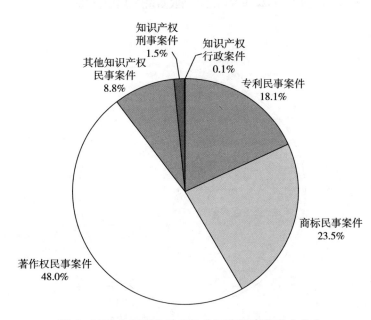

图 4 2022 年深圳法院审结知识产权案件案由分布

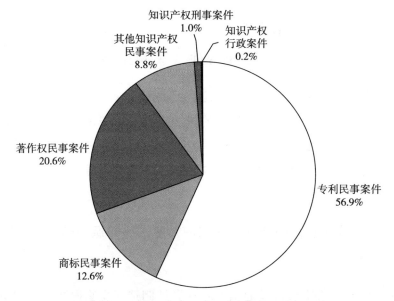

知识产权刑事案件 1.0%

知识产权行政案件 0.2%

其他知识产权民事案件 8.8%

著作权民事案件 20.6%

商标民事案件 12.6%

专利民事案件 56.9%

图 5 2022 年深圳知识产权法庭审结案件案由分布

（二）坚持精品战略，树立激励和保护创新的"风向标"

深圳法院始终将"精品审判"作为以高质量高标准服务加快构建新发展格局、推动高质量发展战略的发力点，密切关注全国司法审判热点前沿领域，强化知识产权法治保障适应社会经济发展新形势的能力，妥善审理了全国首宗适用《个人信息保护法》保护互联网个人信息案、全国首宗将算法作为商业秘密保护案、以用户注意力作为增值收益机会和竞争优势的新型不正当竞争案、利用物联网新型信息传播途径侵犯商标权利案等一批新型知识产权纠纷，在全国、全省产生良好示范效应，持续扩大深圳法院知识产权审判司法公信力，彰显深圳全国知识产权保护高地的形象。2022 年，深圳法院共计 7 个知识产权案例入选"中国法院年度案例""全国法院系统优秀案例分析"等国家级典型案例，11 个案例入选全省十大案例、全省十大知识产权案例等省级典型案例，1 篇裁判文书获评国家级优秀裁判文书。马某华等假冒注册商标罪案入选 2022 年度中国法院十大知识产权案件。

二 立足知识产权审判职能，以高质量司法 服务经济社会高质量发展

深圳法院立足知识产权审判职能，积极回应深圳建设具有全球影响力的创新之都和社会主义先行示范区的司法需求，把知识产权审判工作放到服务保障创新驱动发展、营造国际一流营商环境和促进高水平对外开放的大局中去思考、定位和谋划，为服务保障社会经济高质量发展持续贡献司法力量。

（一）加大关键核心技术司法保护力度，服务保障创新驱动发展战略实施

深圳法院妥善审理涉及通信、芯片设计制造、生物医药、高端装备制造、新材料新能源等高新技术案件，加大对"卡脖子"关键核心技术、重点领域、前沿领域等知识产权司法保护力度，聚焦自主创新能力提升和技术成果转化应用，持续优化科技创新法治环境。2022 年，审结专利、计算机软件、技术秘密、集成电路布图设计等专业性较强的技术类案件 3916 件。审结武田药品工业株式会社诉深圳振强生物技术有限公司发明专利权纠纷案，基于药品专利侵权判定的特点，认定药品化合物的文字命名和化合物的结构式具有唯一对应性关系，从而确定被控侵权产品是否落入权利要求保护范围，对维护外商投资合法权益、促进我国医药产业健康发展产生积极影响。审结"有客多"小程序源代码技术秘密侵权案，依法认定违反保密义务在全球开源社区披露源代码构成技术秘密侵权，综合考量技术秘密的研发成本、实施收益确定技术秘密的价值，顶格判决被告赔偿 500 万元，有力打击技术秘密侵权行为。审结芯片"电压检测电路"发明专利侵权案，克服集成电路领域复杂技术事实查明难题，准确比对关键技术特征，在综合考量涉案芯片专利的价值及被告侵权规模、侵权故意的基础上，全额支持原告1500 万元的诉讼请求，充分体现了深圳法院加大对关键核心技术、重点领域知识产权司法保护力度的决心。

（二）开展新领域新业态知识产权保护试点，引导新兴产业健康规范发展

深入贯彻落实习近平总书记关于健全新领域新业态知识产权保护制度的重要论述，积极探索完善大数据、人工智能、互联网信息等新型数字化知识产权财产权益保护规则，妥善审理涉互联网、物联网、车联网等新型数字业态的知识产权案件，引导新技术新业态新模式在法治轨道上健康有序发展。制定出台全国首个《关于加强数字经济知识产权司法保护的实施意见》，从加强保护数字经济创新成果、规范数字经济主体行为、加强平台治理和反垄断、深化审判机制创新等方面全力推动深圳打造全球数字先锋城市。在龙华法院设立数字经济审判中心，并举办"数字权益保护""数字龙华、智慧湾区"等高端论坛，就数字经济热点话题展开专项研讨，切实提升数字经济市场主体法治意识，努力打造数字经济司法专题交流品牌。承担并完成最高人民法院司法研究重大课题"司法服务保障数字经济发展问题研究"和全省法院重点调研课题"新型数字化知识产权司法保护研究"，深入研究数字知识产权司法保护中的新情况、新问题、新趋势。审结全国首宗将算法作为商业秘密保护的案件，有效保护了互联网经营者的合法权益，激发了市场主体的创新活力，促进算法技术的良性发展与应用。审结卓悦创达公司与宝能汽销公司数据服务合同纠纷，兼顾数字经济的安全和发展，对数据交易合同的有效性和违法数据交付的合同责任进行了明确认定和细致说理，对数据交易产业进行了有益指引，表达了人民法院积极支持合法数据交易、严厉打击违法个人信息处理行为的鲜明态度。审结马某华等犯假冒注册商标罪案，穿透假冒注册商标犯罪表象，准确把握物联网时代移动数字设备经由信息传感设备进行数据传送和智能化识别所呈现的全新商标使用方式，有效打击利用物联网技术实施新形态商标犯罪，获评 2022 年全国法院十大知识产权案件和全省法院十大刑事案件。

（三）推动公平竞争政策贯彻实施，维护市场化法治化营商环境

党的二十大报告提出，"加强反垄断和反不正当竞争，破除地方保护和行政垄断，依法规范和引导资本健康发展"。深圳法院深入贯彻落实党中央、省委、市委关于推进公平竞争政策实施的重要部署，严厉惩治各类扰乱竞争秩序的不正当竞争和垄断行为，积极营造市场化、法治化、国际化一流营商环境。2022 年，全市法院审结滥用市场支配地位、不正当竞争案件 811 件，同比增长 57.8%。着力加强网络、通信等重点领域反垄断和反不正当竞争的司法审判力度，妥善审理腾讯、抖音等大型互联网平台纠纷，加强平台治理和算法规制；妥善审理行政垄断、涉数据权益保护及标准必要专利等领域反垄断案件，维护公平竞争秩序。积极推进反不正当竞争领域裁判体系专业化建设，完成侵害商业秘密纠纷和网络不正当竞争纠纷的类案审理指南编撰工作，全面统一司法裁判标准。审结特斯拉公司诉蓝电公司不正当竞争纠纷案，有力打击利用网络媒体贬损他人商誉和通过"搭便车"迅速占领市场的不正当竞争行为，为新能源汽车产业健康发展提供了司法保障。审结圣罗拉公司诉陈某商业诋毁纠纷案，通过对网络短视频发布时主播评价言论的合理性和正当性审查，明确了"打假"权利的正当行使界限，为自媒体行业的规范发展提供了司法指引。审结"脉脉"平台涉数据权益不正当竞争纠纷，首次对用户个人信息转移权的行使方式和行使条件进行界定，体现对个人信息的高保护标准与促进数据合法市场流通的二分原则，促进对个人信息等数据在法治框架下作为生产要素的合理、有效利用。审结"图解电影"网络不正当竞争纠纷案，依法认定假借创新之名通过新型技术手段收集的"图解电影"数据不受竞争法保护，维护互联网领域正常公平的竞争秩序，引领互联网经营者规范经营行为，积极营造良性竞争的生态环境。

（四）探索完善涉外知识产权保护规则，积极服务高水平对外开放

涉外知识产权案件的妥善处理，关系国家对外开放大局，关系国家安全

及国际竞争力。深圳法院坚持依法平等保护原则，2022 年审结涉外涉港澳台知识产权案件 916 件，全力服务保障对外开放新格局，积极助力粤港澳大湾区建设，1 个案例入选粤港澳大湾区跨境纠纷典型案例。积极应对高科技行业国际诉讼博弈，通过司法裁判推动完善相关国际规则，成功审结海能达公司诉摩托罗拉公司确认不侵害知识产权纠纷案、美国 GPNE 公司诉苹果公司专利权权属纠纷案等重大涉外知识产权案件。落实中共中央、国务院《全面深化前海深港现代服务业合作区改革开放方案》，积极探索香港法律专家出庭提供法律查明协助机制，在知识产权案件审理中，依法委托香港律师进行域外法查明并以在线视频方式出庭提供法律查明协助，突破了跨境知识产权纠纷解决的空间"壁垒"，推动粤港澳三地法律规则衔接，进一步提升法律事务对外开放水平。积极参与国际前沿知识产权法律问题研究，完成最高人民法院司法研究重大课题"涉外知识产权纠纷中国司法管辖权问题研究"，并获评优秀调研课题。

（五）强化知识产权全链条保护，推动构建协同保护工作格局

深圳中级人民法院依托全市知识产权联席会议机制，积极加强与行政、检察机关的沟通协作，共享知识产权司法保护动态信息，促进知识产权司法保护与行政保护有效衔接，在全市知识产权保护工作考核中获评 A 级，在全省营商环境评价中助力深圳市获评"知识产权创造、保护和运用"指标第一名。深圳中院与深圳市市场监督管理局签署《关于协同推进知识产权纠纷多元化解机制协议》，在诉前先行调解阶段引入行政执法先行介入程序并加大调解力度，促进知识产权行政执法标准和司法裁判标准统一，与深圳市市场监督管理局联合出台《深圳市知识产权纠纷行政调解协议司法确认工作指引》，积极拓展以非诉方式化解知识产权纠纷新路径，实现专利行政保护与司法保护有效衔接，完善知识产权纠纷多元化解机制，推动司法、行政协同保护进入新阶段。南山法院与中国（深圳）知识产权保护中心签署《关于建立知识产权司法保护长效工作机制框架协议》，设立"知识产权联合保护工作室"，建立联合调解、联合审理、联合行动等长效工作机制，充分发挥各自在司法实践和公共服务等专业领域优势，开展深入合作。宝安法院联合相关单位在街道设立知识产权保护中心工作站，着力解决燕罗国际智能制造生态城、石岩科创城、桃花源升级版科技创新中心、深港先进制造业合作区四大制造业基地相关企业在知识产权领域的重点难点问题，全面提高辖区内企业知识产权保护意识，打造知识产权保护新模式。

三 深化新型审判制度改革，推进知识产权审判体系和审判能力现代化

深圳法院坚持以改革思维破解难题，以创新方式保护创新，以"新型知识产权法律保护"综合改革试点项目落地见效为牵引，不断深化知识产权审判领域改革创新，建立健全符合知识产权司法规律的审判机制和审判规则。2022年10月，深圳"建立新兴领域知识产权保护新机制"作为综合改革试点首批授权事项典型经验和创新举措被国家发展改革委向全国推广。

（一）首创技术调查官"全流程嵌入"模式，多元技术查明赋能创新发展

作为全国创新之城，深圳创新主体知识产权保护需求日益增长，大量知识产权案件涉及专业、前沿、复杂技术问题，技术事实查明直接影响案件审判质效。深圳中院持续深入推进技术调查官制度改革，出台《技术调查官管理办法》和《关于技术调查官参与知识产权案件诉讼活动的工作指引》，推动深圳市委改革委出台《深圳市关于开展新型知识产权法律保护试点 建立法院技术调查官制度改革方案》，构建以"全流程嵌入式"技术调查官制度为核心，技术咨询、专家陪审员、技术鉴定等技术查明路径并行的多元技术查明机制，在计算机软件代码比对、高新制造设备固证保全、集成电路分析等方面为知识产权司法审判提供高质量的技术服务。自招录技术调查官以来，技术调查官共参与审理案件596件，出具比对意见170份，参与

证据保全 28 次。技术调查官全流程参与办理的案件中，对技术事实所提出的专业意见采纳率超过 90%，平均结案周期缩短 43.8%。2022 年 10 月 26 日，国务院知识产权战略实施工作部际联席会议办公室公布"知识产权强国建设第一批典型案例"，深圳"创立技术调查官'全流程嵌入式'模式，提供司法辅助"等做法入选，作为广东法院建立健全多元化技术事实查明机制的内容，供全国参考借鉴。

（二）持续深化"三合一"审判机制改革，树立专业化审判标杆

知识产权审判专业化强，构建审理专门化、管辖集中化和程序集约化的审判体系是提升知识产权司法保护质效的基础和保障。深圳法院始终坚持以习近平法治思想为指导，不断深化专业化审判体制改革，从 2010 年 9 月起即在全国率先启动知识产权民事、行政、刑事"三合一"审判体制改革。多年来，"三合一"改革"深圳模式"日臻成熟，在两级法院得到了全面、统一、彻底实施，形成知识产权刑民交叉案件的"深圳审理模式"。2022 年，深圳"三合一"改革经验在全省法院知识产权审判工作会上得到深入推广，成为全省法院的专业典范。同时，深圳中院以四级法院审级职能定位改革试点为契机，推动光明法院、深汕法院取得知识产权民事、行政案件管辖权，知识产权案件管辖权覆盖全市所有法院，并在光明法院探索巡回审判模式，设立深圳知识产权法庭光明科学城巡回审判点，力争实现"知识产权案件审理不出光明"的目标。在知识产权案件管辖方面，促使部分简单案件下沉基层法院审理，进一步优化全市法院知识产权审判机构布局和审判资源配置，基本建成具有深圳特色的知识产权专业化审判体系。

（三）全面实施知识产权惩罚性赔偿制度，筑牢保护创新的坚实壁垒

知识产权赔偿数额低是制约知识产权司法保护成效的瓶颈问题，引入惩罚性赔偿制度，可显著提高侵权代价和违法成本，震慑违法侵权行为。

近年来，中共中央、国务院多次从顶层设计层面提出建立和实施惩罚性赔偿制度，加大损害赔偿力度。深圳中院 2020 年即出台全国首个知识产权惩罚性赔偿的司法指导文件，自文件出台以来，深圳法院在司法实践中积极适用惩罚性赔偿，积累了丰富的审判经验。2022 年，深圳法院作出知识产权惩罚性赔偿判决 14 件，累计判赔金额达 4400 万元，3 件案件入选广东高院首次发布的知识产权惩罚性赔偿典型案例；在专利、集成电路、计算机软件、商标等领域作出 1000 万元以上判赔金额的案件 10 件，判赔金额超 2.3 亿元，显著提高侵权成本，有效震慑不法行为，让严重侵权者得不偿失，让遭受侵权者得到充分赔偿。在"小米"平板电脑商标侵权及不正当竞争三案中，对以侵权为业、侵权规模大、侵权时间长，且多个关联公司共同侵权的被告依法适用惩罚性赔偿，三案判赔金额共计高达 3100 万元。在"磁悬浮装置"发明专利侵权案中，被告曾因涉嫌专利侵权行为而被原告终止合作关系，其书面承诺不再重复侵权后仍然长期从事侵权行为，依法适用惩罚性赔偿的最高倍数 5 倍，全额支持原告 500 万元诉讼请求，有效打击和遏制了恶意侵权、重复侵权，营造尊重创新、激励创新的良好氛围，体现了人民法院加大惩罚力度、加强知识产权保护的决心和能力，为深入推动知识产权审判领域改革创新、加大营商环境构建力度作出了重要贡献。

（四）全面推进类案标准化裁判体系建设，引领司法公信力稳步提升

在知识产权"三合一"审判体制下，知识产权审判专业性强，对审判人员的综合素质要求高。深圳中院充分发挥业务指导和监督职能，推动审判专业化建设，着力提升全市法院知识产权司法审判的规范性、专业性和权威性。创新探索审判业务指导的方式方法，深圳知识产权法庭实行全庭法官列席专业法官会议制度，依托专业法官会议机制对两级法院知识产权审判中的普遍性、趋势性问题进行深入探讨，以审判业务通信及专业法官会议纪要形式向两级法院印发裁判指引，通过对类型化案件中的问题进行总结，统一裁

判标准。全面启动类案审理指南编撰工作，选取两级法院知识产权审判骨干力量组成编撰小组，将18个知识产权民事、刑事纠纷案由纳入三年编撰规划，2022年完成6个民事案由和2个刑事案由的编撰工作，在全国首次将商业秘密纠纷、网络不正当竞争纠纷以及知识产权刑事类案审判指南等案由的类案裁判方式以体系化方式进行梳理，力图将知识产权案件类案审理指南编撰成果打造成为全国知识产权司法审判条线的精品，以标准化裁判模式助推司法公正和效率的有机统一，全面提升深圳法院知识产权司法公信力，为创新发展营造安全稳定的司法环境。

四　深入践行司法为民宗旨，积极回应人民群众对公平正义的新期盼

践行司法为民的初心，充分发挥主观能动性，将提升司法审判质效与司法公信建设同步推进，创新工作思路和工作方法，全面优化人民群众的司法获得感，纵深推进"努力让人民群众在每一个司法案件中感受到公平正义"理念。

（一）牢固树立群众观念，优化人民群众司法体验

深入学习党的二十大精神，牢固树立群众观念，以创建"为群众办实事示范法院"活动为契机，在知识产权审判工作中聚焦破解群众急难愁盼问题，不断优化诉讼服务。在知识产权商业维权案件中，充分观察和考虑当事人诉讼能力，有针对性地行使释明权，积极采取类案指引、示范评价、视频普法等方式，将知识产权诉讼中的抗辩事由明晰，尽可能矫正诉讼能力差异对诉讼结果的不当影响。面对人民群众日益增长的知识产权维权需求，深圳法院扎根群众，深入行业、企业、社区开展调研，紧紧抓住人民最关心最直接最现实的问题，对众多小企业经营者、科研工作者、独立艺术家、作家等不同群体的知识产权权利予以平等和充分保护，并密切关注人身权的保护和救济，维护权利人尊严。

（二）不断深化司法公开，持续加大普法宣传力度

以公开为原则、不公开为例外，坚持上网公开知识产权案件裁判文书。坚持发布年度典型案例，选取具有典型示范意义的案件开展庭审直播，实现"审理一案，教育一片"。召开"加强数字经济知识产权司法保护"新闻发布会，集中展现深圳法院数字经济知识产权司法保护成效，受到新华社、央广网、《法治日报》、《南方日报》、《南方都市报》、深圳卫视、《深圳特区报》等中央、省、市媒体关注和报道。《人民法院报》刊登文章《深圳：服务数字经济发展　打造知产保护高地》，引起社会热切关注和反响。聚焦人民群众所需，积极开展法官进企业、进社区、进校园活动，以发布知识产权司法保护宣传片、法律亮点小视频、巡回审判、专题研讨等活动形式，持续加大知识产权普法宣传力度。

（三）完善多元解纷机制，推动诉源治理走深走实

坚持诉前调解、诉中调解、判后调解、审前调解全链条发力，多措并举优化纠纷化解方案，充分释放调解化解知识产权纠纷、保护创新创造的效能，不断满足人民群众多层次、多元化司法需求。积极探索知识产权纠纷诉前调解机制，建立"示范判决+先行调解"机制，对类型化的知识产权纠纷先行作出示范判决，由审判团队的法官提前介入先行调解程序，引导当事人理性协商、诉前和解。依托知识产权联席会议，与行政机关、行业协会、网络平台、公证机关等积极构建知识产权多元纠纷化解大平台，整合多方资源优势，有效推动诉前联调和诉源治理工作走深走实。在诉讼中，通过创新审理机制准确查明事实、充分辨法析理，有效提升当事人和解意愿，促成关联案件多案并调，真正做到"案结事了人和"。2022年，深圳法院34373件知识产权纠纷在诉前化解，诉前调解率达70.3%，10197件知识产权纠纷在诉中化解，诉中调解率达53.8%。

结　语

党的二十大报告强调，必须更好发挥法治固根本、稳预期、利长远的保障作用，在法治轨道上全面建设社会主义现代化国家。更好发挥法治稳预期的保障作用，通过严格公正司法营造良好的营商环境才能推动高质量发展。高质量发展离不开创新驱动，司法保护是研发创新的最强后盾，没有司法的最严格保护，创新会失去安全感，缺乏动力。从"先行先试"到"先行示范"，深圳法院将始终与国家法治建设脉搏相一致、与特区发展需求相适应，坚持用改革手段破解发展中的困难和问题，努力为推动中国式现代化建设提供更加坚强有力的司法保障。

B.9
打造知识产权"一站式"协同保护
高地的实践与经验

中国（深圳）知识产权保护中心课题组*

摘　要： 深圳市知识产权"一站式"协同保护平台是深圳市市场监督管理局依托中国（深圳）知识产权保护中心成立的知识产权保护平台。通过高标准建设"一站式"协同保护平台，高效能提升"双核心"纠纷处置能力，高起点开展三项创新和试点工作，聚资源优化"联调、联审、联动、联合"四联结合工作模式，全方位构建"授权、确权、维权、管理、服务"五位一体知识产权保护生态链，为深圳市企业提供审查确权、行政执法、维权援助、仲裁调解、司法衔接联动的"一站式"知识产权快速协同保护服务，为深圳打造知识产权标杆城市、营造一流营商环境、服务"双区"建设提供有力保障。

关键词： 协同保护　快速维权　纠纷处置

历史的指针指向新的刻度，党的二十大描绘的壮美宏图在神州大地迤逦铺展，随着科技创新、产业升级与法治建设的推进，中国知识经济呈"井喷式"蓬勃发展。中国（深圳）知识产权保护中心（以下简称"深圳保护

---

　*　课题组成员：宋洋、肖霄、张剑、邓爱科、李霄永、邓科峰、祝铁军、曹玩蝶。撰稿人：宋洋，中国（深圳）知识产权保护中心主任；肖霄，中国（深圳）知识产权保护中心总监；邓科峰，中国（深圳）知识产权保护中心主任助理、副研究员，维权保护部部长；曹玩蝶，中国（深圳）知识产权保护中心维权保护部职员。

中心")在国家、省知识产权主管部门的指导和市市场监管局的领导下，深入贯彻习近平总书记在中央政治局第二十五次集体学习时的重要讲话精神以及中共中央办公厅、国务院办公厅联合印发的《关于强化知识产权保护的意见》《"十四五"国家知识产权保护和运用规划》（国发〔2021〕20号）等重要文件精神，按照深圳市先后出台的《深圳经济特区知识产权保护条例》《关于强化知识产权保护的实施方案》《深圳市知识产权保护和运用"十四五"规划》等重大政策文件要求，深入推进深圳市"十四五"知识产权事业高质量发展。

近年来，深圳知识产权呈现创造量质齐升、运用效益凸显、保护全面加强、管理能力和服务水平协同并进的良好局面。2022年，深圳全社会研发投入占地区生产总值比重为5.49%，企业研发投入占全社会研发投入比重达94%；在第二十四届中国专利奖评选中，深圳市获奖98项，同比增长14%，占全国奖项总数的10.47%。其中，荣获中国专利金奖3项、中国外观设计金奖2项，金奖获奖数量达到近年最高水平。在第九届广东省专利奖评审中，深圳市企业获奖总数和金奖、银奖、杰出发明人奖获奖数均居全省第一。深圳市国内专利授权27万余件，居北上广深四大一线城市首位，占广东省总量的32.94%。截至2023年5月，深圳发明专利有效量26.42万件，约占全国总量的7.33%；每万人口发明专利拥有量达149.6件，约为全国平均水平的5.9倍；每万人口高价值专利拥有量达82.64件。发明专利与美国专利商标局、欧洲专利局和日本特许厅的审查结论一致性为90%，PCT国际专利申请量约占全国总量的22.99%，连续19年居全国大中城市第一。与此同时，深圳多措并举、精准发力，已率先成为中国知识产权"一站式"协同保护高地。

一　高标准建设"一站式"协同保护平台

2019年11月26日，深圳市市场监管局依托深圳保护中心成立的"一站式"协同保护平台正式挂牌运行。通过该平台，深圳保护中心整合全市各类知识产权保护资源,打造集快速授权、确权、维权、运用等功能于一体的协同保护大平台,为创新主体提供仲裁调解、司法确认、法律指导、存证固证等知识产权保护综合服务,充分发挥先行示范作用,在全国范围内颇具影响力。

(一)整合资源、凝聚合力,打出协同保护"组合拳"

成功协调市公安局、市司法局、市中级法院、市检察院、深圳海关、深圳国际仲裁院、市律师协会、市公证协会等20家单位入驻深圳一站式协同保护平台。入驻单位凝聚司法、行政、行业组织等全领域合力,厚植知识产权协同保护的优渥土壤。

成功引入市中级法院"深融平台"、市市场稽查局"云上稽查"、深圳国际仲裁院"云上仲裁"等信息化平台,开展诉调对接;与前海法院共建远程司法确认系统,推进纠纷多元化解;与司法机关、行政机关、各行业协会及电商平台签订《知识产权纠纷多元调解合作框架协议》,进一步强化行政执法和司法保护,促进各类调解案件的衔接与联动,完善知识产权联调体系并推动知识产权全链条保护。

(二)合作共建、完善机制,构筑协同保护"护城河"

一是组织各方专家多层次参与深圳知识产权保护工作,建设社会组织库、服务机构库、海外维权专家库、备案企业库,与广东省知识产权保护中心、南山区知识产权保护中心共同签署三方协议,实现省、市、区三级知识产权专业团队资源共享;与深圳海关相关专业人员共同探索跨境电商的知识产权保护;为行政执法部门办理的重大案件提供技术支撑。

二是与前海法院等单位积极整合科技资源,依托腾讯集团至信链共同开发"至信知产云审系统"。该系统于2022年4月正式上线,运用"区块链+人工智能+云计算"技术,依托区块链技术固定证据,搭建"AI+云计算"知识产权案例数据库,打造知识产权案件高效精准审理的"快车道",成为落实国家深化前海改革发展要求、健全知识产权"一站式"协同保护平台建设的生动实践。

三是延伸协同保护覆盖范围，充分发挥市区两级协同保护作用，持续创新知识产权保护服务供给，在罗湖、福田、盐田、南山、宝安、龙岗、坪山、光明、大鹏、龙华 10 个辖区设立深圳保护中心分窗口，实现了全市范围内（除深汕特别合作区外）深圳保护中心分窗口业务全覆盖。推动构建"一窗受理、集成服务"的区域知识产权服务新模式和市区两级工作机制相互衔接的知识产权综合服务格局，延伸协同保护触角；出台《深圳知识产权保护中心分窗口高质量服务创新主体工作方案》，丰富完善知识产权公共服务供给，为形成和完善全市知识产权保护"一张网"贡献积极力量。

各分窗口以区域协同保护为抓手，持续完善相关资源配置，结合各区域自身特点加快业务体系建设，展现知识产权公共服务担当。其中，光明分窗口积极落实公共服务中心和深圳知识产权保护中心光明科学城分部的各项建设工作，大力推动深圳保护中心快速预审、优先审查推荐等工作试点在光明区合作展开，并成功入选广东省实施"黄金内湾商业秘密保护创新工程"先行区试点。以商业秘密保护工作为抓手，构建"工作站+园区+科研机构+企业"试点网络，以点带面，全面提高保护意识和能力，努力打造商业秘密管理示范标杆。宝安分窗口与深圳保护中心联合共建人民调解委员会，依托高素质专业人才队伍与宝安知识产权创新服务平台，通过对区域知识产权数据进行全方位挖掘、可视化分析，为宝安区创新主体科研开发、专利布局提供技术支撑。2022 年共出具专利分析报告 63 份，企业竞争力分析报告 37 份，检索分析 55 次，切实把专业、高效、全面的知识产权服务资源输送至企业。福田分窗口连续两届举办深圳知识产权首席运营官培训论坛，邀请全球知识产权领域知名专家参与，逐渐将论坛打造成企业成长的学堂、交流的平台、合作的纽带，联合华强北街道共建知识产权"一站式"服务窗口，打造"区街联动、分级架构、协同推进"知识产权公共服务新模式。南山分窗口商业秘密保护工作入选《全国优化营商环境简报》，商业秘密保护基地和信用体系工作入选《深圳市法制创新成果汇编》、深圳市法治建设领域可复制推广经验清单（第一批）。搭建"南山区海外知识产权纠纷公益援助平台",完成"南山区企业海外高价值专利申请指引(初稿)",运用专业数据库对企业的专利作出涉案专利稳定性分析和评估。发布《深圳市南山区知识产权发展状况白皮书(专利方向)》,分析南山区在专利创造、专利运营、专利保护以及专利服务等方面的情况。龙岗分窗口持续推进知识产权质押融资工作,推动知识产权质押融资入园惠企,协助金融机构向企业推出龙岗首支知识产权 ABN 融资产品,融资规模达 1.5 亿元,并助力龙岗区企业实现知识产权质押融资超过 13 亿元,促进了龙岗知识产权运用工作。

(三)高院支持、赋能助力,争当协同保护"领头羊"

2022 年 1 月,最高人民法院印发《关于支持和保障全面深化前海深港现代服务业合作区改革开放的意见》,提出"联合中国(深圳)知识产权保护中心加强知识产权'一站式'协同保护平台建设,推动健全知识产权多元化纠纷解决机制和快速维权机制,完善知识产权案件跨境协作机制"。该意见既是对深圳保护中心"一站式"协同保护平台的充分肯定,更为平台的进一步深化发展提供了政策助力。

2022 年 4 月,最高人民法院转发了《人民日报》4 月 28 日第 19 版关于深圳保护中心为市市场监管局宝安监管局提供专业技术支撑、促进纠纷达成调解合意、确认涉案专利权属并配合变更涉案专利的宣传报道,对深圳保护中心的工作机制和专业水平给予了充分肯定。

二 高效能提升"双核心"纠纷处置能力

深圳保护中心高效能提升"行政执法、纠纷化解"双核心纠纷处置能力,积极构建知识产权争议解决机制,按照《深圳市知识产权行政执法技术调查官管理办法(试行)》《侵权判定咨询内部工作指引》积极开展技术调查和侵权判定。截至 2023 年上半年累计协助知识产权行政执法及化解知识产权纠纷案件共 7668 件,为行政执法和司法机关提供了强有力的专业技术支撑。

（一）开展全领域知识产权侵权判定，打造"深圳样板"

积极开展涵盖专利、商标、著作权和商业秘密的全领域知识产权侵权判定咨询。截至 2023 年上半年，成功出具侵权判定意见 3827 份。其中，运用"技术+法律"复合资源优势，引入技术查明机制，累计为行政机关出具 182份侵权判定咨询意见，为行政执法提供重要支撑。其中，2021 年 6 月受市市场监管局龙岗监管局委托极速出具的侵权判定咨询意见，是其作出全国首例知识产权"行政禁令"的重要技术支撑。该案例入选"2021 年度广东省知识产权十大事件"和广东省市场监督管理局"2021 年度知识产权行政执法典型案例"。2022 年 4 月 19 日，国家发展改革委召开新闻发布会高度赞扬深圳综合改革成效，其中提到该"行政禁令"的落地实施是新型知识产权法律保护改革有序推进的重要体现。2022 年 4 月底，国家知识产权局组织开展的 2021 年度知识产权行政保护典型案例评选将该案选入"2021 年度专利行政保护十大典型案例"。2022 年 9 月，该案在国家知识产权局组织开展的2022 年知识产权快速维权案件模拟演示活动中荣获"最佳展示奖"。同时，深圳保护中心大力解决重点领域、重点产业电商侵权判定难题，累计处理3645 件电商领域知识产权纠纷，树立了"早维权、快保护"的"深圳样板"。

（二）全链条高效化解知识产权纠纷，形成"示范模板"

深圳保护中心贯彻落实市司法局、市市场监管局、市中级法院、深圳国际仲裁院联合印发的《关于进一步完善知识产权纠纷诉讼、行政裁决、仲裁、调解工作衔接机制的意见（试行）》（深市监联〔2021〕25 号），强化多元解纷机制建设，提升调解效能。截至 2023 年上半年，深圳保护中心共受理调解案件 3841 件，调解成功 893 件，调撤案件标的总金额达 5195 万元。

一是优化专业调解平台建设。2021 年 3 月 23 日，深圳保护中心人民调解委员会和纠纷调解研究与培训基地正式揭牌成立。深圳保护中心依托人民调解委员会，引入 15 家具备丰富知识产权调解能力与经验的调解组织，选任 150 名调解员，进一步充实调解员队伍，实现行政部门与深圳保护中心在知识产权协同保护方面有机衔接的有益尝试，为助力知识产权规范使用、激发创新活力做出有益实践。

二是优化诉调对接机制建设。促成深圳市商标协会成为区级法院的特邀调解组织，持续完善前海公证处与龙华法院的联合调解模式；与市中级法院探索开展诉前诉中知识产权纠纷联动调解。创建选派调解员入驻市中级法院知识产权庭跟班学习新模式，在法官指导下开展涉发明及实用新型纠纷的系列案件的审理辅助及后续同系列案的诉前调解，深化学习司法系统专业的裁判及调解思路并运用到诉调工作中。截至 2023 年上半年，深圳保护中心累计接收各法院委派调解案件 2896 件，调解成功 624 件。

三是优化调解典型案例建设。近年来，深圳保护中心不断打造调解典型案例。2021 年，成功调解标准必要专利侵权纠纷案。通过调解引导标准必要专利纠纷双方当事人开展许可谈判，有效平衡标准必要专利权人和实施人的利益，实现了法律效果和社会效果的统一。2023 年 5 月 26 日，该案成功入选国家知识产权局办公室、最高人民法院办公厅发布的 2021～2022 年知识产权纠纷多元调解典型经验做法和案例。2022 年，处理甘孜藏族自治州香巴拉猫文化传播有限公司与深圳某公司知识产权纠纷，实现跨区域知识产权协同保护，为切实维护民族文化自主品牌知识产权的保护与传承、发展与创新作出有益贡献；化解高价值复合肥料发明专利纠纷案，依托"技术+法律"复合资源优势，实现技术专家+调解员携手化解重大知识产权纠纷的突破创新。2023 年，协助市市场监管局大鹏监管局成功调解涉港商标"眼镜88"行政投诉案，是第一起涉港行政投诉案件。深圳保护中心认真梳理、精心总结形成的调解典型案例多次入选国家知识产权局知识产权快速协同保护工作信息。

三　高起点开展三项创新和试点工作

深圳保护中心高起点开展三项创新和试点工作，先行先试谋新路，积极探索激活力。

（一）抓住支撑点，全力打造"纠纷快速处理试点"新标杆

以国家知识产权局 2022 年 6 月确定深圳为第一批知识产权纠纷快速处理试点地区为契机，结合纠纷快速处理试点工作规范，梳理快速处理工作流程，进一步落实知识产权纠纷快速处理试点工作方案，努力形成"试点标杆"。一是建立案件筛选分流机制。将在技术上相对简单、易于作出判定和已形成判例模板的案件，直接纳入快速处理范围。二是优化纠纷快速处理流程。力争在 24 小时内出具电商专利侵权判定咨询报告，在 5 个工作日内为行政机关出具侵权判定咨询意见，平均在 30 天内完成案件的调解工作并上传国家知识产权局系统，将整体办案周期压缩至法定时限的 50%。三是加强专业技术支撑。一方面，充分发挥各类专家库专家在疑难案件化解中的作用；另一方面，逐步完善知识产权司法典型案例库，促进司法审判与行政裁决标准相统一。四是探索推出知识产权纠纷快速处理信息系统。该系统便捷、专业、高效地为创新主体提供辅助立案、技术支撑、纠纷化解、在线审理、统计分析等线上综合服务，为快速维权提供更有力的信息技术支撑。

（二）找准结合点，创新建立"技术调查官+专利侵权判定"专业服务新模式

依据《深圳市知识产权行政执法技术调查官管理办法》，发挥"技术+法律"复合专业资源优势，创建"技术调查官+专利侵权判定"专业服务新模式。技术调查官队伍包括专职和兼职两类，积极参与行政执法，负责在行政执法工作中对案件涉及的技术问题提供咨询、出具技术调查意见和其他必要技术协助，并积极推动与司法机关实现技术调查官队伍共享。对于专职技术调查官，首批推荐深圳保护中心 13 名符合条件的工作人员担任，优先开展预审领域的实用新型和发明专利，以及外观设计专利的技术调查工作。对于兼职技术调查官，首批推荐 13 名广东省知识产权保护中心、国家知识产权局专利局专利审查协作广东中心、中国科学院深圳先进技术研究院、各高校、科研院所和协会的有关专家担任。参考市中级法院多元化技术事实查明

141

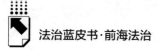

机制,从深圳知识产权专家库和科研院所邀请案件所涉技术领域专家参与技术调查工作,为重大案件提供咨询意见,逐步建立多元的技术查明工作机制。

(三)把握着力点,积极探索专利商标巡回评审庭运行新机制

依托深圳保护中心以高标准建成并通过国家知识产权局验收的两个具备信息化远程审理条件的国际化专业审理庭,开展两方面的工作。一方面,创新建立专利复审无效案件审理模式。充分利用国家知识产权局 2022 年 11 月确定深圳保护中心为第二批专利复审无效案件多模式审理试点单位的契机,开展专利复审无效案件优先审查和远程视频审理、确权案件与行政裁决案件联合审理工作,实现了多项核心业务全流程加快预审,打通了"快速授权—快速确权—快速维权"全流程快速服务通道。另一方面,在国家知识产权局的支持下,以开展专利复审无效巡回审以及行政裁决审为基础,探索设立商标巡回评审庭。现正积极申请国家知识产权局择期在深圳开展商标评审工作。同时,争取同广州商标审查协作中心联合开展商标远程巡回评审工作,推动商标授权、确权、维权各保护环节的衔接,争取促成联合审理典型案例,促进确权与维权一体化保护,构建知识产权大保护格局。

四 聚资源优化"四联"结合工作模式

深圳保护中心与各协同保护单位共建知识产权保护长效合作机制,稳步推进"联调、联审、联动、联合"四联结合工作模式。一是联合调解,共建知识产权纠纷多元化解机制。与区级法院、深圳市版权协会、深圳市商标协会、深圳市文化市场行业协会揭牌成立了"知识产权纠纷快速处理工作室"。通过强化与司法机关的诉调对接交流,完善知识产权纠纷诉源治理联合调解模式,提升知识产权纠纷化解质效。二是联合审理,共建快速协同保护新模式。与司法机关探索共同建立专利及商标巡回审理与法院审判的"联合审理"新模式,争取促成联合审理典型案例,促进确权与维权一体化

保护，构建知识产权大保护格局。三是联动机制，共享知识产权专业资源。与行政、司法机关实现信息技术和信息资源的联动共享，为案件审理提供专业支撑；促进行政执法与司法审判中知识产权案件标准的统一，共同解决知识产权纠纷在行政执法和司法审判实践中的难题。四是联合行动，共同营造知识产权保护环境。与司法机关共同开展知识产权研究，形成高品质研究成果；联合开展企业服务，加强法治宣传教育，深入了解产业知识产权保护需求，引导各类市场主体和社会公众树立知识产权保护意识；与南山法院共同设立"知识产权联合保护工作室"，南山法院在深圳保护中心第一审理庭就侵害商标权案件开展巡回审理，被邀请旁听的人大代表、政协委员等一致认为该模式的庭审程序规范且效率颇高，并期待该工作室结出更多创新硕果。

五 全方位构建"五位一体"知识产权保护生态链

深圳保护中心全力构建"授权+确权+维权+管理+服务"五位一体知识产权保护生态链，为全市提供"全链条、全方位、全要素"的知识产权保护服务。

一是深耕基础职能，成为全国唯一独立开展全领域侵权判定和技术调查的知识产权保护中心，探索引入中立评估机制，并形成深圳市地方标准，不断提升纠纷化解能力。二是提升管理效能，加强专业技术支撑，组建知识产权服务机构库和社会组织库，实行备案制管理，规范整合平台的服务资源和专家资源。三是优化服务机制，打造知识产权协同保护"总枢纽"，让创新主体跑"一次一地"便能获得"五星级"知识产权保护综合服务，为营造一流营商环境提供知识产权"法律+专业"技术支撑。四是跃迁宣传能级，本着"展现优秀成果、提供交流平台"宗旨，成功创办《深知》季刊并已编印五期，汇集知识产权前沿研究成果及应用成效，呈送国家、省、市的相关领导审阅，取得了良好反响。同时，多维度组织知识产权保护培训，并充分利用中国进出口商品交易会、中国国际高新技术成果交易会、中国（深圳）国际文化产业博览交易会等大型展会开展知识产权普法宣传活动，提

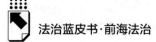

高创新主体知识产权保护意识，促进知识产权成果转化与合法共享，为万众创新的美好愿景逐步化为现实贡献深圳力量。

2021年、2022年，深圳保护中心在快速协同保护工作绩效考核和海外纠纷应对指导考核中连续两年取得全国"双第一"的优异成绩。深圳在国家知识产权行政保护绩效考核中连续三年获评优秀，并于2022年入选首批国家知识产权强市建设示范城市，在广东省首次地级以上市知识产权保护考核、广东省营商环境评价中均获全省第一。

未来之深圳，应乘势而上，聚势图强。循着党的二十大指明的方向，深圳保护中心将孜孜求索、踔厉奋发、勇毅笃行，依靠毗邻港澳的地缘优势和大湾区禀赋优势，以全球视野谋划创新，进一步发挥"一站式"协同保护平台辐射效应，强化打造深圳市知识产权保护的"高地"和"枢纽"，不断完善专业化、多元化、国际化的工作格局，持续助力深圳打造一流营商环境，提升我国知识产权保护的国际话语权，在中国式现代化康庄大道上全面谱写深圳知识产权保护事业的新篇章。

涉外商事纠纷化解

Foreign-Related Commercial Dispute Resolution

B . 10

深圳国际仲裁院国际商事
仲裁的实践与经验

深圳国际仲裁院课题组 *

摘　要： 根据中央《关于深圳建设中国特色社会主义先行示范区综合改革试点首批授权事项清单》的要求，落实深圳市委印发的《深圳国际仲裁院关于建设粤港澳大湾区国际仲裁中心的改革方案》等重要文件精神，深圳国际仲裁院（又名华南国际经济贸易仲裁委员会、粤港澳大湾区国际仲裁中心，英文简称"SCIA"）充分发挥国际仲裁"跨境管辖案件、跨境适用法律、跨境执行裁决、跨境共享资源"特殊功能，服务粤港澳大湾区市场化法治化国际化营商环境建设，促进粤港澳三地规则衔接、机制对接、制度创新，进一步加强大湾区国际仲裁合作，推动建设面向全球的国际商事仲裁中心，取得一系列发展创新成果。

---

* 课题组成员：迟文卉、舒泠箫。执笔人：舒泠箫，深圳国际仲裁院国际合作与发展处助理法律顾问。

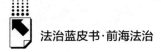

关键词： 综合改革试点 粤港澳大湾区 深圳国际仲裁院

自党的十八大以来，深圳国际仲裁院以自我革命的精神坚持改革，以面向全球的视野坚持开放，以先行先试的勇气坚持创新，国际仲裁业务取得高质量发展，为推进制度型开放和国际仲裁的中国式现代化提供深圳实践和先行示范区经验，为营造市场化、法治化、国际化一流营商环境提供助力，在联动港澳、建设面向全球的国际商事仲裁中心建设上取得十大成果。

一 在全球率先通过法定机构立法，创设国际化法人治理机制，境外理事占比53.8%

2012年，根据全国人大常委会关于深圳经济特区立法的授权，深圳在全球率先对特定仲裁机构实行法定机构管理模式，并先后在2019年和2020年修订完善特区立法，将深圳经济特区国际仲裁的改革成果特别是法人治理机制改革成果法定化，在制度安排上确立了以国际化、专业化理事会为核心的法人治理机制，增强了中国国际仲裁的公信力。根据《深圳国际仲裁院条例》的规定，深圳国际仲裁院理事会行使仲裁机构重大问题的决策权和监督权，至少1/3的理事须来自香港、澳门和海外，鼓励港澳及海外工商界、法律界专业人士积极参与特区国际仲裁机构建设，体现了联动港澳共同面向世界的治理思路，也体现了制度型开放的信心和治理机制国际化的决心。

目前，深圳国际仲裁院13名理事中有7名来自港澳和海外，如香港证监会前主席，全国人大常委会香港特别行政区基本法委员会前副主任、香港特别行政区律政司首任司长，香港特别行政区律政司前司长，香港国际仲裁中心前主席、环太平洋律师协会主席，香港大学教授、香港城市大学法学院前院长，澳门律师公会理事会主席、全国政协委员、澳门特别行政区立法会议员等，充分发挥港澳知名人士在特区国际仲裁的决策和监督作用，促进粤港澳商事仲裁共商、共建、共治和共享。

二　开创中国仲裁机构聘请境外仲裁员先例，仲裁员覆盖114个国家和地区

1984 年，为适应中国改革开放的需要，深圳国际仲裁院开创中国内地聘请境外（含港澳）仲裁员的先河，首批仲裁员 15 名中有 8 名来自境外，中外仲裁员在深圳经济特区共同化解了大量国际商事纠纷。十八大以后，根据《深圳国际仲裁院条例》的规定，仲裁员名册中来自香港、澳门及海外的仲裁员数量占名册中仲裁员总数的法定最低比例为 1/3。目前，深圳国际仲裁院 1547 名仲裁员覆盖 114 个国家和地区，境外仲裁员 383 名，占比 24.76%，基本实现"一带一路"沿线国家全覆盖；来自香港的仲裁员 151 名，澳门 18 名，中国台湾地区 17 名，仲裁员国际化水平在全国持续领先。

近年来，深圳国际仲裁院持续优化招才引智格局，在深圳加快集聚不同法域的世界高端仲裁人才，加快建设国际一流仲裁人才队伍。在教育部和司法部的支持下，作为两部委推荐的联合培养单位，持续完善涉外仲裁人才培养机制，加强与北京大学、中山大学、深圳大学等高校合作，加快国际仲裁专业学位和学科建设，推进高层次涉外法律人才培养。2022 年，深圳国际仲裁院举办大湾区涉外仲裁律师培训（IATP），与联合国国际贸易法委员会（UNCITRAL）、国际商会国际仲裁院（ICC）、深圳市律师协会及香港大律师公会共同举办了为期 3 天的英文国际仲裁培训课程；同年，深圳国际仲裁院举办的国际投资仲裁深圳杯（FDI MOOT Shenzhen）比赛，吸引来自内地和港澳地区的 42 支高校队伍参赛，以及来自全球 46 个国家和地区的 200 多名裁判参与，持续打响全球赛事的深圳品牌，推动涉外法治人才储备实现新突破。

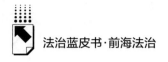

三 开创中国仲裁裁决在境外执行的先例，在香港 获得承认和执行的裁决数量位居第一

1989 年，深圳国际仲裁院仲裁裁决在香港高等法院获得执行，开创中国内地仲裁裁决按照联合国《承认及执行外国仲裁裁决公约》（1958 年《纽约公约》）在境外获得承认和执行的先例。从此，中国内地仲裁裁决走向世界，深圳国际仲裁院的仲裁裁决在境外法域普遍获得承认和执行。2012 年以来，深圳国际仲裁院在香港获得承认和执行的仲裁裁决数量位居全球仲裁机构第一，占全球的 17.52%，占中国内地的 30.37%。鉴于"深圳+香港"对《纽约公约》在中国"落地"的特殊地位，联合国国际贸易法委员会与深圳国际仲裁院在深圳共同举办了《纽约公约》60 周年全球首场纪念活动。

40 年来，深圳国际仲裁院和谐高效地解决了大量跨境商事纠纷，对香港社会经济稳定也起到了重要作用。1992 年，香港某开发商与内地某企业合作开发楼盘后因楼盘"烂尾"而引发纠纷，涉及香港数百个家庭、数千居民的合法权益。从 1997 年 7 月 1 日香港回归当天开始，相关香港居民通过信访、上访、游行、集会等方式表达不满，造成巨大的负面影响。为解决这一涉港群体性纠纷，深圳国际仲裁院于 2014 年创设"集团仲裁"机制，受理并公正裁决了 478 宗关联案件，维护了香港社会稳定。

四 开创受理投资仲裁和选择性复裁等规则安排， 以规则衔接持续提升仲裁规则的国际化

2016 年，深圳国际仲裁院率先制定《关于适用〈联合国国际贸易法委员会仲裁规则〉的程序指引》，作为审理"外国投资者—东道国"投资仲裁案件的规则，实现三大突破。一是在中国内地首次通过特别程序将《联合国国际贸易法委员会仲裁规则》（《UNCITRAL 仲裁规则》）进行本

土化。二是将"香港"作为默认仲裁地，依据程序指引第三条，除非仲裁庭另有决定，当事人如果没有约定仲裁地，仲裁地为香港。此项规则创新引起国际仲裁界的高度关注，有力支持了香港在国家"十三五"规划和《粤港澳大湾区发展规划纲要》中的定位，进一步加强了深港两地在国际仲裁方面的合作，推动亚太区国际法律及争议解决服务中心建设。三是将《UNCITRAL 仲裁规则》和该指引作为深圳国际仲裁院受理东道国政府与外国投资者之间投资仲裁案件的适用规则，开创中国仲裁机构受理投资仲裁的规则安排。

2019 年，深圳国际仲裁院回应市场需要，借鉴国际经验，探索制定"选择性复裁程序"，作为"一裁终局"的有益补充，开启中国仲裁新实践。通过修订仲裁规则，深圳国际仲裁院首度确立"选择性复裁"制度，在仲裁程序内部给予当事人实体上的"二次救济"机会，与相关国际惯例接轨，以便国际商事和投资仲裁当事人根据自身情况和交易具体情形自由选择适合其需求的纠纷解决方案，获得《环球仲裁评论》（*Global Arbitration Review*）2019 年度创新奖提名。

五　受理仲裁案件累计覆盖138个国家和地区，争议金额总额跃居"亚洲第一、世界前三"

2022 年，深圳国际仲裁院多项重要业务指标位居世界前列，被《环球仲裁评论》评为 2022 年"重点关注的亚太区域国际仲裁机构"及"中国首选"。深圳国际仲裁院案件争议金额从 2012 年的人民币 39 亿元增长到 2017 年的人民币 165 亿元，再到 2022 年的人民币 1272 亿元，跃居"亚洲第一、世界前三"。2022 年，国际仲裁院共受理仲裁案件 8280 宗，创历史新高；受理涉外案件争议总金额 420 亿元，位居全国第一；个案最高争议金额人民币 239.91 亿元，位居全国第一，此宗涉外商事纠纷也是中国迄今最大的仲裁案件；个案争议金额在 10 亿元以上的案件数量为 21 个，位居全国第一；受理的涉外案件当事人来源国家和地区累计达 138 个，位居全国第一。涉及内地的仲裁案件覆盖所有省份，跨省市案件占比73%。越来越多的中外企业认可深圳的国际公信力、选择到深圳和谐化解商事纠纷，深圳作为全球性国际商事仲裁中心的基础进一步夯实。

此外，深圳国际仲裁院针对疫情在全国率先推出助企纾困措施，出台《关于应对新冠肺炎疫情帮助仲裁当事人纾困解难的特别决定》《关于应对新冠肺炎疫情帮助金融争议仲裁当事人纾困解难的特别决定》，帮助企业纾困解难，迅速赢得市场主体的普遍欢迎和广泛赞誉。2022年，深圳国际仲裁院在受理的6639宗仲裁案件中减免仲裁费2.45亿元，占受理案件数量的80%，降低市场主体化解商事纠纷的成本，有效稳定经济大盘。

六 创设中国特色HDR商事争议解决六种新模式，调解当事人覆盖120个国家和地区

深圳国际仲裁院以当事人为中心坚持改革创新，探索创建中国特色和谐解决纠纷（Harmonious Dispute Resolution，HDR）六种模式："展会调解+深圳国际仲裁院仲裁"、"商会调解+深圳国际仲裁院仲裁"、"境外调解+深圳国际仲裁院仲裁"、"网上调解+深圳国际仲裁院仲裁"、"谈判促进+深圳国际仲裁院仲裁"以及资本市场"四位一体"纠纷解决模式。自2007年开始，在商务部的支持下，深圳国际仲裁院与中国进出口商品交易会（广交会）协同创新，连续16年在31届广交会上通过"展会调解+深圳国际仲裁院仲裁"，运用中国规则有效化解国际贸易和知识产权纠纷，调解当事人覆盖120个国家和地区，服务中国国际贸易高质量发展和高水平对外开放。2013年以来，在中国证监会及深圳证监局的支持下，深圳国际仲裁院与深圳证券交易所等机构首创"专业调解+商事仲裁+行政监管+行业自律"的"四位一体"纠纷解决模式，和谐化解资本市场争议，当事人遍布全国所有省份。2020年被司法部评为全国公共法律服务先进集体。

在以上六种中国特色HDR新模式的实践基础上，深圳国际仲裁院于

2013 年牵头创建粤港澳商事调解联盟（现称"粤港澳仲裁调解联盟"），开创"联盟调解+深圳国际仲裁院仲裁"新机制，目前已有粤港澳三地 18 家主要调解仲裁机构加入联盟，并在 2019 年推出《联盟争议解决规则》，于 2021 年发布"联合调解员名册"。目前该名册共包含粤港澳三地 58 名法律专家，一方面，推动三地专业人士通过联盟平台交流协作，共享区际法律资源，实现大湾区法律及争议解决专家资源互联互通；另一方面，帮助境内外当事人突破地域局限，根据实际需要选择合适人员解决争议，享受便捷、高效、专业的争议解决服务。推动实现粤港澳三地纠纷解决机制共商、共建和共享，助力大湾区打造更完善的法治化营商环境。

2016 年，深圳国际仲裁院在总结三十多年来成功处理大量涉土地房地产类纠纷经验的基础上，正式设立"深圳国际仲裁院谈判促进中心"，专门履行谈判促进职责。这是中国首个谈判促进机构，可以受理的争议或谈判事项包括但不限于：城市更新等改建活动、棚户区改造、公司治理、债务重组等。谈判促进中心聘请行业优秀专家组建专家库，制定《深圳国际仲裁院谈判促进规则》，以中立、独立、权威的第三方身份协助各方开展谈判，通过专业高效的谈判促进，帮助各方达成谈判结果。2023 年 5 月，《深圳国际仲裁院谈判促进规则》收费规则进行修订，经过此次修订，谈判促进费用明确分为机构管理费用和谈判专家报酬，增强中外当事人对费用的可预期性，谈判促进收费结构更加透明化；总体降低谈判促进收费标准，并实施收费封顶安排，争议金额 30 亿元以上部分的谈判促进费用全免，谈判促进成本更加合理化；鼓励中外当事人使用"谈判促进+仲裁"对接机制，与《深圳国际仲裁院仲裁规则》有机衔接，管理费用可全额抵作仲裁收费，与仲裁对接的机制更加便利化。

七 创设华南（香港）国际仲裁院，跨法域构建 "双城两院三中心"新格局

作为粤港澳合作共建的产物和粤港澳地区第一家国际仲裁机构，深圳国

际仲裁院始终是联动粤港澳工商界、法律界的桥梁、纽带，成立40年来化解的涉港澳商事纠纷占跨境纠纷的50%以上，大量港澳工商界和法律界专业人士以理事、仲裁员、调解员、专家证人、代理人等多种身份为稳定港澳与内地的经贸关系发挥了重要作用。在新的发展阶段，深圳国际仲裁院持续强化与港澳平台共建和资源共享，在国务院港澳办和香港中联办的指导下，在香港政府律政司的支持下，经深圳市委、市政府批准，深圳国际仲裁院于2019年2月按照香港法律规定在香港设立华南（香港）国际仲裁院，作为非营利性的独立国际仲裁机构进行运作。2019年9月，经最高人民法院和香港政府律政司共同确认，华南（香港）国际仲裁院成为纳入"两地仲裁保全安排"的香港仲裁机构，形成"双城两院"跨法域新发展格局。2012年5月，经香港特区政府公布，华南（香港）国际仲裁院被纳入《2021年完善选举制度（综合修订）条例》列明的"法律界团体"，行使提名并选举产生选举委员会成员的权利，在香港工商界和法律界的影响力进一步提升。

2022年5月，华南（香港）国际仲裁院正式启用以《联合国国际贸易法委员会仲裁规则》为基础制定的《华南（香港）国际仲裁院仲裁规则》，在规则框架设计上符合国际通行的规则内容，极大地方便境外人士熟悉、理解和使用，同时也充分吸纳了《深圳国际仲裁院仲裁规则》中的亮点，对仲裁程序的期限、仲裁成本等作出了限制性规定，与《深圳国际仲裁院仲裁规则》形成差异性互补优势，为企业"走出去"提供对冲条款及保障，率先实现粤港澳三地规则的"软联通"，推动粤港澳大湾区国际仲裁合作走向新高度。

近期，深圳国际仲裁院和华南（香港）国际仲裁院继续加快"双城两院"建设，充分发挥"深港联动"的特殊优势，着力加强与香港法律界、工商界主要团体的联系和交流，举办普通法系列培训和大湾区仲裁系列研讨会、香港海运周、深港海事仲裁高峰论坛等多场活动，进一步提升"双城两院"在境内外的品牌知名度和影响力。2022年7月，香港政府律政司在官方网站公布其认可的"世界级仲裁机构"，将华南（香港）国际仲裁院列入其中，深圳经济特区国际仲裁叠加香港的国际公信力愈加凸显。2023 年 2 月，深圳国际仲裁院与华南（香港）国际仲裁院受邀共同拜访香港特区政府、香港主要法律团体、在港国际组织及高校，与香港特区政府律政司、香港大律师公会、香港律师会、香港国际仲裁中心、海牙国际私法会议亚太区域办事处、香港大学法律学院、香港城市大学法律学院等进行深入交流，就深港联动，"深圳+香港"共建面向全球的亚洲最佳仲裁地达成共识及合作方案。

同时，国家有关部委支持广东省委、省政府和深圳市委、市政府落实《深圳建设中国特色社会主义先行示范区综合改革试点首批授权事项清单》任务，决定深圳国际仲裁院同时加挂"粤港澳大湾区国际仲裁中心"名称，发挥重要引擎作用，深化与港澳的规则衔接和机制对接；针对重点产业和新兴行业发展的需要，支持深圳国际仲裁院与深圳证券交易所合作建设"中国（深圳）证券仲裁中心"，成立中国（深圳）知识产权仲裁中心和海事仲裁中心。深圳国际仲裁院构建"双城两院三中心"的新格局创新跨境仲裁合作机制，坚持"联动港澳、带动湾区、服务全国、面向世界"，服务经济高质量发展和高水平对外开放，被国家发展改革委列入向全国推广的深圳综合改革试点 18 条典型经验和创新举措。

八　创设首个中国国际仲裁海外庭审中心，国际合作布局遍及五大洲

2017 年，深圳国际仲裁院在美国洛杉矶创设中国国际仲裁机构第一个海外庭审中心——深圳国际仲裁院北美庭审中心，便于"走出去"的中国企业在海外化解商事纠纷。近年来，深圳国际仲裁院积极落实综合改革清单任务，持续加强与相关国际组织的对接与合作，国际合作布局遍及五大洲：作为观察员加入联合国国际贸易法委员会三个工作组，在参与制定国际规则过程中发出中国声音；2023 年 7 月，在维也纳参加联合国国际贸易法委员

会第 56 届会议,作为第二工作组和第四工作组观察员在关于"预先驳回和初步裁定"等议题的讨论中作大会发言,分享来自中国粤港澳大湾区的规则实践和相关建议。在维也纳参会期间,深圳国际仲裁院代表团回访了联合国国际贸易法委员会秘书长并展开交流。

在欧洲,深圳国际仲裁院与国际商会国际仲裁院(ICC Court)和世界银行国际投资争端解决中心(ICSID)等国际组织通过签署合作协议开展深度合作;在非洲,成立中非联合仲裁中心,开启中非仲裁全面合作,推动签署并发布《中非联合仲裁中心章程》《中非联合仲裁中心仲裁规则》以及首批仲裁员名册,包含 29 个国家和地区的 225 名国际仲裁专家;在亚洲,与大韩商事仲裁院(KCAB)共办第十一届亚太替代性争议解决大会(the 11th Asia Pacific ADR Virtual Conference),与新加坡国际仲裁中心(SIAC)共办研讨会,与香港国际仲裁中心(HKIAC)共办香港仲裁周等;在美洲,与加利福尼亚州律师协会联合举办"加利福尼亚国际仲裁周",邀请美籍仲裁员、最高人民法院法官以"《纽约公约》与国际仲裁在中国的发展"为题,向中美两国工商界、法律界介绍中国国际一流法治化营商环境。

在前海,依托全球首座国际仲裁大厦,深圳国际仲裁院通过合作方式引入相关国际组织和世界知名仲裁机构,包括国际商会国际仲裁院(ICC Court)、南部非洲仲裁基金会(AFSA)、非洲商法协调组织(OHADA)、内罗毕国际仲裁中心(NCIA)、新加坡国际调解中心(SIMC)等。其中,在深圳市市长和新加坡通讯及新闻部常任秘书等相关领导见证下,深圳国际仲裁院与 SIMC 签署跨境"调解+仲裁"合作备忘录,不断完善"新加坡调解+深圳仲裁"模式。在联动港澳共建面向全球的国际仲裁高地进程中,作为首批纳入最高人民法院"一站式"国际商事纠纷多元化解决机制的国际仲裁机构,深圳国际仲裁院最先与最高人民法院国际商事法庭实行国际商事仲裁案件司法协助衔接,以更高标准、更高效率和更高透明度共同提升市场化法治化国际化营商环境。

九　率先推出互联网仲裁，推动中国仲裁信息化、网络化、智能化

2007 年，深圳国际仲裁院与阿里巴巴等机构开始合作，在中国率先推出网上交易纠纷仲裁平台，和谐、快速、低成本化解互联网交易纠纷。在互联网技术支持下，借助大数据、云计算、区块链、人工智能等新技术，深圳国际仲裁院由单一维度向多元化、系统化拓展。2016 年，深圳国际仲裁院开始使用中国第一个仲裁机器人。2018 年实现网络仲裁案件全流程在线办理，建成云上仲裁平台、移动仲裁平台以及智能仲裁系统三大平台，打通立案、送达、证据储存、质证、庭审、批量仲裁、智能审核等七大关键节点。2019 年，深圳国际仲裁院加速推进远程庭审中心信息化建设，升级远程立案、质证、调解、开庭平台，实现多方远程异地开庭。2020 年，深圳国际仲裁院进一步强化互联网仲裁实践，推出 3.0 版视频开庭系统，多元化系统化建设基本完成。

近年来，深圳国际仲裁院作为互联网仲裁建设的前沿阵地，聚焦用户需求，厚植网络技术沃土，在案件审理、平台建设、仲裁规则、技术运用等方面，持续完善线上与线下相互融合的多元方案，稳步推动互联网远程仲裁和智慧仲裁发展。特别是在疫情期间的 2022 年，向境内外仲裁员和当事人展现了中国互联网远程仲裁先行先试的重要作用：电子送达 67875 次；远程立案 5417 宗，占受案数的 65.42%；网上开庭 2949 次，占全年开庭总数的 46.22%。

十　开创中国常设仲裁机构委托管理先例，探索中国仲裁区域合作和体制机制改革

根据中共中央办公厅、国务院办公厅印发的《关于完善仲裁制度　提高仲裁公信力的若干意见》中"建立区域性仲裁工作平台，共享资源，推

动仲裁区域化发展"的要求，2023 年，在有关部委和广东省司法厅的支持下，深圳国际仲裁院与江门市政府协同创新，设立深圳国际仲裁院江门中心并受江门市政府委托管理改制后的江门仲裁委员会，实行两个机构一体化运作，构建新型区域仲裁合作模式，为中国通过仲裁区域合作推进区域经济发展探索了深圳路径。

在此模式下，深圳国际仲裁院积极发挥引擎作用，带动珠三角西部地区商事仲裁高质量发展，共同打造大湾区国际一流的法治化营商环境。2023年，深圳国际仲裁院江门中心开展多场金融行业、律所、上市公司交流走访活动，并与多家上市及拟上市企业在公司境外市场拓展纠纷解决方面进行深入探讨，并持续与媒体联动，积极邀请国内主流媒体关注报道深江国际仲裁合作，进一步宣传深江国际仲裁合作优势。2023 年 5 月 31 日，深圳市市长与江门市市委书记、市长共同为江门中心揭牌，并要求深圳国际仲裁院江门中心服务深江经济合作大局。深圳国际仲裁院将继续联动特区和侨都，积极服务珠江口东西两岸融合发展，以国际仲裁的高质量发展促进经济的高水平对外开放。同时，以江门侨乡为支点打好"中国侨牌"，立足"中国侨都"，通过国际仲裁保护中国华人华侨的合法权益，打造面向全球华人华侨的国际商事仲裁高地。

过去几年，深圳国际仲裁院通过仲裁、调解、谈判促进等方式，联动港澳，为境内外各类市场主体提供高质量纠纷解决服务，有效化解大量境内外商事纠纷，稳定境内外市场主体对国际化营商环境的预期，服务招商引资大局，为推动国内国际双循环相互促进发挥特殊作用，不断取得新的成果与突破。在新发展阶段，深圳国际仲裁院将继续紧紧围绕国家战略和市场需求，以"走在世界前列"为标准再造国际仲裁的中国新优势、加快国际仲裁的高质量发展、推动国际仲裁的中国式现代化，始终坚持"独立、公正、创新"理念，让中国仲裁真正成为以中国式现代化推进强国建设、民族复兴的重要法治保障力量。

B.11
前海域外法律查明与适用的
路径探索和创新实践

深圳市蓝海法律查明和商事调解中心法律查明课题组 *

摘　要： 为贯彻《关于加快推进公共法律服务体系建设的意见》《法治
中国建设规划（2020～2025年）》《前海深港现代服务业合作
区条例》等重要政策文件对建立健全域外法律查明机制的明确
要求，深化涉外法治领域现代化建设，前海探索建立全国首个
专业查明机构——深圳市蓝海法律查明和商事调解中心。多年
来，蓝海中心充分发挥法律库和专家库"两库"建设的支持作
用，着眼于拓展法律查明多元化应用范式，不断扩大法律查明
影响范围。同时，蓝海中心持续致力于域外法律查明的机制创
新，包括探索引入典型案例机制、中立评估机制和"法律查
明+商事调解"机制等，更好地服务前海、粤港澳大湾区及国
家涉外法治建设。

关键词： 域外法律查明　域外法律适用　商事调解

一　背景

在涉外法治建设中，"域外法律查明"是一个"小切口、大格局"的法

---

* 课题组成员：深圳市蓝海法律查明和商事调解中心法律部。执笔人：芮晗，深圳市蓝海法律
查明和商事调解中心法律部专员。

律机制。2019 年 7 月，中共中央办公厅、国务院办公厅印发《关于加快推进公共法律服务体系建设的意见》，明确将域外法律查明机制建设作为"公共法律服务"的内容，并对法律查明的"国别法律信息数据库"和"专家库"作出部署。2020 年初，中共中央颁布《法治中国建设规划（2020～2025 年）》，专门提出要"建立健全域外法律查明机制"。

前海充分发挥法治在推进城市治理体系和治理能力现代化中的积极作用。在域外法律查明机制建设方面，创新探索、大胆实践，加强司法保障，逐步形成立足公共法律服务目标、具有"前海特色"的域外法律查明机制。2011 年 6 月 27 日，深圳市第五届人民代表大会常务委员会第九次会议通过《前海深港现代服务业合作区条例》，其中第 52 条明确规定，"鼓励深港合作建立法律查明机制，为前海合作区商事活动提供域外法律查明服务"。该规定系全国首次关于域外法律查明机制的立法规定。依据该规定，法律查明打破了传统国际私法领域的应用范畴，不再局限于司法查明与适用，同时也为域外国家或地区反向查明中国法律提供了空间，为域外法律查明机制的创新应用提供了法律依据。2020 年，深圳市第六届人民代表大会常务委员会修订通过《深圳经济特区前海蛇口自由贸易试验片区条例》，其中第 57 条规定了"依法保障离岸交易纠纷当事人自由选择适用外国法律或者国际商事通行规则、商事惯例的权利，但违反中国法律基本原则或者损害国家主权、安全和社会公共利益的除外"。该条对"涉外性"作出变通性规定，为相关当事人自由选择适用域外法律提供了更大的制度空间，也为作为制度配套的法律查明机制提供了更广阔的应用前景。

经过多年发展，前海域外法律查明机制相关经验得到了上级单位和社会各界的认可：2015 年 12 月，蓝海法律查明平台入选"广东省自由贸易试验区首批制度创新案例"；2020 年在深圳经济特区成立 40 周年专题纪录片《先行》中予以报道；2021 年 7 月，被国家发展改革委列入 47 条被推广的深圳经济特区创新举措和经验做法；2022 年 4 月 30 日，国家发展改革委总结"深圳以先行示范标准探索法治化营商环境实现路径"的经验，其中包括"建立'一带一路'法治地图和域外专家资源库，成立以查明域外法律为核心业务的独立法人机构——蓝海中心，为社会各界提供综合性法律服务"。

二　前海域外法律查明机制建设中的"蓝海实践"

（一）建立全国首个专业查明机构

为贯彻落实《前海深港现代服务业合作区条例》的相关规定，保障法律查明服务的中立性、专业性，2014 年 2 月，深圳市司法局支持设立了专门的法律查明机构——深圳市蓝海现代法律服务发展中心（后变更为"深圳市蓝海法律查明和商事调解中心"，以下简称"蓝海中心"）。蓝海中心经深圳市民政局登记为非营利性的民营非企业组织，由深圳市司法局作为业务主管单位，是国内第一家独立运行、以法律查明为核心业务的法人机构。它的成立，标志着"法律查明"向专业化、精细化方向发展，成为法律服务的一个新门类。

自成立后，蓝海中心向"规范"要"质量"，陆续制定出台系列规则，包括《法律查明规则》《法律查明收费标准》《法律查明工作流程》《法律查明保密规则》《法律查明无利益冲突说明》《查明专家出庭指引》《查明专家入库标准》等。上述规则，为国内法律查明服务的规范化建设提供了"前海样本"。

2018 年 6 月 25 日，最高人民法院《关于设立国际商事法庭若干问题的规定》首次提出"法律查明服务机构"的概念，明确"由法律查明服务机构提供"作为域外法律查明的新途径，这意味着首创于前海的法律查明这项新型专业化服务获得最高审判机关认可，为"域外法律查明难"问题提供了新的解决思路，为涉外审判法官和相关当事人正确理解域外法律提供了新的途径。

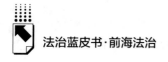

（二）搭建法律查明平台

2019 年底，最高人民法院在国际商事法庭网站搭建域外法律查明统一平台，蓝海中心是平台共建单位中唯一总部设立在粤港澳大湾区的实务型法律查明专业机构。2021 年 7 月，最高人民法院"一站式"国际商事纠纷多元化解决平台上线，将域外法律查明平台的功能融合并入，蓝海中心被最高人民法院民四庭授予"港澳台和外国法律查明基地"。

（三）建设法律查明"两库"

1. 法律库建设

2016 年，由深圳市前海管理局牵头，以三年为期，建设全国首个有关"一带一路"的大型中文法律数据库——"一带一路"法治地图，全力打造"一带一路"国际化公共法律服务平台。项目由蓝海中心和法律出版社共同承建。项目将"一带一路"、"法治"和"地图"三个概念"三位一体"有机结合。通过搭建"一带一路"国家和地区的中文法律数据库，整理和翻译沿线国家和地区的宏观情况、重点商贸领域的法律法规、判例，建立一套有标杆作用的域外法律查明/查询机制，为中国企业"走出去"提供服务，为立法机关和研究机构了解研究国外立法服务，为司法机关正确适用域外法律服务，为行政机关推进行政改革服务。作为全国首个服务"一带一路"建设的大型中文法律数据库，法治地图探索了域外法律查明新机制，为国家、政府部门的跨区域合作提供域外法律参考经验，为我国投资者提供域外法律资讯与法律解决方案，为对接域外法律信息资源提供路径参考，为"一带一路"建设提供助力。

经过近三年资源采集与梳理，"一带一路"法治地图以"宏观法治地图"、"微观法治地图"和重点国家法治地图出版物三种形式呈现。宏观法治地图部分，已完成 64 个国家和地区的宏观信息梳理工作，收录内容包括沿线国家的社会状况、国家安全状况、基础设施状况、能源状况和医疗卫生状况等宏观公共信息，勾勒"一带一路"沿线国家和地区的营商环境轮廓。

微观法治地图部分，通过对贸易投资、工程承包、劳务输出、税收政策等外商投资重点关注领域的法律资源等采集、查明、翻译，已对 960 部超 1000 万字的法律资料完成翻译工作。

法治地图出版物部分，组织专业人士撰写重点投资国家实务操作指南，在综合法律查明实践和跨境商贸投资情况的基础上，将法治发展水平高的国家和地区、与我国经贸往来频繁的国家和地区列为重点国家，对法律风险预警、域外法律适用等焦点问题进行深入分析。目前已经完成了包括中国香港、俄罗斯、哈萨克斯坦、印度、新加坡、马来西亚、印度尼西亚、阿联酋、以色列、伊朗共 10 个重点国家/地区的法律查明指南的编译和出版（线下及数字出版）工作。

2. 专家库建设

域外法律查明离不开专家的智力支持，蓝海中心在建设国别法律数据库的同时，也抓紧域外法律查明专家库建设。作为专业的第三方域外法律查明机构，蓝海中心通过平台化建设实现"筑巢引凤"，吸引了大批的国际法律人才参与。截至目前，该中心已和域内外 160 余家法律服务机构建立了合作关系，入库的域外法律查明专家超过 2400 位，主要为有实务经验的律师、仲裁员、退休法官和高校研究学者等。

三 前海域外法律查明机制建设中的"蓝海业绩"

（一）查明案件数量逐年上升

根据数据统计，自 2015 年至 2023 年，蓝海中心受理的域外法律查明咨询和委托案件合计 586 件，查明内容涉及 22 个法律专业领域，查明地域涵盖 192 个国家和地区。

（二）适用场景多元发展

随着查明资源积累和服务水平的提高，蓝海中心法律查明的服务对象持续扩充，适用场景日趋多元。根据相关部署并结合实际情况，蓝海中心的法律查明创新性地将服务适用场景定位为"四为"：一是为企业跨境投资商贸活动提供投资目标国法律咨询服务，二是为司法机关、仲裁机构准确适用域外法律服务，三是为立法机关借鉴域外立法服务，四是为政府行政改革提供论证服务。围绕"四为"定位，域外法律查明服务得到广泛应用。例如，蓝海中心依托"两库"资源，在前海管理局、前海法院委托下，深度参与域外法律查明及粤港澳大湾区法律制度比较、规则衔接等多项调研工作，形成《前海涉港合同选择适用香港法律实施路径的研究》《内地和香港地区民事诉讼程序比较研究》等多项调研成果。

（三）查明影响力逐步扩大

作为前海培育的法律查明专业机构，蓝海中心成立至今已受理非本土案件超过百件，并呈现逐年递增趋势，委托主体从广东扩展到北京、上海、江苏、福建、四川、广西、陕西、新疆等地。通过协议合作、线上对接和设立工作站等方式，蓝海中心也为全国各地的自贸区、自贸港等提供域外法律支持。

同时，近年来出现的"反向查明"现象也是法律查明影响力扩大的一个例证。"反向查明"是指域外的委托人或机构通过中国的法律查明机构了解中国法律，以作为经贸投资依据或在司法程序中作为中国法专家意见向域外法院说明。据统计，蓝海中心接受了来自沙特阿拉伯、印度、越南、英属维尔京群岛和中国香港等国家或地区的"反向查明"委托。

四　前海域外法律查明机制建设中的"蓝海经验"

蓝海中心在法律查明服务实践中不断总结归纳涉港澳外案件中的重点问题、疑难问题和高频问题，积极探索建立一套具有强典型性、高共通性和可复用性的案例管理机制，为前海探索建设域外法律查明与适用机制提供实践经验和案例储备。

（一）某融资担保公司与某实业公司保证合同纠纷案

1. 基本案情

案外人某银行（香港）有限公司深圳分行向第三人某塑胶公司发放贷款，被告某实业公司出具"担保及赔偿书"，提供连带保证担保。该担保及赔偿书第 25 条约定，本保函适用香港特别行政区法并按照香港特别行政区法进行解释。后第三人某塑胶公司进入破产清算程序，对上述贷款债权进行了确认。案外人某银行将上述贷款债权及担保权益转让原告深圳某融资担保公司，并通知了被告某实业公司和第三人某塑胶公司。原告某融资担保公司在确定未能受偿的总额后，向被告某实业公司提出连带清偿请求。因被告某实业公司经催告后仍不履行还款义务，原告某融资担保公司遂向深圳前海合作区人民法院起诉，要求判令被告某实业公司就第三人某塑胶公司负有的债务承担连带清偿责任。

2. 域外法律查明

本案为涉港保证合同纠纷，当事人可以协议选择合同适用的法律。担保及赔偿书中约定适用香港法律，不违反法律规定，故对担保及赔偿书的审理应适用香港法律；某实业公司是否应承担债权转让后的担保责任，也应适用香港法律确定。

原告某融资担保公司诉前委托蓝海中心就担保及赔偿书及其所担保的借款合同的香港法下效力问题出具香港法律查明报告。在审理过程中，应法院要求，其再次委托蓝海中心就香港法下担保责任的承担方式等相关规定进行补充查明，并出具补充查明报告。

经查明，根据香港法系奉行的自由协议原则，以及香港条例第 23 章《法律修订及改革（综合）条例》第 9 条、《放债人条例》附则及第 22 条等法律规定，案涉借款合同在香港法下合法有效，债权转让亦属有效，债务担保人应向债权受让方履行担保及赔偿书约定的保证义务，承担连带清偿责任。

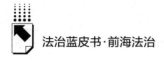

3. 典型意义

内地与香港地区关于担保制度的法律规定差异较大，但担保制度又是两地商务活动中较常应用的法律制度。通过域外法律查明，法院在裁判文书中向内地当事人详细说明和解释香港地区的担保制度，确认了案涉担保的效力。随着深港两地商务活动逐渐增加与深入发展，本案的域外法律查明对涉及担保问题的商事纠纷的预防具有重大意义，已查明的香港担保制度规定为企业在内地、香港的经营活动进行风险评估提供了依据，降低了发生相关风险的可能性。

（二）某香港公司诉某深圳家电公司合同纠纷违约索赔案

1. 基本案情

原告某香港公司与被告某深圳家电公司签订一份制造与供给协议。协议规定："本协议应根据美国加利福尼亚州的法律进行解释和执行，但不适用其冲突法或法律选择规则。本协议应视为在加利福尼亚州洛杉矶履行。各方不可撤销地服从加利福尼亚州洛杉矶的州法院或联邦法院对有关本协议的任何诉讼或法律程序的管辖，并且各方放弃以不方便法院或其他事项为由对在加利福尼亚州洛杉矶的法院作为管辖法院或审判法院提出异议的任何权利……任何该等仲裁应适用加利福尼亚州的可适用法律（包括《加利福尼亚州民法典》和《加利福尼亚州民事诉讼法》的有关'证据开示'条文）以及优先适用美国仲裁协会的规则。仲裁员在任何该等仲裁中作出的裁决应具有最终约束力，根据该仲裁作出的裁决可由任何有管辖权的法院执行。"原告某香港公司早先向美国仲裁协会提起仲裁请求，并通过传真和联邦快递将仲裁请求书送达被申请人。原告基于前述理由向中国法院提出申请，请求法院确认该公司与被告某家电公司的制造与供给协议中的仲裁条款有效，对申请人和被申请人具有法律约束力。

2. 域外法律查明

本案焦点在于美国法律和加利福尼亚州法律如何认定这一争议解决条款的有效性。原告某香港公司主动向深圳市中级人民法院提交了美国最高法院、美国上诉法院、加利福尼亚州最高法院相关法律、规则、判例。但被告某家电公司提出异议，认为上述文件系某香港公司的美国代理律师提交，该律师与一方当事人存在利害关系，所提交的文件应不具有证据效力。因此，深圳市中级人民法院委托蓝海中心对涉案美国相关法律进行查明。经查明，美国《联邦仲裁法》第2条、加利福尼亚州《民事诉讼法》第1281条虽未直接规定在争议解决条款中既约定法院诉讼又约定仲裁时如何认定仲裁条款的效力问题，但明确规定除非存在具有法律所规定撤销契约的理由，否则仲裁协议是有效的、不可撤销的和有强制性的。同时，报告提供了与本案类似的美国联邦法院和州法院对既约定诉讼又约定仲裁的情况下如何认定仲裁协议效力的判例，辅以说明美国联邦及州法院判例中仲裁协议效力的认定思路。据此，深圳市中级人民法院认为原告某香港公司关于仲裁协议有效的主张与双方当事人选择的美国成文法、美国最高法院的司法原则和美国其他法院判例中确定的原则相符，支持其主张。

3. 典型意义

本案入选广东省高级人民法院发布的广东法院粤港澳大湾区跨境纠纷典型案例。在一方当事人通过"平行程序"向美国法院提起宣告该仲裁裁决无效且不可执行之诉时，人民法院通过查明美国相关法律，充分比较相关参考判例及其说理部分，完成了对美国仲裁裁决的效力审查，确认了根据美国法律，无法证明案涉仲裁裁决将会被美国法院撤销。通过域外法律查明，人民法院依条约义务承认和执行外国仲裁裁决。

（三）某工程技术公司、某商旅公司等与某航空公司合同纠纷案

1. 基本案情

原告某工程技术公司和某商旅公司与被告某航空公司签订飞机购买意向书。意向书约定，意向书的有效性和法律适用均适用英国法律。意向书签订后，原告向被告支付了200万美元作为意向定金。之后，双方为购买飞机做了大量的准备工作。但原告因商业原因，决定不再签订正式的飞机买卖合

同。双方就已支付的 200 万美元是否需要返还发生重大争议。后原告向法院起诉，并冻结被告银行账户，认为被告应按中国法律规定返还 200 万美元意向定金。法院作出判决，采纳蓝海中心法律查明专家的观点，认定在被告为合同的履行做了充分准备且没有过错的情况下，原告无权主张返还意向定金，驳回了原告的全部诉讼请求。

2. 域外法律查明

本案焦点在于应适用英国法律的意向书效力、收取定金不予返还的情形以及意向书签订后未订立正式买卖合同各方应承担的法律后果。确定适用英国法律及查明范围后，原被告双方分别聘请查明专家出具查明报告，并以专家证人的身份出庭作证。经查明，根据英国法律，即使意向书被终止，但其中就效力问题作出特别约定的条款，如"LOI Deposit"，不因意向书被终止而失效，卖方应否返还意向定金，其是否付出相应对价是考量因素。双方对于上述查明内容无异议，但对于交易标的物所有权是否对意向书"LOI Deposit"条款效力产生影响仍有争议。根据蓝海中心出具的查明报告，法院认为，据英国 1979 年的《货品买卖法》、Kulkarni v. ManorCredit（Davenham）Ltd.［2010］2 AllER（Comm）1017 和 Hughes v. Pendragon Sabre Limited［2016］CTLC91 判例，在签订售卖合同时，卖方暂不享有对交易标的物所有权是被允许的，因此不影响意向书之法律效力。

3. 典型意义

通过域外法律查明，本案确定了货物买卖国际商事惯例的有效性。本案法律查明厘清了英国法下有关买卖合同未签署时定金如何处理的规则，充分尊重了当事人的商事交易安排，保护了遵循商业惯例从事经贸活动的当事人合法权益，有利于我国从事飞机买卖与融资的主体更深入理解行业惯常交易中涉及的法律规则。

（四）某塑胶制品公司与某集团公司承揽合同纠纷案

1. 基本案情

原告某塑胶制品有限公司与被告某集团公司因承揽合同纠纷在深圳市中

级人民法院进行诉讼。审理期间，某集团公司申请撤销注册登记。后深圳市中级人民法院作出二审判决，判定某集团公司胜诉。某塑胶制品公司不服判决，向广东省高级人民法院申请再审，主张某集团公司在二审期间已经解散，丧失了主体资格与能力，二审法院仍进行实体判决，显然适用法律错误。广东省高级人民法院认为某集团公司的主体资格存疑，作出裁定指令深圳中级人民法院再审本案。

2. 域外法律查明

针对主体资格的问题，再审期间，法院经某集团公司申请并经某塑胶制品公司同意，委托蓝海中心开展相关法律查明工作。查明内容包括下列问题的相关法规：一是香港公司恢复注册后是否视同该公司从未撤销过；二是香港公司恢复注册后，在撤销期间该公司的委托代理人和法定代表人所作的行为是否有效；三是香港公司恢复注册后，能否以书面方式对撤销期间该公司的委托代理人和法定代表人所作的行为予以追认。

查明报告对相关问题的查明情况如下：第一，香港公司恢复注册后应视同该公司从未撤销过；第二，在普通法下，除了当事人亲自行事以外，能代表诉讼主体参与诉讼活动的是事务律师或者大律师，但是，自公司解散时起，公司对律师的授权应该失效或自动被撤销，因此，在香港公司撤销期间直至恢复注册，该律师代表公司所作的行为无效；第三，香港公司恢复注册后，并没有相关追认行为的规定，公司在撤销到恢复注册期间，公司的状态犹如进入睡眠，直到法院的命令宣布公司撤销无效以后，公司才恢复活动状态。双方对法律查明报告的真实性、合法性、关联性均予以确认，法院予以采纳，并结合案件具体情况作出了判决。

3. 典型意义

在处理跨境纠纷时，主体资格的确定是前置条件。通过域外法律查明，涉外案件中常见的主体资格及其行为能力问题得到了有效解决。借助域外法律查明工作，明确此类案件诉讼主体资格，为司法机构处理相关纠纷提供参考经验。

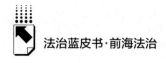

（五）某中资企业赴巴基斯坦投资风险法律查明项目

1. 域外法律查明

深圳市蓝海法律查明和商事调解中心接受某国企委托，就计划在巴基斯坦瓜达尔港投资生物医药行业进行法律风险调研并出具巴基斯坦生物医药行业投资风险法律查明报告，报告内容涉及市场准入、外汇管制、税务合规、自由区投资优惠政策等多个方面，对巴基斯坦瓜达尔港的相关法律制度和中资企业的典型案例进行了梳理和介绍，并就计划共同设立合资企业的交易方可能在资产、财务管理、股东结构等方面存在的合规风险进行了提示。

2. 典型意义

对于中国企业在巴基斯坦的投资，法律、政策和安全环境等风险都有可能成为阻碍瓜达尔地区经济发展和具体项目开展的瓶颈，借助投资前法律查明，有利于企业充分了解域外投资可能涉及的法律风险，据此制定相应的商业投资策略和风险防范方案，为大型跨境投资保驾护航。

（六）某中国电信企业赴海外营销合规风险法律查明项目

1. 域外法律查明

本项目中，蓝海中心协助一大型电信企业出海销售产品进行合规法规查明，为其获取海外广告监管部门的最新动态。查明内容涉及土耳其、罗马尼亚、哈萨克斯坦、巴西、墨西哥、阿联酋、印度尼西亚、马来西亚等"一带一路"沿线 8 个新兴市场的平板电脑、智能手表等电子产品的商业广告推广和抽奖等营销活动。就其销售推广方式，对前述各国当地法律及司法实践涉及的广告内容呈现、未成年人保护、营销活动、广告代言等领域进行合规法规查明，报告内容包括公开法律法规的分析及与当地执法机关问询沟通后整理的合规建议。

2. 典型意义

随着中国消费电子类企业出海成为热门趋势，中企前往不熟悉的司法辖区投资常常未能及时了解当地法律法规的执行情况和监管尺度。蓝海中心利用专家库和平台建制，高效快捷地为企业提供一站式的合规法律查明服务，结合当地产品的具体业态和司法实践出具了合规报告，企业直接对接境内法律服务机构即可知晓"一带一路"沿线国家最新的监管及执法实践情况。

（七）某企业破产程序中关于债权清收的新加坡仲裁中立评估案

1. 域外法律查明

某企业破产程序中的债权清收工作中涉及有争议债权，并且该争议在海外已发起争议解决程序，就该境外程序如何处理的问题，该企业委托蓝海中心进行中立评估，以期为企业的以下问题提供相关专业意见：①了解境外争议解决程序；②评估债权清收的可行性、清收时间与费用成本；③评估该笔债权清收与否对于破产程序的后续影响；④通过对境外争议解决程序的可行性分析，为债权人委员会在破产程序中作出相关决策，推进破产程序提供中立、客观以及专业的意见。蓝海中心委托专家对此项目进行中立评估，出具中立评估意见。具体包括：①保护债权人合法权益的途径；②结合破产程序情况，对境外债权争议解决程序的流程、可行性进行分析，为债权人委员会作出决策提供重要参考；③评估债务人企业的债权债务情况，为重整、清算程序的转换可行性、重整方案的设计、各利益相关方协商等提供专业依据。

2. 典型意义

本项目将法律查明与中立评估两种法律模式结合，在争议解决早期介入，以第三方独立意见对争议解决对主体所处的情况、纠纷解决的方案及可行性、后果及影响进行分析和比较，突破了单一法律服务模式中"头痛医头脚痛医脚"的问题，为主体科学决策提供依据。

五 前海域外法律查明机制建设中的"蓝海规划"

2021年9月，中共中央、国务院发布的《全面深化前海深港现代服务业合作区改革开放方案》明确提出，要探索建立前海合作区与港澳区际民商事司法协助和交流新机制，支持香港法律专家在前海法院出庭提供法律查明协

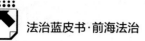

助。2022 年 1 月，最高人民法院发布《关于支持和保障全面深化前海深港现代服务业合作区改革开放的意见》，进一步要求完善域外法律查明与适用机制。

为进一步推动前海建立完善域外法律查明与适用机制，将前海打造成为专业多元、融合开放的国际商事争议解决中心和法律服务高地，蓝海中心在持续做实、做细、做精法律查明服务的基础上，将着力提升法律查明服务的精细化、品牌化水平，持续做好法律查明机制的输出与推广，充分发挥法律查明的平台效应。

（一）推动域外法律查明服务向精细化和品牌化方向发展

为集约资源、吸引人才、做大平台，蓝海中心将坚持精细化和品牌化发展，不断完善国别法律数据库和专家库，积极推广域外法律查明的应用，为涉外法治建设提供有力的法律支撑。目前，前海管理局"一带一路"法治地图第二期建设已在推进中，国别法律库将进一步做深做实。在粤港澳大湾区建设背景下，依托蓝海中心打造的法律查明平台进一步聚集港澳地区和国际法律查明专家资源。

（二）推动域外法律查明服务成为国际化营商环境建设的"标配"

将"域外法律查明服务"作为推动国际化营商环境建设的基础配套，进一步释放域外法律查明机制对法治化、国际化营商环境建设的效能。积极输出和推广前海域外法律查明服务在全国的应用，服务粤港澳大湾区一流营商环境建设。

（三）推动域外法律查明平台向世界传播中国法治声音

充分利用域外法律查明平台，吸引港澳地区和国际法律专家资源加入，在合作交流中讲好中国法治故事，引导企业提升"走出去"的合规意识。同时，通过"反向查明"机制推动更多国家和地区加深对中国法治理念的认识，加强中国法的域外适用，为中国参与全球法治环境建设贡献力量。

粤港澳大湾区民商事司法协作
机制的实践与探索

华商林李黎（前海）联营律师事务所课题组*

摘　要： 粤港澳大湾区民商事司法协作机制正处于进一步优化完善进程中，当前，相关工作已进入规则衔接机制对接的"深水区"，大湾区制度创新合力尚未形成、深化改革阻力横亘在前，面临规则衔接机制对接的协同机制尚不完善、系统性有待提升、配套政策与创新举措有待加强等困难。亟待以完善大湾区民商事司法协作机制为"小切口"，通过完善组织协调机制、创新规则衔接机制对接工作的保障措施、丰富和完善司法协作的内容和形式，助推大湾区的司法规则衔接、机制对接。

关键词： 大湾区　民商事司法协作　规则衔接　机制对接

《粤港澳大湾区发展规划纲要》自 2019 年发布以来，大湾区一体化发展迈入了加快实施、全面推进的新阶段。《粤港澳大湾区发展规划纲要》提出，"严格依照宪法和基本法办事，在尊重各自管辖权的基础上，加强粤港澳司法协助"。2021 年发布的《全面深化前海深港现代服务业合作区改革开

---

* 课题组成员：舒卫东、王寿群、陈龙。执笔人：舒卫东，深圳市律师协会前海合作区律师工作委员会主任，华商林李黎（前海）联营律师事务所主任合伙人；王寿群，深圳市律师协会粤港澳大湾区工作委员会主任，华商林李黎（前海）联营律师事务所首席执行合伙人；陈龙，华商林李黎（前海）联营律师事务所执业律师，深圳市前海"一带一路"法律服务联合会研究员。

放方案》也提出，"探索建立前海合作区与港澳区际民商事司法协助和交流新机制"。最高人民法院近年来与香港签署了 5 项司法协助安排，与澳门签署了 3 项司法协助安排，初步形成了具有中国特色的粤港澳大湾区民商事司法协助体系，为推进粤港澳司法规则衔接、保障大湾区高质量发展提供了坚实保障。

粤港澳大湾区民商事司法协作机制正在优化完善，相关工作已进入规则衔接机制对接的"深水区"，面临更大领域、更深层次的挑战，整体规划统筹力度有待进一步提升，大湾区制度创新合力尚未形成，深化改革阻力横亘在前，亟待以完善大湾区民商事司法协作机制为"小切口"，进一步推动大湾区司法规则衔接、机制对接。

一　粤港澳大湾区民商事司法协作机制现状

根据《香港特别行政区基本法》第 95 条①和《澳门特别行政区基本法》第 93 条②的规定，最高人民法院与香港、澳门先后签署 13 项司法协助安排和 1 项司法协助文件，健全区际民商事司法协助体系，其中，与香港就判决相互认可和执行签署 3 项司法协助安排，实现 90% 以上民商事判决相互认可和执行；与澳门建立司法协助网络互通平台，实现民商事案件送达取证全流程在线完成；与香港、澳门分别建立仲裁程序相互协助保全机制，与香港签署相互执行仲裁裁决的补充安排，发布 10 件相互执行仲裁裁决典型案例；出台司法解释认可和执行台湾地区法院民事判决、仲裁裁决，推进两岸生效判决与仲裁裁决的相互认可和执行。上述措施形成了以内港澳民商事司法协助安排为制度基础，以送达、取证、仲裁裁决和判决认可执行等司法协助领域为主要内容的中国特色区际民商事司法协助体系。此外，最高人民法院于

---

① 《香港特别行政区基本法》第 95 条规定，"香港特别行政区可与全国其他地区的司法机关通过协商依法进行司法方面的联系和相互提供协助"。
② 《澳门特别行政区基本法》第 93 条规定，"澳门特别行政区可与全国其他地区的司法机关通过协商依法进行司法方面的联系和相互提供协助"。

2022 年 1 月发布的《关于支持和保障全面深化前海深港现代服务业合作区改革开放的意见》，为促进粤港澳司法交流与协助等事务提供了更为具体的工作指南。

据统计，2019~2022 年，大湾区内地人民法院办理涉港澳司法协助案件 3167 件，涉港 2520 件，涉澳 647 件。截至 2023 年 3 月，前海合作区人民法院适用香港法审理案件 118 件，占适用域外法审理案件的 70%；涉港案件司法文书转交送达案件共 126 件，实现了涉港澳案件主体资格在线确认、涉外涉港澳台案件授权委托在线见证，以及立案、送达、开庭等案件全流程在线审理。前海合作区人民法院涉外涉港澳台商事案件的审判周期，已从 2014 年成立之初的 17.5 个月缩减至 2022 年的 6.4 个月，受理速度远超境外类似案件。

二　粤港澳大湾区民商事司法协作进一步完善面临的问题和挑战

目前，大湾区民商事司法协作整体规划的统筹力度有待进一步提升，大湾区制度创新合力尚未形成，深化改革面临较大阻力。

（一）司法协助范围囿于传统领域

区际司法方面的联系和协助包括相互开展的与民商事诉讼有关的一切联系、协助与合作行为，既有传统司法协助领域的送达、取证、仲裁裁决及判决认可和执行，也包括司法信息的通报、法律查明、诉讼费用免除和担保等有关司法程序的其他合作与协助。在粤港澳大湾区的实践中，内地通常以最高人民法院为代表与港澳进行司法方面的联系，对接相互提供协助的事项，协助范围也大多局限于送达、取证、仲裁裁决及判决认可和执行等传统领域。前海虽然已经以《关于深入推进跨境商事诉讼规则衔接工作指引》为统领，制定了港澳诉讼程序简化、司法诚信治理体系、专家辅助查明域外法等 8 个司法协助配套制度，但目前深港区际民商事司法协作仍处于探索实践阶段。

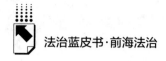

（二）信息化水平有待提升

早在 2002 年最高人民法院就发布了《关于民事诉讼证据的若干规定》，对电子取证作出了规定，《民事诉讼法》2012 年第二次修正后进一步明确，在普通程序中电子送达与传统送达方式具有同等效力，当前，以微法院为主要平台载体的电子送达已在内地通行。香港立法虽尚未对电子送达作出规定，但已有案例显示，法官会在特殊条件下允许并认可电子邮件送达方式。2003 年，澳门在向海牙国际私法会议作出的反馈中表示，接受外国用电子方式发出的取证请求。然而，当前粤港澳三地区际民商事司法协助安排中均未明确涉及信息技术的适用问题，实践中仍普遍采用传统的文本转递方式，区际民商事司法协助的信息化水平有待提升，与大湾区高质量发展的需求仍不匹配。

（三）案件的覆盖范围尚不全面

已签署的 8 项民商事司法协助安排对自身的适用范围作出了严格的规定，由于粤港澳三地相关领域的法律制度存在重大差异，部分案件仍未纳入相互认可和执行的范围。以《民商事判决互认安排》为例，该安排仍无法适用于八类民商事案件的判决，包括部分婚姻家事案件、继承案件、部分专利侵权案件、部分海事海商案件、破产（清盘）案件、确定选民资格案件、与仲裁有关案件，以及认可和执行其他法域裁决的案件。虽然在司法实践中，这些案件实际数量有限，但它们所涉及的领域，如破产（清盘）、知识产权等，与大湾区的科技创新和产业发展息息相关，是大湾区高质量发展的重要领域。

（四）规则衔接、机制对接的协同机制尚不完善

一方面，受限于文化差异，粤港澳三地相关部门就司法制度规则衔接、机制对接的协调交流沟通机制尚不完善，内地相关单位对接香港相关部门开

展交流的效果不理想；另一方面，参与三地规则衔接、机制对接的力量的广度还不够，相关立法机构、行业协会、社会组织等单位，以及大湾区律师等专业人员，在司法协助机制的规则衔接、机制对接工作中的交流联系程度及联动力度仍有较大提升空间，大湾区制度创新合力有待加强。

最高人民法院已授权广东南沙、前海、横琴三家法院与澳门直接相互委托送达司法文书和调取证据，支持广东在简化区际司法协助程序、依法行使跨境商事案件管辖权、吸收借鉴港澳诉讼程序规则、聘请港澳调解员陪审员、拓展区际法律查明渠道等方面先行先试。香港律政司已于 2023 年 1 月 7 日公布成立"粤港澳大湾区专责小组"（专责小组），其职责包括"就加强香港特区与粤港澳大湾区司法协助提供意见"。但是，粤港澳区际司法协助体系的统筹协调组织机制仍未有效建立和运作，各方的牵头机构、责任主体尚未明确，在调配粤港澳三地专业资源、专业互联互通、发挥各自优势等方面仍未形成合力。

（五）规则衔接、机制对接的系统性有待提升

虽然广东省高级人民法院 2022 年 12 月 29 日公布了《关于粤港澳大湾区内地人民法院审理涉港澳商事纠纷司法规则衔接的指引（一）》，在总结实践经验的基础上，对大湾区范围内内地人民法院跨境商事纠纷案件的管辖、诉讼主体、司法文书送达、证据审查及域外法律适用等诉讼规则衔接问题提出了指导性意见。但该工作指引的内容更侧重对具体事项的原则性安排和规定，而粤港澳商事司法规则衔接的总体思路与具体实施路径仍然不够明确，体系性的工作规划和部门分工尚未形成，整体规划统筹力度有待提升。这导致大湾区司法协助机制的规则衔接、机制对接效率有限，难以体现良好成效。

（六）规则衔接、机制对接的配套政策及创新举措有待加强

规则衔接、机制对接的本质是制度创新，而制度创新要求进一步推动深化改革与对外开放、打破部门利益与固有格局，这就不可避免地催生了改革

阻力，面临现行上位法和制度规范对制度创新的约束。因此，参与推动大湾区规则衔接、机制对接的相关部门要拿出更大的担当和魄力，一方面建设专项工作配套责任机制和激励机制，另一方面设立包容性更强的容错机制，破除工作过程中不敢为、不愿为、不作为的问题。

三 推进粤港澳大湾区民商事司法协作的完善建议

大湾区尤其是前海合作区应以完善民商事司法协作机制为"小切口"，着力推进大湾区司法规则衔接、创新机制对接，促进跨境纠纷高效裁判，保障大湾区建设高质量发展。

（一）完善组织协调机制

一是提升粤港澳大湾区三地法律相关专责部门日常对接、线下沟通的频率和深度，充分发挥粤港澳大湾区法律部门联席会议等平台优势，加快制订大湾区民商事司法协作机制相关建设规划方案，通过制订和印发系统化的总体实施方案，落实大湾区民商事司法协作机制建设的方向规划、总体要求、建设重点、保障措施、部门职责。尤其是广东前海、南沙、横琴三地的法院等重点单位，应根据各自特征和实践积累，协调分配司法协助规则衔接、机制对接的领域和重点事项，分头推进、统一推广，为大湾区民商事司法协作机制建设提供明确的指导。

二是探索组织创立大湾区民商事司法协作共建机制。充分发动粤港澳三地的社会力量，推动在深圳前海设立全国人大立法联系点、全国人大代表和政协委员工作站等平台，尽快落地并运行；协同港澳籍全国人大代表和政协委员以及港澳的爱国立法会议员，在内地探索通过全国人大代表和政协委员的议案、提案推动司法协助，拓宽粤港澳机构、团体参与高层次法律规则对接的渠道；在港澳促成行业协会、社会组织、立法会议员、专业人士等共同推动司法协助，形成三地共商共建的格局。

三是探索将前海深港国际法务区作为"规则适用特区"。组织各相关职能部门列出制约大湾区民商事司法协作规则衔接、机制对接的制度红线，根据大湾区民商事司法协作规则衔接的需要，推动部分事项申请全国人大或最高人民法院在前海暂时停止实施有关法律、司法文件的规定，避免大湾区民商事司法协作规则衔接、机制对接过程中与现行法律法规规章相冲突，为大湾区民商事司法协作体制机制创新创造更宽松的环境。

（二）丰富和完善司法协作的内容和形式

一是加快落实在前海建设粤港澳大湾区民商事司法协助电子平台的部署。一方面，谋划建立民商事司法协助电子平台的内部运营组织管理机制、配套制度及粤港澳三地外部协同机制，结合中央要求深化粤港澳联营律师事务所改革的部署，充分协同粤港澳联营律师事务所等单位及大湾区律师等专业人员，并以其为纽带，加强粤港澳三地司法协助部门的协同和配合。另一方面，结合全国法院区际司法协助管理平台建设，在司法协助领域推进智慧化、信息化进程，结合粤港澳三地的电子信息使用习惯，开发司法协助电子平台系统，加快大湾区民商事司法协助电子平台的硬件和软件建设，提升民商事司法协助的效率。

二是推动建立大湾区协助转送文书机制。探索采用签订合作协议、设立专门机构、加强司法沟通交流、制定相关程序规则等形式，加快制定大湾区文书转送工作指引和具体工作规程，明确当事人、律师（尤其是大湾区律师）、公证机构等协助转送文书的范围、要求、职责、费用等具体操作细则，充分发挥大湾区律师在大湾区三地执业的功能。同时，加强后续宣传推广、培训、执业保险覆盖等配套措施，提高三地互相送达的效率。

三是探索大湾区法律查明信息库市场化运作机制。在现有法律查明机制的基础上，联动高校、全国其他法律查明机构的现有法律查明成果，充分运用大数据、区块链等技术力量，建立统一的域外法律查明数据库，参照论文库运行模式，建立法律查明成果数据库市场化运作机制，提升域外法律查明的质量和效率，做好域外法律法规的数据储备，为法律查明工作提供更高质量的保障。

（三）创新规则衔接、机制对接工作的保障措施

一是推动深圳在建立"理论+实务"研究体系上先行先试。重点吸引仲裁、调解、金融、投资、合规等领域的权威研究机构入驻深圳前海深港国际法务区，开展规则融合衔接研究；在前海合作区人民法院成立"粤港澳商事法律规则衔接研究中心"的基础上，联动港澳两地政府、企业、社会组织等力量，在前海建立跨地域、跨法域、跨专业的产业规则研究平台；发动前海"一带一路"法律服务联合会等智库、专业组织的力量，进一步强化深圳智库联盟的组织引导；支持和引导粤港澳联营律师事务所等涉港、涉外专业服务机构开展规则融合衔接研究，在前海打造规则融合衔接研究机构集聚区。

二是争取在前海设立全国人大、广东人大立法联系点。争取全国人大常委会、广东省人大常委会在前海设立立法联系点，以立法联系点为依托，组织整合联动前海的前海香港商会、粤港澳联营律所、深圳国际仲裁院等单位形成深港澳法治研究力量合力，参与国家法治建设，拓宽深港澳机构团体参与内地法律制定等高层次规则对接融合的渠道。

三是探索和试点专项创新容错机制。结合大湾区司法协助机制规则衔接、机制对接的特征，针对广东前海、南沙、横琴三地的法院等重点单位，建立并试点大湾区司法协助机制规则衔接、机制对接专项创新容错机制；进一步细化大湾区司法协助机制规则衔接、机制对接的容错标准和适用范围，为深港规制衔接、机制对接的探索创新提供保障。

四是探索参与规则衔接、机制对接的激励措施。按照《深圳建设中国特色社会主义先行示范区综合改革试点实施方案（2020～2025年）》提出的要求，"健全改革的正向激励机制，注重在改革一线考察识别干部，大胆提拔使用敢于改革、善于改革的干部"，探索推动深港规则衔接、机制对接工作成果成为提拔使用领导干部及法官队伍的重要指标或考察因素，充分肯

定和表彰领导干部参与大湾区司法协助机制等规则衔接、机制对接的工作成果，进一步调动领导干部及法官队伍参与大湾区司法协助规则衔接、机制对接的主动性和积极性。

五是探索引入港澳籍青年居民作为大湾区司法协作工作人员，建立司法协作工作人员双向交流机制。根据大湾区司法协作工作的需要，在经过必要政治审核程序后，聘任符合资格条件的港澳籍青年居民作为大湾区法院司法协作的专职工作人员，专门处理涉港澳民商事司法协作案件；简化司法协作工作人员交流审批机制与流程，建立前海法治部门与香港法治部门互派司法协作工作人员（作为法律研修访问学者）实习和观摩交流的常态机制，鼓励贴近观察，扎实交流粤港澳大湾区司法协作的法治经验，夯实共商共建的基础。

B.13
国内仲裁与涉外仲裁规则
衔接的前海经验

黄忠顺　骆晓岚*

摘　要： 前海法治示范区是推动跨境仲裁协作和国际仲裁合作的重要平
　　　　台，以服务内地、联动港澳、面向世界为目标，在国际商事仲裁
　　　　领域积极探索可复制、可推广的创新举措。前海在涉外仲裁衔接
　　　　上积累了丰富的实践经验，在纵向上融合涉外仲裁资源、仲裁制
　　　　度，在横向上联通各类商事纠纷解决机制。为推动中国仲裁与域
　　　　外仲裁规则接轨，仲裁立法应完善仲裁机构法人治理模式、细化
　　　　临时仲裁制度，并建立选择性复裁机制，使中国仲裁裁决具有更
　　　　强的全球可执行性。在未来的实践探索中，前海合作区可进一步
　　　　规范外国仲裁机构活动、健全域外仲裁机构设立规范、明确可仲
　　　　裁事项范围、推动仲裁数据化转型，进一步加强国内仲裁与涉外
　　　　仲裁规则衔接与机制对接。

关键词： 国际商事仲裁　可仲裁事项范围　临时仲裁　仲裁数据化

一　问题的提出

从国际条约、各国仲裁法和国际商事仲裁实践来看，国际商事仲裁

---

* 黄忠顺，粤港澳大湾区仲裁创新与法治发展研究院高级研究员；骆晓岚，华南理工大学法学
院硕士研究生。

法已成为"国际性的法律"。建立国际商事争议解决机制需制定一部高度国际化的商事仲裁法律。中国亟须构建一套世界各国普遍接受的国际商事仲裁体系，统筹国内法治与涉外法治，将境外及国际商事仲裁制度对接作为修订仲裁法的基本思路，以提高中国主导的国际商事仲裁程序的公信力、裁决的执行力①。前海法治示范区作为深圳乃至粤港澳大湾区最重要的合作区之一，积累了与港澳、国际仲裁规则对接的丰富经验。前海仲裁在仲裁员队伍构成、仲裁机构管理模式、仲裁受案范围、临时仲裁制度、仲裁内部上诉机制等方面，不断探索与域外仲裁规则的衔接，联动港澳、面向国际，以商事仲裁的高质量发展为前海创造公平、安全的营商环境。2020 年，深圳国际仲裁院"建立跨境仲裁协作和国际仲裁合作机制"改革实践经验被国家发展改革委评为"向全国推广的典型经验和创新举措"②。可见，前海合作区在仲裁规则方面探索形成的具有全国示范意义的经验和做法，能为中国法治建设提供宝贵的"前海经验"。

鉴于此，本文从前海仲裁实践对《仲裁法》的突破切入，分析《仲裁法（修订）（征求意见稿）》中哪些制度或规则需要进一步充实和完善。最后，结合域外商事仲裁规则，分析前海合作区可继续先行先试的领域，丰富"前海经验"。

二　前海涉外仲裁规则衔接的实践探索

前海致力于打造中国特色社会主义法治示范区，根据粤港澳大湾区对外贸易实际情况，借鉴国外商事争议解决的先进经验，建立具有前海特色的国际化、专业化、多元化国际商事纠纷解决机制。在纵向上融合涉外仲裁资

① 参见柯静嘉《"一带一路"国际商事争端多元化纠纷解决机制的构建——以粤港澳大湾区为试点》，《港澳研究》2023 年第 1 期，第 52 页。
② 参见《国家发展改革委关于推广借鉴深圳综合改革试点首批授权事项典型经验和创新举措的通知》（发改体改〔2022〕1579 号）。

源、仲裁制度，在横向上联通境内外各类商事纠纷解决机制，展现了国内商事仲裁规则与涉外商事仲裁规则衔接的新思路。

（一）融合域外仲裁资源

前海合作区在国内仲裁与涉外仲裁之间搭建了沟通交流的桥梁，仲裁机构的设立遵循"引进来"与"走出去"的协同合作机制。其中，"引进来"的实践成果为前海合作区打造的国际仲裁大厦，"走出去"的实践成果为前海合作区在域外设立的庭审中心和仲裁机构。同时，深圳国际仲裁院致力于打造一支国际化、专业化的仲裁员队伍，建设网络仲裁服务平台，促进国内仲裁资源与域外仲裁资源的自由流动。

1. 打造国际仲裁大厦，引进国外仲裁机构

扩大仲裁对外开放，引进重量级国外仲裁机构，助力境内外仲裁机构在合作交流、良性竞争中加速国内仲裁机构的国际化改革进程。但《仲裁法》并未对在中国境内设立国外仲裁机构作出规定，现行仲裁立法对国外仲裁机构入驻采取了保守的态度。为加强国际商事仲裁合作，《仲裁法（修订）（征求意见稿）》以立法形式明确了国外仲裁机构可以在中国境内设立业务机构、办理涉外仲裁事务[①]，允许在双方当事人同意的情况下由国外仲裁机构在中国境内进行仲裁并作出裁决。

2022年，前海合作区在实践中大胆创新，打造了全国首座国际仲裁大厦，将其作为深圳国际仲裁院的新总部。国际仲裁大厦以深圳国际仲裁院为核心，不仅吸引了众多粤港澳联营律师事务所迁入，更与联合国国际贸易法委员会、世界银行国际投资争端解决中心、美国司法仲裁调解服务有限公司、香港国际仲裁中心和新加坡国际仲裁中心等重量级国际组织、仲裁机构建立深度合作关系[②]。将国外仲裁机构"引进来"，加强中国与

---

① 《仲裁法（修订）（征求意见稿）》第12条第3款规定，外国仲裁机构在中华人民共和国领域内设立业务机构、办理涉外仲裁业务的，由省、自治区、直辖市的司法行政部门登记，报国务院司法行政部门备案。

② 参见曾银燕《见证深圳国际仲裁院的改革创新之路》，《深圳晚报》2022年11月14日。

外国仲裁机构的交流，既能有效整合、吸收国外商事仲裁的先进经验，减少中国与国际仲裁实践的制度冲突，也能推动中国参与国际仲裁规则制定，持续在国际舞台上发出"中国声音"，促进境内仲裁与涉外仲裁规则的衔接。

2. 完善仲裁机构海外布局，促进纵向联动发展

2017 年，深圳国际仲裁院在美国创设中国第一个海外庭审中心，即在跨国商事纠纷中约定由深圳国际仲裁院仲裁，并适用《深圳国际仲裁院仲裁规则》时，可将其开庭地点定为北美庭审中心[1]。海外庭审中心作为前海法治示范区创新实践的重要组成部分，有效推动了外国企业在"亲身体会"深圳国际仲裁院仲裁程序过程中深入了解前海仲裁规则，充分发挥前海经验的对外辐射作用，在国际商事纠纷解决中融入"前海方案"。

另外，华南（香港）国际仲裁院于 2019 年成立，为深圳国际仲裁院在境外设立的第一家独立仲裁机构，华南（香港）国际仲裁院以深港联动的方式，实现了内地与香港两个不同法域的全面合作[2]。在仲裁规则的设计上，华南（香港）国际仲裁院以国际通行的商事仲裁规则搭建基本框架，同时吸收了深港两地成熟的仲裁经验，探索深港仲裁制度衔接的最佳方案。

同时，深圳国际仲裁院将设立境外分支机构或庭审中心的创新举措明确列入《深圳国际仲裁院条例》，促进仲裁院进一步发挥引领和带动作用。完善仲裁机构海外布局，有利于吸收普通法的审理优势，服务不同法域的当事人，以顺利接轨国际仲裁规则。

3. 聚集国际仲裁人才，优化仲裁队伍结构

深圳国际仲裁院重视国际化仲裁人才队伍建设。2020 年公布的《深圳

---

[1] 参见杨振《深圳创设中国国际仲裁机构首个海外庭审中心》，央广网，https://baijiahao.baidu.com/s？id=1584113219355749988&wfr=spider&for=pc，最后访问日期：2023 年 8 月 24 日。

[2] 参见曾银燕《见证深圳国际仲裁院的改革创新之路》，《深圳晚报》2022 年 11 月 14 日。

国际仲裁院条例》明确规定,香港、澳门以及其他境外的仲裁员不少于三分之一①。根据该规定,深圳国际仲裁院最新公布的仲裁员名册中,仲裁员来自美国、日本、英国、法国、德国等114个国家和地区,其中境外仲裁员占36.7%②。深圳国际仲裁院实现了主要法域的仲裁人员全覆盖,储备了一批通晓国际仲裁规则、具有国际视野的高端仲裁人才。

《深圳国际仲裁院条例》规定,仲裁院可以按照不同专业、行业和地域等标准设立仲裁员名册。深圳国际仲裁院公布的仲裁员名单中明确列出了仲裁员的专长,覆盖了专利、商品房屋买卖、国际贸易、投资、海事海商、证券、公司、融资等不同领域,为市场主体提供较大的仲裁员选择空间③。随着仲裁员队伍专业性的提升,有效提高了中国仲裁水平,并推动了中国在国际商事合作各方面与国际接轨。

4. 创建网上仲裁平台,顺应仲裁智能化趋势

《深圳国际仲裁院条例》规定,仲裁院应当充分利用互联网、大数据、人工智能等信息技术,建设智慧仲裁。为向深圳乃至全球用户提供高效、便捷、经济的智能仲裁服务,前海打造了国内首个"网上仲裁+电子证据固化"服务平台④。该平台破除地域空间的限制,真正使仲裁资源实现了全球范围内的自由流动,增强全球仲裁实践的一致性和可预测性。

此外,深圳国际仲裁院为保障前海仲裁服务范围与影响力的扩大,将数据存储和使用、网络仲裁条件、网络仲裁审理方式、文书提交和送达、电子数据审查等都纳入专门网络仲裁规则调整范围。深圳国际仲裁院依据《网

---

① 《深圳国际仲裁院条例》第21条规定,仲裁院应当设立仲裁员名册,聘请公道正派的人员担任仲裁员,其中来自香港特别行政区、澳门特别行政区以及其他境外的不少于三分之一。仲裁院可以按照不同专业、行业和地域等标准设立仲裁员名册。

② 参见《深圳国际仲裁院仲裁员名册》,深圳国际仲裁院网站,http://www.scia.com.cn/Home/index/book/id/15.html,最后访问日期:2023年8月24日。

③ 参见《深圳国际仲裁院仲裁员名册》,深圳国际仲裁院网站,http://www.scia.com.cn/Home/index/book/id/15.html,最后访问日期:2023年8月24日。

④ 参见《便利!"国际网上仲裁中心"落户前海》,前海在线网站,http://www.qianhaie.com/news/last/2016/0311/122.html,最后访问日期:2023年8月24日。

络安全法》为涉案的数据存储和使用提供安全保障，细化规定了电子数据的审查规则，为保障电子交易安全、维护全球网络经济发展贡献了前海经验。

（二）引入域外仲裁机制

《仲裁法》规定存在仲裁机构性质不明确、临时仲裁制度未建立、国际投资争议不可仲裁等问题，无法与国际商事仲裁规则接轨。鉴于此，前海法治示范区先行先试，探索符合前海特色的仲裁机构治理模式，建立临时仲裁制度与国际投资仲裁制度，以期全方位对接国际商事仲裁制度。

1. 创新仲裁机构治理模式

在《仲裁法》出台之前，中国的仲裁机构是在行政机关内部设置的，是受行政机关领导的机构。《仲裁法》的实施虽然已为"去行政化"作出了努力，但实践中仍存在行政机关主导仲裁机构管理的现象[1]。中国大多仲裁机构是参照事业单位组建的，仲裁机构的人财物多数来自行政机关，仲裁机构人员大多属于编制内人员[2]，这导致仲裁机构的行政化色彩浓厚，与仲裁立法强调"民间性"的初衷不符。同时，行政机关对仲裁活动的干预亦成为国外企业选择中国仲裁机构的顾虑，影响中国仲裁的公信力。

前海合作区早在2007年就开始探索法定机构改革。其后，深圳国际仲裁院作为法定仲裁机构改革的试点机构，成为第一个以法定模式管理的仲裁院。法人治理模式以理事会为核心，通过聘请境外理事并增加其占比，从根本上突破了传统的行政管理模式，防止行政机关管控仲裁机构的人财物等[3]。2020年，深圳国际仲裁院以《深圳国际仲裁院条例》巩固其改革成果，明确仲裁院为法人治理机构且独立于行政机关。《深圳国际仲裁院条

---

[1]　参见肖建国主编《仲裁法学》（第5版），高等教育出版社，2021，第91~92页。

[2]　参见黎群《论国际商事仲裁合作机制的构建》，《法商研究》2023年第3期，第147~149页。

[3]　参见张玮《深圳国际仲裁规则已接轨国际》，《南方日报》2023年3月1日，第SC02版。

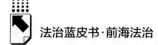

例》搭建了仲裁院作为法定机构的基本框架，并通过自主聘请境内外专业人才、建立独立的财务和资产管理等配套制度①，确保法人治理模式顺畅运行。

2. 引入临时仲裁制度

《仲裁法》规定，只有在仲裁协议中约定了具体的仲裁委员会，才能提起仲裁，否则中国法院不能承认与执行依据该仲裁协议作出的仲裁裁决②。可见，临时仲裁制度在中国仲裁立法中是不被认可的，但临时仲裁在国际商事仲裁、国际投资仲裁等领域应用较为普遍。中国加入的《纽约公约》③规定了临时仲裁制度，因此当其他缔约国采用临时仲裁程序并作出了仲裁裁决，当事人请求中国法院承认和执行的，中国法院不得拒绝。国内临时仲裁裁决与国外临时仲裁裁决的差别化规定，实质上造成了国内与国外当事人法律地位不平等。为承担国际义务、与国际商事仲裁规则接轨，将临时仲裁制度引入中国仲裁立法具有其合理性、必要性。

2020年，《深圳国际仲裁院条例》明确引入了临时仲裁制度，规定在符合"三特定"标准，即如果仲裁协议约定了特定仲裁规则、特定人员和特定区域时，该协议应认定为有效。同时，《深圳国际仲裁院条例》首创了仲裁机构作为默认协助机构的制度，规定仲裁机构有权代当事人指定仲裁员④。《深圳国际仲裁院条例》明晰了临时仲裁制度的适用条件和适用程序，为临时仲裁制度在全国范围内推广探索了更细致稳妥的方案。

---

① 《深圳国际仲裁院条例》第3条规定，仲裁院是不以营利为目的的法定机构。仲裁院实行以理事会为核心，决策、执行、监督有机统一的法人治理机制。第4条规定，仲裁院独立于行政机关。仲裁依法独立进行，不受行政机关、社会团体和个人的干涉。第27条第1款规定，仲裁院应当建立健全与法定机构相适应的财务和资产管理制度。

② 《仲裁法》第18条规定，仲裁协议对仲裁事项或者仲裁委员会没有约定或者约定不明确的，当事人可以补充协议；达不成补充协议的，仲裁协议无效。

③ 即《联合国承认及执行外国仲裁裁决公约》。

④ 《深圳国际仲裁院条例》第25条规定，当事人达成按照特定仲裁规则、由特定人员在深圳经济特区对争议进行仲裁的仲裁协议，并据此进行仲裁的，除当事人另有约定以外，仲裁院可以提供代为指定仲裁员等必要的协助。

3. 引入国际投资仲裁制度

《仲裁法》规定，仲裁是平等主体之间解决争议的方式①，在现行仲裁立法下国际投资争议并不具有可仲裁性。随着中国企业海外投资不断增加，必然会出现与他国的商事争议，倘若中国不将国际投资争议纳入可仲裁事项范围，中国企业将无法在中国仲裁机构申请国际投资仲裁，势必导致中国企业在海外投资争议解决过程中处于弱势地位。

深圳国际仲裁院大胆突破限制，《深圳国际仲裁院仲裁规则》明确规定国际投资争议属于可仲裁问题②，并因此成为首个可受理国际投资争议的国内仲裁机构。深圳国际仲裁院采用《联合国国际贸易法委员会仲裁规则》作为适用于国际投资仲裁的规则，并制定了适用该规则管理案件的程序指引③。建立国际投资仲裁符合中国经济发展"走出去"的需要，而与《联合国国际贸易法委员会仲裁规则》接轨也将使深圳国际仲裁院得到广泛认可，其规则也更容易被当事人选择接受。

4. 引入选择性复裁制度

中国实行一裁终局制度。随着国际商事纠纷标的额的增加，仲裁当事人败诉后需承担的风险也随之加大。在追求程序便捷、高效的同时，国际商事仲裁当事人开始关注保障仲裁中的实体公正。此时，仲裁程序内部上诉制度应运而生。英国和中国香港都承认仲裁的内部上诉制度。荷兰的仲裁法更是以专节规定仲裁内部上诉制度，就可上诉裁决的执行、既判力等问题为仲裁上诉作出配套规定④。可见，随着国际商事仲裁当事人对实体公正的追求，为其提供适当的纠错机制是国际仲裁发展的大势所趋。

---

① 《仲裁法》第 2 条规定，平等主体的公民、法人和其他组织之间发生的合同纠纷和其他财产权益纠纷，可以仲裁。

② 《深圳国际仲裁院仲裁规则》第 2 条第 2 款规定，仲裁院受理一国政府与他国投资者之间的投资争议仲裁案件。

③ 《深圳国际仲裁院仲裁规则》第 3 条第 5 款规定，当事人将第 2 条第 2 款投资仲裁案件交付仲裁院仲裁的，仲裁院按照《联合国国际贸易法委员会仲裁规则》及《深圳国际仲裁院关于适用〈联合国国际贸易法委员会仲裁规则〉的程序指引》管理案件。

④ 于湛旻：《论中国仲裁法制兼容"投资仲裁"的重要发展——〈仲裁法（修订）（征求意见稿）〉相关条款探讨》，《国际经济法学刊》2022 年第 4 期，第 148~149 页。

前海合作区率先作出响应，探索国际商事仲裁的"选择性复裁"制度。深圳国际仲裁院为中国内地仲裁机构中最早引入仲裁内部上诉机制的仲裁院。《深圳国际仲裁院仲裁规则》明确深圳国际仲裁院的仲裁裁决原则上具有终局性，但当事人选择适用复裁程序时，可依据《深圳国际仲裁院仲裁规则》及《深圳国际仲裁院选择性复裁程序指引》推进仲裁工作①。不同于采取强制的"二裁终局"模式，选择性复裁赋予仲裁当事人程序主导权，充分尊重当事人的意思表示。另外，在制度的具体设计上，该指引对选择性复裁程序的范围、复裁程序的启动、复裁庭的组成等都作了详细规定，有效保障当事人申请救济错误仲裁裁决的权利。

（三）联通商事解纷机制

前海合作区集合了诉讼、仲裁、调解、和解、谈判促进等多元化的商事纠纷解决机制，具备多元化解商事纠纷的独特优势。在融合域外商事纠纷解决经验的目标指引下，前海合作区致力于将粤港澳大湾区及世界各国的多元解纷机制予以横向打通，打造具有前海特色的商事解纷机制。

1. 建立粤港澳仲裁调解联盟

深圳国际仲裁院在2013年创建的粤港澳仲裁调解联盟（以下简称"联盟"），现已拥有深圳国际仲裁院调解中心、前海"一带一路"国际商事诉调对接中心、香港仲裁司学会、香港调解会、澳门世界贸易中心仲裁中心等15个成员机构。联盟整合了粤港澳大湾区商事仲裁、调解、和解等多方面的纠纷解决资源，建立了粤港澳大湾区的商事争端解决机构交流合作平台，并在机构之间建立常态化协作对接机制，便利当事人以更高效、便捷、和谐

---

① 《深圳国际仲裁院仲裁规则》第51条第8款规定，裁决是终局的，对各方当事人均有约束力。但当事人约定适用选择性复裁程序的，裁决效力依本规则第68条及《深圳国际仲裁院选择性复裁程序指引》确定。第68条规定，（一）在仲裁地法律不禁止的前提下，当事人约定任何一方就仲裁庭依照本规则第八章作出的裁决可以向仲裁院提请复裁的，从其约定。适用本规则快速程序的案件，不适用本条规定的选择性复裁程序。（二）选择性复裁程序按照《深圳国际仲裁院选择性复裁程序指引》的规定进行。

的方式解决商事纠纷。

联盟在 2019 年推出了《粤港澳仲裁调解联盟争议解决规则》，在制度设计上考虑"一国两制三法域"存在的差异与冲突，探讨粤港澳三地仲裁机构深化合作的模式。在调解案件的受理上，联盟可根据各成员机构的优势及特点，将其受理的调解案件在内部进行分配，由最适合的成员机构进行调解①。关于调解与仲裁的衔接问题，联盟建立了"独立调解＋独立仲裁"制度。目前，在商事纠纷中达成的调解协议只能被视为合同，不能向法院申请强制执行。调解协议执行力的缺失使得国际商事纠纷当事人在选择调解时存在顾虑。然而，《粤港澳仲裁调解联盟争议解决规则》第 12 条明确规定，调解协议达成后，当事人可根据调解协议中的仲裁条款，请求深圳国际仲裁院或其他属于联盟成员的仲裁机构根据调解协议的内容作出仲裁调解书或仲裁裁决书。该制度赋予了调解协议间接的执行力，消除了当事人对调解协议执行的顾虑。同时，《粤港澳仲裁调解联盟争议解决规则》明确规定，如果调解不成功，各方当事人也可依据自行达成的仲裁协议提起仲裁或向人民法院提起诉讼，旨在指导各方当事人灵活解决跨境商事争议。

2. 建立前海国际商事调解中心

深圳市前海国际商事调解中心（以下简称"调解中心"）专注于贸易、投资、金融、知识产权、房地产、工程建设、海商海事等领域的跨境及国际商事争议解决，致力于打造一套既对标港澳、国际，又体现深圳、中国特色的调解规则，不断探索商事调解与商事诉讼、商事仲裁的对接方式，探索将调解协议转化为仲裁协议或法院调解协议的模式，以提高其可执行性。2020年，调解中心出台了《深圳市前海国际商事调解中心调解规则（试行）》，规定在当事人同意的前提下，调解中心可以帮助当事人商请法院、仲裁委员

---

① 《粤港澳仲裁调解联盟争议解决规则》第 14 条规定，联盟受理调解申请后，经当事人同意，可以根据相关成员机构的特点和优势，将争议交由该成员机构调解。成员机构进行前款调解，适用该成员机构的调解规则；经当事人同意，也可适用本调解规则。成员机构在调解程序终止后，应将有关情况告知联盟秘书处。

会将调解协议转化成法院调解书、仲裁裁决书或仲裁调解书①，从而提升调解协议的执行力。在调解中心公布的调解员名册中，域外成员占比43.9%，工作语言涵盖英语、粤语、日语、西班牙语、葡萄牙语、法语、意大利语、德语等②，为中心面向港澳、海外，建设国际一流的商事争议解决机构打下坚实基础。

三　中国仲裁立法与涉外仲裁规则的衔接

前海合作区融合域外资源与制度、联通商事纠纷解决机制的探索实践，仅能在特定区域发挥作用。为推进中国仲裁规则与域外仲裁规则接轨，增强域外当事人对中国仲裁的信心，使中国仲裁裁决具有更强的全球可执行性，需要进一步完善《仲裁法（修订）（征求意见稿）》，将前海合作区在先行先试过程中探索的规则、制度上升为全国范围内适用的法律规范。

（一）建立仲裁机构法人治理模式

深圳国际仲裁院的管理模式以理事会为中心，辅以独立的人员、财产、物资管理体系。仲裁机构不受行政机关的影响，强调仲裁的民间性、契约性。对比《仲裁法（修订）（征求意见稿）》，其明确了仲裁机构为公益性非营利法人，可经登记取得法人资格③。同时，增加了仲裁机构建立法人治

---

① 《深圳市前海国际商事调解中心调解规则（试行）》第44条规定，为了提升调解协议的可执行效力，经当事人同意，调解中心可以帮助当事人采取下列措施：（一）商请人民法院将其委托调解达成的调解协议转化制作成法院调解书；（二）商请仲裁委员会依照仲裁规定将调解协议转化制作成仲裁裁决书或仲裁调解书；（三）申请人民法院对调解协议给予司法确认；（四）将有给付内容的调解协议向公证机构申请办理具有强制执行效力的债权文书公证。

② 参见深圳市前海国际商事调解中心官网，http://www.sqicmc.com/，最后访问日期：2023年8月24日。

③ 《仲裁法（修订）（征求意见稿）》第13条规定，仲裁机构是依照本法设立，为解决合同纠纷和其他财产权益纠纷提供公益性服务的非营利法人，包括仲裁委员会和其他开展仲裁业务的专门组织。仲裁机构经登记取得法人资格。

理结构的规定，建立了委员会作为决策机构，决策、执行、监督分立并相互制衡的机制①。为摆脱"内部人控制"和行政机关的控制，《仲裁法（修订）（征求意见稿）》第16条规定，仲裁机构的决策、执行机构主要负责人在任期间不得担任该机构仲裁员，在职公务员不得兼任仲裁机构的执行机构主要负责人，以推动仲裁机构独立、公正地作出裁决。

不同于《仲裁法（修订）（征求意见稿）》，《深圳国际仲裁院条例》对决策机构和执行机构都予以专章说明，规定理事会的任务、理事会会议的召开、执行机构的组成方式及其职能等②，其中决策机构强调国际化、专业化、社会化，规定来自香港特别行政区、澳门特别行政区以及其他境外的人士不少于理事总人数的三分之一。深圳国际仲裁院目前有13名理事成员，其中有香港资深大律师、香港国际仲裁中心前主席、深圳外商投资企业协会执行会长、澳门特别行政区立法会议员等。人员结构的改善将进一步增强境内外当事人对中国仲裁的信心。因此，《仲裁法（修订）（征求意见稿）》可适当增加对仲裁委员会具体职能的规定，明确决策机构、监督机构、执行机构及其他分支机构的配合机制。同时，对于委员会的主任、副主任、委员的成员结构予以优化，吸引不同地域、不同专长的委员加入仲裁委员会，确保其委员的专业性、权威性和社会代表性。

（二）细化临时仲裁制度

《仲裁法（修订）（征求意见稿）》对临时仲裁作出规定，第91条明确了临时仲裁适用的范围、程序的启动，并以"专设仲裁庭"代替

---

① 《仲裁法（修订）（征求意见稿）》第16条规定，仲裁机构按照决策权、执行权、监督权相互分离、有效制衡、权责对等的原则制定章程，建立非营利法人治理结构。仲裁机构的决策机构为委员会的，由主任一人、副主任二至四人和委员七至十一人组成，主任、副主任和委员由法律、经济贸易专家和有实际工作经验的人员担任，其中法律、经济贸易专家不得少于三分之二。仲裁机构的决策、执行机构主要负责人在任期间不得担任本机构仲裁员。在职公务员不得兼任仲裁机构的执行机构主要负责人。仲裁机构应当建立监督机制。仲裁机构应当定期换届，每届任期五年。
② 参见《深圳国际仲裁院条例》第8条至第18条。

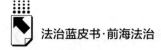

"临时仲裁"的概念①，第92条明确了临时仲裁的协助指定机构默认为人民法院②，第93条确认了临时仲裁裁决的生效时间与裁决提交法院备案制度③。

《仲裁法（修订）（征求意见稿）》的规定虽为在中国提起临时仲裁提供了可能性，但将临时仲裁的协助指定机构默认为人民法院不够科学。根据《仲裁法（修订）（征求意见稿）》的制度设计，如果当事人无法达成委托特定仲裁机构予以协助的协议时，会由"仲裁地、当事人所在地或者与争议有密切联系地的中级人民法院指定仲裁机构协助确定"，在上述规定中已出现多个法院可以指定仲裁机构，容易产生管辖冲突。若采用"最先受理"规则，确定了唯一有权指定的法院，法院仍需综合考量仲裁院条件，为当事人指定一个仲裁机构。最后，仲裁机构为当事人指定特定仲裁员④。对比之下，《深圳国际仲裁院条例》采用了更为简便的方式，以仲裁机构作为默认的协助指定机构。如果当事人没有另行约定，允许其向"仲裁地、当事人所在地或者与争议有密切联系地"的仲裁机构申请协助，在当事人没有协商一致的情况下，可直接将深圳国际仲裁院作为指定机构。此制度设计在尊

---

① 《仲裁法（修订）（征求意见稿）》第91条规定，具有涉外因素的商事纠纷的当事人可以约定仲裁机构仲裁，也可以直接约定由专设仲裁庭仲裁。专设仲裁庭仲裁的仲裁程序自被申请人收到仲裁申请之日开始。当事人没有约定仲裁地或者约定不明确的，由仲裁庭根据案件情况确定仲裁地。

② 《仲裁法（修订）（征求意见稿）》第92条规定，专设仲裁庭仲裁的案件，无法及时组成仲裁庭或者需要决定回避事项的，当事人可以协议委托仲裁机构协助组庭、决定回避事项。当事人达不成委托协议的，由仲裁地、当事人所在地或者与争议有密切联系地的中级人民法院指定仲裁机构协助确定。指定仲裁机构和确定仲裁员人选时，应当考虑当事人约定的仲裁员条件，以及仲裁员国籍、仲裁地等保障仲裁独立、公正、高效进行的因素。人民法院作出的指定裁定为终局裁定。

③ 《仲裁法（修订）（征求意见稿）》第93条规定，专设仲裁庭仲裁的案件，裁决书经仲裁员签名生效。对裁决持不同意见的仲裁员，可以不在裁决书上签名；但应当出具本人签名的书面不同意见并送达当事人。不同意见不构成裁决书的一部分。仲裁庭应当将裁决书送达当事人，并将送达记录和裁决书原件在送达之日起三十日内提交仲裁地的中级人民法院备案。

④ 孟伟、黄启蒙：《论仲裁机构对临时仲裁的协助——〈深圳国际仲裁院条例〉第二十五条评述》，《商事仲裁与调解》2022年第3期，第110页。

重当事人意思自治的同时，简化了指定仲裁员的流程，属于一种更高效、直接的方案。同时，也能在一定程度上减少司法权对仲裁程序的干预，赋予仲裁机构更大的自由度，突出仲裁的独立性、民间性。

（三）突破"一裁终局"制度

《仲裁法（修订）（征求意见稿）》第 9 条明确，中国仲裁实行一裁终局制度。该制度限制任何一方当事人就同一争议再次申请仲裁或重新提起诉讼的权利。一裁终局制度可以有效保证仲裁裁决的权威性与仲裁的便捷性。然而，国际商事仲裁已在不同程度上对一裁终局制度实现突破，域外立法和国际仲裁机构的仲裁规则仅采用"裁决具有终局性"的表述，弱化对"一裁"的强调，让当事人自行选择是否适用内部上诉制度。在国际商事仲裁对内部上诉制度放宽的前提下，中国若固守一裁终局制度，将难以满足仲裁当事人对实体公正的追求。

因此，前海合作区先行先试，在《深圳国际仲裁院仲裁规则》中突破了一裁终局制度，并在《深圳国际仲裁院选择性复裁程序指引》中规定，在当事人约定适用选择性复裁程序时，由深圳国际仲裁院另行组成复裁庭，对该争议再次予以审理。在纠正裁决的实体错误问题上，《深圳国际仲裁院仲裁规则》按照目前国际通行的实践，仅采用了仲裁内部上诉机制，并未赋予当事人向法院再次提起诉讼的权利，以满足当事人最初的程度期待[1]。

因此，《仲裁法（修订）（征求意见稿）》第 9 条应当删除"一裁终局"的表述，为仲裁内部提起复裁申请留出空间。另外，仲裁立法可参考深圳国际仲裁院制定的《深圳国际仲裁院选择性复裁程序指引》，采用立法或司法解释的方式，对商事仲裁内部上诉制度的适用范围、程序启动等方面作出更细化的规定。

---

[1] 于湛旻：《论中国仲裁法制兼容"投资仲裁"的重要发展——〈仲裁法（修订）（征求意见稿）〉相关条款探讨》，《国际经济法学刊》2022 年第 4 期，第 150 页。

四 前海在涉外仲裁规则衔接上的未来探索

前海合作区立足粤港澳大湾区的现实情况，围绕国内国际双循环的国家战略，已在跨区域、跨法域商事仲裁规则对接机制上探索了丰富的经验。然而，域外仲裁制度仍在不断更新发展，前海合作区有必要及时作出回应，继续建设国际商事争议解决中心，探索不同法系、不同地域的法律规则衔接。

（一）规范中国境内外国仲裁机构的活动

前海合作区打造了国际仲裁大厦，致力于将外国仲裁机构"引进来"，以加强前海与国际商事仲裁机构的合作。虽然前海合作区对外国仲裁机构入驻采取了开放、积极的态度，但未以条例或规则形式对中国境内外国仲裁机构的权利与义务、外国仲裁裁决的司法审查等问题予以明确，这导致外国仲裁机构在中国开展仲裁业务存在不确定性，不利于吸引外国机构入驻。

因此，前海合作区不仅要允许外国仲裁机构入驻，还要用足用好特区立法权，以法律形式规范外国仲裁机构在前海的仲裁活动。为规范外国仲裁机构在中国境内审理仲裁案件及作出仲裁裁决的活动，《深圳国际仲裁院条例》可以明确外国仲裁机构在中国设立分支机构或代表处的权利和义务。[①] 为使外国仲裁机构在中国开展业务活动有更强的确定性、可预见性，前海合作区应在《深圳国际仲裁院条例》中明确，当事人约定由外国仲裁机构审理案件的仲裁协议有效。此外，鉴于在前海合作区提交仲裁的争议往往具有较强的国际性，外国仲裁机构作出的仲裁裁决可被定性为"非内国裁决"，可以得到承认与执行[②]。明确规范中国境内境外仲裁机构的权利义务及司法审查问题，才能为引进知名境外仲裁机构提供足够的吸引力，

[①] 黎群：《论国际商事仲裁合作机制的构建》，《法商研究》2023年第3期，第153~154页。
[②] 刘晓红、冯硕：《制度型开放背景下境外仲裁机构内地仲裁的改革因应》，《法学评论》2020年第3期，第135页。

提高境外仲裁机构在前海的聚集度，提升中国国际商事仲裁的知名度和影响力。

（二）健全设立域外仲裁机构的规范

《深圳国际仲裁院条例》规定深圳国际仲裁院可在境外设立分支机构及庭审中心，但并未详细规定境外庭审中心及仲裁机构的具体运行规则，这在一定程度上限制了中国仲裁机构"走出去"的积极性。目前前海创新探索在海外设立第一个庭审中心及在香港设立第一个独立的仲裁机构，未来应深入发挥前海与国际商事仲裁联通的优势，在境外设立更多独立的仲裁机构。另外，仲裁机构"走出去"只是中国与国际商事仲裁融合的第一步，需要设置更具体的运行管理规则，如境外仲裁人才的引进、与机构所在地其他仲裁机构建立常态化交流机制等，并及时向国内仲裁机构输送与域外仲裁规则衔接的成熟经验。同时，可定期向分支机构或庭审中心的外籍仲裁员提供中国仲裁规则的学习培训，输出"前海仲裁经验"，以提升中国仲裁规则的国际影响力，推动前海合作区探索与域外商事仲裁规则衔接的最佳方案。

（三）明确可仲裁的事项范围

1. 明确涉外商事争议的可仲裁事项范围

随着国际商事仲裁制度的发展，传统的可仲裁事项范围已无法涵盖新型争议。在主要国际仲裁中心所在国的立法和司法实践中，许多以前不可仲裁的纠纷逐渐演变为可以仲裁。美国、英国、瑞士、新加坡等国家建设国际仲裁中心，都主张弱化司法对仲裁的干预，取消对"可仲裁事项"和"不可仲裁事项"的明确列举，笼统地规定涉及公共政策的争议不符合仲裁条件。

为了给实践中广泛出现的尤其是国际仲裁中常见的投资仲裁、体育仲裁等仲裁领域提供发展空间，《仲裁法（修订）（征求意见稿）》第 2 条规定了中国的仲裁适用范围。与《仲裁法》对比，删除了"平等主体"的限制性表述，避免当事人在选择国际投资仲裁、体育仲裁时缺乏法律依据。此外，《仲裁法（修订）（征求意见稿）》增加了"其他法律有特别规定的，从其规定"的表述，表明仲裁的适用范围应当由"法律"规定，明确只有全国人大制定的法律才可否认特定类型纠纷的可仲裁性。换言之，《仲裁法（修订）（征求意见稿）》在可仲裁事项上采用的立法模式为概括式规定，即法律未明确排除仲裁管辖的，当事人均可选择以仲裁方式解决纠纷。虽然《仲裁法（修订）（征求意见稿）》将国际投资仲裁、体育仲裁纳入仲裁法的范围，但不确切的表述为日后法律的理解与适用留下任意性与不确定性的空间。另外，《深圳国际仲裁院仲裁规则》虽明确将国际投资争议纳入受案范围，但对于证券、知识产权、反垄断等带有一定公法性质纠纷的可仲裁性却未提及。

为促进中国涉外商事仲裁的发展，应当改变《深圳国际仲裁院仲裁规则》中可仲裁事项的立法模式，概括规定当事人可自由处分的争议均可仲裁。明确规定商事主体之间附带涉及竞争法、知识产权法、证券法、侵权法、消费者权益保护法等特定类型的复合型争议均可仲裁①。通过前海合作区的创新实践，考量此种立法模式能否在全国范围内复制、推广。

2. 撤回中国在承认《纽约公约》时所作的"商事保留"

中国在 1987 年加入《纽约公约》时提出了商事保留，限制了可仲裁事项范围，这意味着中国法院承认和执行国际投资仲裁裁决不具合法性。该商事保留明确排除了对政府与外国投资者之间争端的适用②，即中国法院无法审判或执行涉及投资者与国家争端的仲裁裁决。事实上，中国"商事保留"

---

① 李姗姗：《国际商事仲裁可仲裁事项的扩张与中国的策略选择》，《云南民族大学学报》（哲学社会科学版）2023 年第 4 期，第 157~158 页。

② 参见《最高人民法院关于执行中国加入的〈承认及执行外国仲裁裁决公约〉的通知》，根据中国加入该公约时所作的商事保留声明，中国仅对按照中国法律属于契约性和非契约性商事法律关系所引起的争议适用该公约。所谓"契约性和非契约性商事法律关系"，具体的是指由于合同、侵权或者根据有关法律规定而产生的经济上的权利义务关系，如货物买卖、财产租赁、工程承包、加工承揽、技术转让、合资经营、合作经营、勘探开发自然资源、保险、信贷、劳务、代理、咨询服务和海上、民用航空、铁路、公路客货运输以及产品责任、环境污染、海上事故和所有权争议等，但不包括外国投资者与东道国政府之间的争端。其中，"海上、民用航空、铁路、公路客货运输""产品责任""环境污染""海上事故"等，已经超越传统商事法律关系的范围。

中所列出的商事法律关系，已经超越了传统商事法律关系的界限。因此，中国在承认《纽约公约》时作出的"商事保留"应及时取消，以扩大涉外商事案件的可仲裁事项范围。其后，如果涉外仲裁裁决在中国申请承认与执行，人民法院在审查时发现该仲裁事项属于非商事纠纷且对该裁决的承认可能损害中国司法主权时，中国法院应认定其与中国的公共政策相违背，对该裁定不予承认和执行[①]。

（四）积极推进仲裁数据化

深圳国际仲裁院在建设网络仲裁平台方面积累了丰富的经验。随着仲裁的国际化、专业化水平不断提升，网上仲裁平台建设过程中不可忽视仲裁数据化的问题。深圳国际仲裁院依据《网络安全法》及其他相关法律法规为网络仲裁平台的数据安全提供保障。而组建网络仲裁平台要强化各区域仲裁平台以及与网络调解平台、网络诉讼平台之间的交流对接，并制定与特定平台相配套的规则。因此，未来应当继续发挥特区立法权的优势，研究制定专门规范网络仲裁程序中的数据安全、数据跨境传输以及程序推进过程中相关行为的规范，可考虑借鉴域外经验，建立数据分级分类模式，以保障仲裁数据依法有序地跨境流动[②]。出台仲裁数据安全保护的单项规范有利于增强规则制定的专业性、针对性和可操作性。另外，仲裁机构的数据化转型要围绕国际化进行。在建设国际仲裁中心的过程中，应当对标国际最高标准，推动建立具有国际竞争力的数据化仲裁平台，吸引更多当事人选择中国仲裁机构。

五　结语

国际商事仲裁具有中立性和可执行性等优势，是解决国际商事争端的最

---

① 李姗姗：《国际商事仲裁可仲裁事项的扩张与中国的策略选择》，《云南民族大学学报》（哲学社会科学版）2023 年第 4 期，第 158 页。

② 冯硕：《仲裁的数据化与中国应对》，《上海政法学院学报》（法治论丛）2023 年第 4 期，第 112 页。

佳程序。积极探索国内仲裁规则与涉外仲裁规则的衔接不仅可以为国际商事主体提供更公正、合理、可预期的国际商事纠纷解决方案，也促进形成一个稳定、透明的法治营商环境。前海合作区已在融合域外仲裁机构、聚集域外仲裁人员、引进域外仲裁制度、横向融合域外多元纠纷解决机制等方面作出了先行先试。将前海跨境仲裁规则衔接方面的经验在全国范围内复制推广，需要以仲裁立法方式改革仲裁机构管理机制、建立法人治理模式，细化临时仲裁制度，并建立选择性复裁机制，以此增强域外当事人对中国仲裁的信心，使中国仲裁裁决具有更强的全球可执行性。在未来的实践探索中，前海合作区仍可继续在规范外国仲裁机构活动、健全设立域外仲裁机构规范、明确可仲裁事项范围、推动仲裁数据化转型等领域发力，进一步推动国内与涉外仲裁规则和机制的衔接。

公共法律服务

Public Legal Services

B.14
前海打造国际法律服务中心
路径研究报告

前海管理局法治建设处课题组 *

摘　要： 2021 年 9 月，中共中央、国务院印发《全面深化前海深港现代服务业合作区改革开放方案》，提出"在前海合作区内建设国际法律服务中心和国际商事争议解决中心"。2022 年 1 月 4 日，前海深港国际法务区宣布正式启用，致力于构建"两中心一高地"的功能布局。"两中心"即建设国际商事争议解决中心和国际法律服务中心。为助力前海打造国际法律服务中心并确保其建设路径的科学性，开展了本研究。本文对法律服务的关注并不局限于律师业和公证、司法鉴定、法律查明等技术性法律服务，而是同时考虑商事诉讼、仲裁、调解、审裁等商事争议解决服务。

---

* 课题组成员：陈红彦、宋亮、黄海、焦守林。执笔人：陈红彦，华南理工大学教授。

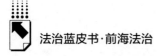
关键词： 国际商事争议解决中心　国家法律服务中心　法律服务

一　发达地区法律服务业概况与国际法律服务中心指标

研究构建国际法律服务中心，一个关键的前提是明确全球法律服务业的基本情况和主要市场占有者。部分国家和地区的法治建设和法律服务市场具有不可忽视的领先优势与传统主导地位，根据这些国家或地区法律服务业的发展情况总结相关指标，可为我国建设国际法律服务中心提供相对具体的参考目标。基于这两方面考虑，本报告首先梳理全球法律服务业概况及其指标情况。

（一）法律服务业发达国家和地区的行业表现

全球所有国家或地区法律服务业的具体经济价值和排名未知，但有关法律服务贸易、律所、国际仲裁等的国际统计数据和研究可以从侧面反映国际法律服务业发达国家和地区。比如，就法律服务进出口贸易值而言，美国和英国常年属于全球法律服务贸易第一和第二大国[①]。综合全球律所排名、国际仲裁调查报告等统计和研究报告来看，法律服务业发达国家或地区包括但不限于美国、英国、加拿大、法国、德国、瑞典、瑞士、荷兰、新加坡、中国香港、日本、阿联酋等。下文将着重考查中国香港、新加坡、英国伦敦、美国纽约、阿联酋迪拜等对我国建设国际法律服务中心有重要借鉴意义的法律服务业发达表现和重要举措，选择的依据不仅在于它们在全球法律服务业市场占据主要地位，更重要的是，这些国家或地区近年来出台和实施了支持本国或本地区法律服务业发展的举措。

---

① Council for Trade in Services, LEGAL SERVICES, Background Note by the Secretariat, S/C/W/318, 14 June 2010.

1. 香港

早在 2001 年，香港律政司司长梁爱诗便在第十七届亚太区法律协会会议上表示，要乘着中国即将"入世"的东风，促使香港发展成为一个法律服务中心。为此，香港积极与相关国家签订多边条约，为香港成为国际性的多元化纠纷解决基地奠定基础。至 2013 年，时任律政司司长表示，要推动香港成为亚太区域的国际法律服务和争议解决中心。《国民经济和社会发展第十四个五年规划和 2035 年远景目标纲要》和《粤港澳大湾区发展规划纲要》也对香港亚太区国际法律服务及争议解决中心的定位进行了明确。这促使香港服务业不断发展更广泛、更高质量的法律服务，且已颇具成效。成立于 1985 年的香港国际仲裁中心（HKIAC）开启区域仲裁的先河，已具有相当的权威性与国际影响力。除了 HKIAC 以外，香港还集聚了一系列国际知名争端解决机构。总部位于巴黎的国际商会仲裁院于 2008 年在香港设立秘书处分处；2012 年，中国国际经济贸易仲裁委员会在香港设立首个内地以外的仲裁中心；同年 12 月，海牙国际私法会议在香港设立亚太区域办事处；2014 年底，中国海事仲裁委员会香港仲裁中心成立。2015 年，中国中央政府及特区政府与总部设于海牙的常设仲裁法院分别签订了有关该院在香港开展争议解决程序的东道国协议和相关的行政安排备忘录。近年来，香港还注重运用数字化技术推动国际争端解决机制发展，建设全球领先的网上争议解决服务平台。2018 年，"一邦国际网上仲裁调解中心"（eBRAM）在香港成立，并于 2022 年 5 月获准列入亚太经合组织网上争议解决合作框架下首批提供网上争议解决服务的服务商。2022 年 3 月，香港推出法律云端服务，为香港法律及争议解决业界提供安全稳妥及可负担的资料储存服务。

经过长期发展与建设，当前香港法律服务业表现突出，与其经济社会发展相辅相成，经济和社会发展需求推动法律服务业不断优化，而法律服务业的提升又促进了营商环境建设，法律服务业更成为香港的重要产业之一。香港有庞大而高度专业化的律师与法律相关职业人员队伍。香港律师分为大律师（barrister）和事务律师（solicitor）。截至 2020 年 12 月 31 日，香港约有

1600名大律师①、10790名有执业证的本地事务律师、1546名注册外地律师②，总计约14000名。根据世界银行的统计，香港2020年常住人口为7481800人③，律师约占香港总人口的0.187%。就律所而言，截至2020年12月31日，根据香港法设立的本地律所有942家，注册外国律所86家，已注册的本地律所与外国律所联营机构则有38家④，其中包括逾半数全球百大律师事务所。不仅如此，香港有庞大的多语言法律专业和相关专业团体，包括2150名婚姻监礼人（Civil Celebrants of Marriages）、403名反向抵押贷款顾问（Reverse Mortgage Counsellors）、440名中国委托公证人协会有限公司会员（Members of Association of China-Appointed Attesting Officers Limited）⑤、392名香港公证员协会会员（Members of Hong Kong Society of Notaries）等。此外，广义而言，香港法律职业相关专业团体还包括约29000名工程师、37000名会计师和超过8500名的香港测量师学会会员和4000多名建筑师等。

从法律服务的经济产出来看，香港法律服务出口远大于进口。近年来，在法律服务输入值没有明显变化的情况下，香港法律服务输出量保持增长，2019年输出总值达33.2亿港元（折合约4.24亿美元），较前一年上升9.8%，占全部服务贸易出口值的比例超过0.4%（见表1）。根据法律服务出口单项统计最新数据，2020年，香港法律服务出口值进一步增长9.5%，达36亿港元（折合约4.68亿美元）⑥。

① 参见香港大律师公会大律师名单：https://www.hkba.org/Bar-List，最后访问日期：2022年7月20日。
② 参见香港律师会网站：https://www.hklawsoc.org.hk/en/About-the-Society/Profile-of-the-Profession，最后访问日期：2022年7月20日。
③ Worldometer官网：https://www.worldometers.info/world-population/china-hong-kong-sar-population/，最后访问日期：2022年6月27日。
④ 参见香港律师会网站：https://www.hklawsoc.org.hk/en/About-the-Society/Profile-of-the-Profession，最后访问日期：2022年10月25日。
⑤ 此为香港律师会统计的数据。根据中国法律服务（香港）有限公司披露的数据，中国委托公证人名单上目前有532位。
⑥ 数据来源：https://research.hktdc.com/en/article/MzEzODc5NTk5，最后访问日期：2022年9月30日。

表1 2015~2019年香港服务贸易与法律服务进出口值情况

单位：百万港元

		2015 年	2016 年	2017 年	2018 年	2019 年
出口	服务贸易总值	808948	764660	811295	886883	798942
	法律服务	2308	2507	2909	3025	3320
进口	服务贸易总值	574345	578106	605924	639947	634243
	法律服务	1005	1200	1260	1018	1070

数据来源于《香港统计年刊》2021年版。

　　作为国际仲裁中心，香港在国际争议解决方面有傲人的成绩和可期的发展前景。《2021年国际仲裁调查报告》显示，香港和香港国际仲裁中心均位列全球最受欢迎的仲裁地和仲裁机构第三名。为促进国际商事争议解决和提高国际市场竞争力，香港始终保持着完善的仲裁与调解立法以及仲裁友好型司法。以仲裁为例，2011年生效的《香港仲裁条例》规定，对本地仲裁和国际仲裁采用同一仲裁制度，并吸收了联合国国际贸易法委员会仲裁规则示范法的最新标准。由于《承认及执行外国仲裁裁决公约》（《纽约公约》）适用于香港，香港仲裁机构作出的仲裁裁决可通过世界大部分经济体的法院予以执行。另外，自《内地与香港相互执行仲裁裁决的安排》于2000年生效后，香港的仲裁裁决也可在内地执行。调解方面，《香港调解条例》鼓励广泛适用调解。《内地与香港关于建立更紧密经贸关系的安排（投资协议）》建立了投资争端调解机制。香港有许多可提供仲裁、调解等替代性争议解决（ADR）服务或相关协调和转介服务的机构，除香港国际仲裁中心外，还包括香港仲裁师学会、特许仲裁学会（CIArb）东亚分会、香港和解中心、英国有效争议解决中心（CEDR）亚太区香港办事处、海牙国际私法会议（HCCH）亚太区域办事处、金融纠纷调解中心（FDRC）、香港海事仲裁小组（HKMAG）、香港调解资历评审协会有限公司（HKMAAL）、国际商会仲裁院秘书局亚洲事务办公室（ICC-ICA）、华南（香港）国际仲裁院（SCIA HK）等。

　　另外，香港法律服务部门和相关机构在扩大市场、提高法律服务质量方面保持着极高的敏感度。比如，在新冠疫情背景下，迅速加强法律服务的信息化。HKIAC 将资讯科技应用于部分争议解决程序，2020 年共进行了 117 场仲裁审理，其中有 80 场为全部或部分在线审理。2021 年进行的 138 场仲裁案件审理中则有 101 场全部或部分通过在线方式进行①。

2. 新加坡

新加坡同样是亚太地区最具影响力的法律服务和争议解决中心之一，甚至近年来在国际争议解决和国际法律服务中的地位已经比肩伦敦，这或许与《新加坡调解公约》的缔结和生效有重要关联。作为一个"小国"，新加坡的法律行业并不算庞大，但专业化、国际化和科技化发展程度极高。

从法律职业团体来看，新加坡只有约 1000 家律所和 6000 多名执业律师，约占总人口的 0.1047%②。新加坡在发展国际仲裁服务方面具有其他优势，成绩斐然。根据《2021 年国际仲裁调查报告》，新加坡和新加坡国际仲裁中心（SIAC）分别位居全球最受欢迎的仲裁地和仲裁机构第一名与第二名。历史和地理等因素造就了新加坡优良的多元文化社会和法治传统，有丰富的法律和技术知识以及良好的语言流畅度。新加坡占据东南亚地区战略位置，有良好的联通性和基础设施。此外，新加坡还与中国香港有极高的相似度，包括国际商事仲裁相关立法以《联合国国际贸易法委员会示范法》为基础；作为《纽约公约》缔约成员，裁决可在 160 多个国家和地区执行。

就法律服务的经济效益而言，新加坡法律服务的出口值也远大于进口值。在 2021 年，其输出法律服务达 12.457 亿新元（折合约 9 亿美元），在全部服务贸易出口中的占比超过 0.2%（见表 2）。而且，从各项经济指数，尤其是设立商业实体和营业收入来看，新加坡法律服务总体也呈良好发展态势（见表 3）。

---

① 参见 HKIAC 网站数据模块：https：//www.hkiac.org/about－us/statistics，最后访问日期：2022 年 9 月 30 日。

② 根据新加坡律师会的统计，2021 年新加坡有 6333 名执业律师。但根据世界银行的最新人口统计，2020 年新加坡人口为 5685807 人，同年新加坡有 5955 名执业律师。世界银行网站：https：//data.worldbank.org/indicator/SP.POP.TOTL？locations＝SG。新加坡律师会网站：https：//www.lawsociety.org.sg/news－media/statistics/，最后访问日期：2022 年 6 月 27 日。

表 2 2017~2021 年新加坡服务贸易总值与法律服务进出口贸易情况

单位：百万新元

		2021 年	2020 年	2019 年	2018 年	2017 年
出口	服务贸易总值	609196.3	570539.4	574645.3	547134.5	486604.1
	法律服务	1245.7	1140.2	1037.9	990	975.1
进口	服务贸易总值	300375.7	281236.2	280654.8	270413.8	250482.8
	法律服务	646.6	610.7	424.7	393.8	347.9

表 3 2016~2020 年新加坡服务行业与法律服务行业关键经济指数

单位：百万新元

		2020 年	2019 年	2018 年	2017 年	2016 年
设立商业实体	总指数	219415	213120	202584	196526	193209
	法律服务	1099	1094	1043	1002	993
营业收入	总指数	3271630.5	3662095.8	3650789.2	3142937.2	2621156.6
	法律服务	3625.8	3372.9	3228.7	3095.5	3039.2
营业支出	总指数	3191708.5	3566826.7	3558885.1	3059561.7	2544429.8
	法律服务	2819.5	2356.6	2258.4	2326.6	2181.5
总营业盈余	总指数	119895.9	131406.7	129213.6	119456.7	110246.2
	法律服务	849.2	1030.4	994.8	795.5	893.2
附加值	总指数	231419.7	251103.4	247286.4	233837.9	218240.7
	法律服务	2255.2	2481.7	2377.5	2188	2154.7

表 2 和表 3 的数据来源于新加坡统计部（Singapore Department of Statistics）。

对于国际法律服务市场，新加坡有明确的目标，不仅要成为亚洲地区的法律服务引领者，还要作为一个放眼全球的重要枢纽。该国的争议解决机构也基本遵照此目标。比如，已有 30 多年历史的 SIAC 立志成为全球首选仲裁地，目前已在印度、美洲、韩国首尔和中国上海设立办事处。实践中，SIAC 每年处理 400~500 件案件，2021 年系 469 件，总价值 65.4 亿美元，新发起的案件有 405 件，86%为国际性案件。在 2021 年作出的 371 项仲裁员指定中，295 项指定了非新加坡籍仲裁员。这些案件的准据法涉及 21 个不同的司法管辖区，新加坡法占 52%，英国法占

19.6%，印度法占 6.2%①。这些方面无一不体现 SIAC 服务的国际化。
2014 年，SIAC 与新加坡国际调解中心联合推出"仲裁—调解—仲裁"议
定书，随着《新加坡调解公约》在 2020 年生效，这一混合机制将赋予调
解更高受欢迎度。

近年来，新加坡的调解机构、相关规则和国际合作机制都发展迅猛。比
如，SIMC 不仅积极与中国国际贸易仲裁委员会、深圳国际仲裁院等机构达
成"调解+仲裁"合作，还针对新冠疫情下国际商事争议的解决发布议定
书，推出线上调解，并与日本和印度相关机构共同开展实践②。2014 年，新
加坡还在律政部和新加坡国立大学的支持下成立了新加坡国际调解机构，作
为独立的调解职业标准机构。此外，2017 年《新加坡调解法》指定的四个
调解服务提供者还包括新加坡调解中心，由这些机构作出的调解协议可转化
为立即执行的法院命令。

2015 年 1 月 5 日成立的新加坡国际商事法庭（SICC）是新加坡迈向国
际争议解决中心的又一座里程碑。其目标是建立一个为国际商事纠纷当事人
提供优质高效法律服务、没有国界的国际商事法庭。SICC 委员会明确表示，
新加坡国际商事法庭的设立将促使新加坡成为法律服务和商事纠纷解决的领
导者，其还将创造一个国际舞台，推动新加坡法律服务业进一步发展和新加
坡法律国际化进程。SICC 设立之初的愿景是："要像英国商事法院一样，四
分之三的当事人都来自海外"，给"亚洲地区激增的投资和贸易"提供商事
纠纷解决服务③。SICC 隶属于新加坡最高法院的高等法庭，是经立法特别授
权建立、专门审理国际商事纠纷的特别法庭。法官由 19 名新加坡籍法官和
12 名非新加坡籍法官组成。诉讼程序遵循了国际商事案件的审理实践，特
别是参考《英国商事法庭指南》，制定了独立的、具有实操性的《新加坡国

---

① 参见 SIAC Annual Report 2021，https：//siac. org. sg/wp - content/uploads/2022/06/SIAC -
AR2021-FinalFA. pdf，最后访问日期：2022 年 9 月 30 日。

② 相关议定书和合作实践参见 SIMC 网站：https：//simc. com. sg/dispute - resolution/arb - med -
arb/，最后访问日期：2022 年 9 月 30 日。

③ 赵蕾、葛黄斌：《新加坡国际商事法庭的运行与发展》，《人民法院报》2017 年 7 月 7 日，
第 8 版。

际商事法庭实务指引》。与新加坡国内法院程序规则相比，SICC 一是不受新加坡证据规则约束，二是文件出具、书面质询和当事人的合并审理都有具体的诉讼程序规定，三是当事人可以以书面形式放弃、限制或变更对 SICC 判决的上诉权。依据《互相执行联邦国家法院判决法》，SICC 判决可在英联邦国家获得承认和执行，在《选择法院协议公约》缔约国执行。从法庭官网发布的判决来看，截至 2022 年 9 月 30 日，该法庭已作出至少 125 件判决。自 2015 年创立至今，法庭的审判活动持续进行，判决数总体上呈逐年增加趋势，一定程度上表明其在国际商事司法领域的发展较为顺利，已经打开了国际市场①。

3. 伦敦

伦敦是世界首屈一指的法律服务中心。其所在的英格兰和威尔士有欧洲最大的法律服务市场（全球仅次于美国），是约 40 个司法管辖区的跨国律所的母国②。作为世界领先的金融中心，伦敦聚集了银行、保险、资金管理和其他金融服务，是国际法律服务的主要中心和开展国际商务的当然目的地。其成功的因素非常复杂，大到英国法是世界诸多法律制度尤其是普通法发源地和现今世界各地国际商事纠纷重要准据法，小到英语作为全球商业交往通用语的优势。

专业化而成熟的法律职业人员是伦敦法律服务成功的一个标志。英国律师分为出庭律师（barrister）与事务律师（solicitor）。截至 2021 年 12 月，英格兰和威尔士有 17263 名执业出庭律师③和 213165 名在案的事务律师，后者包括 156122 名执业的事务律师、17 名注册欧洲律师、5834 名注册外国律

---

① 2016 年至 2022 年（截至 9 月 30 日），各年度的判决数依次为：2016 年 6 件、2017 年 13 件、2018 年 14 件、2019 年 16 件、2020 年 30 件、2021 年 25 件、2022 年 21 件。数据及判决书可参见 SICC 网站：https：//www. sicc. gov. sg/hearings－judgments/judgments，2022 年 9 月 30 日。

② The Law Society, England and Wales a World Jurisdiction of Choice, 2019, p. 6.

③ 由英格兰和威尔士出庭律师标准委员会（Barrister Standard Board）统计和工作，https：//www. barstandardsboard. org. uk/news－publications/research－and－statistics/statistics－about－the－bar/practising barristers. html，最后访问日期：2022 年 6 月 27 日。

师和 199 名豁免欧洲律师①。考虑到英格兰和威尔士 2020 年的人口约为 6000 万②，按当年的律师人数计算，律师约占英格兰和威尔士人口总数的 0.37%，远超中国香港和新加坡。就律所而言，英格兰和威尔士现有大约 10500 家律所③。

就法律服务部门对经济的贡献而言，根据全球统计数据库 statista 对英国法律服务出口值的最新统计，2019 年，英国法律服务出口贸易价值达 6959 百万英镑（折合 85.35 亿美元）（见图 1），几乎是中国香港和新加坡同年数据的十倍，可见其在法律服务市场中的主导性。根据最新的《英国法律服务市场报告》，英国法律服务市场在经历了 2020 年的困难期后已经迅速回弹，2021 年市场价值增长了 12.4%④。

图 1　2010~2019 年英国法律服务年度出口值

数据来源于 statista 全球统计数据库。

---

① 英格兰和威尔士律师协会每月更新在案事务律师数及其组成，https://www.sra.org.uk/ sra/research-publications/regulated-community-statistics/data/population_ solicitors/，最后访问日期：2022 年 6 月 27 日。

② 根据英国国家数据办公室的统计，英格兰和威尔士 2020 年中的人口约为 59720000 人，https://www.ons.gov.uk/peoplepopulationandcommunity/populationandmigration/ populationestim ates/bulletins/annualmidyearpopulationestimates/mid2020#the-uk-population-at- mid-2020，最后访问日期：2022 年 6 月 27 日。

③ 英国法律专业学生会组织 Chambers Student 网站：https://www.chambersstudent.co.uk/ where-to-start/different-types-of-law-firm，最后访问日期：2022 年 6 月 28 日。

④ UK Legal Services Market Report 2022.

（二）国际法律服务中心的重要指标

前述国家和地区的法律服务业都属于发达行列，但对比起来仍存在差距，并非处在同一发展水平，但它们也具有明显的共性。在法律职业群体规模、法律服务市场开放、争议解决服务的国际性等方面，它们都达到了较高的发达程度。这些因素可以作为衡量一个地区法律服务业发达与否及其发展水平的标准，也是我国前海打造国际法律服务中心所应考虑的基本指标。

1. 法律职业群体的规模

法律职业群体以律师和律师事务所为主，还包括法律顾问、公证员、司法鉴定员、中立评估员等法律服务相关职业人员以及他们所组成的机构。国际法律服务中心通常都有较大规模的法律职业群体，一个表现是，律师的人口占比普遍超过了 0.1%。在它们当中，美国以及英格兰和威尔士的律师业发展到了更高程度，律师人口占比遥遥领先，约 0.4%。在本土法律文化、法治建设和法律人才培养不足以培育充分的法律职业人员、难以满足法律服务市场需求的情况下，有些国家和地区通过大力吸引外国律师、法官、仲裁员、调解员等法律专业人员来本地提供服务，也保证了法律职业群体的规模。最典型的例子是阿联酋迪拜，无论是律师、律所，还是法官，都极大依赖于"进口"。还有些地区虽然有比较充分的法律人才储备，但也注重其他法域法律职业人群和机构的引进，如中国香港和新加坡，在本地法学教育和法治发展水平较高的情况下，依然重视域外法律服务主体的引进，从而保证其法律服务主体满足多元化国际法律服务的市场需求，甚至以此扩大市场需求、增强其在国际法律服务市场的竞争力。

2. 法律服务市场的开放度

一个国家或地区法律服务市场的开放度，一方面体现在其境内法律法规政策对外籍律师、外地律所的执业和营业规定中，另一方面则表现在其对外签订的含有法律服务贸易规则或承诺的经贸协定中，以 WTO 框架下的 GATS 为主。前述国际法律服务中心通常对本国法律服务市场采取较高的开放度，既在加入 WTO 的服务贸易承诺表中对法律服务市场采取较高程度的开放，也在本国或本地立法中为外地律师在当地执业以及外地律师事务所在当地营业等提供法律依据，如香港①。具体可以观察这些地区是否允许外籍律师在当地提供法律服务及其范围和限制，外籍律师能否受雇于当地律所或以个人名义提供法律服务，外籍律师实际在该地提供服务的人数、占比和业务量，外籍人士能否考取当地法律职业资质，境外律所能否在当地设立分所或办事处或与当地律所联营，境外律所在当地开展法律服务的范围、实际办事处与联营律所数目等。

3. 争议解决服务的国际化和国际竞争力

由于律师提供的法律服务大多围绕法律争议的解决，不论其最终是否出庭，法律服务业的发展与争议解决服务往往是分不开的。因此，法律服务业发达地区通常有具备强大国际竞争力的国际仲裁机构和/或国际商事审判组织。前述国际法律服务中心无一不具有代表性的国际仲裁机构，且国际化程度都很高，占据国际商事争议解决市场的主要位置。随着《新加坡调解公约》生效为调解产生和解协议赋予强制执行力，调解服务也可能与法律服务相辅相成。无论依赖哪一种或哪几种方式，争议解决服务的国际化和国际竞争力主要基于下列因素：第一，可受理纠纷的范围和管辖原则，如是否允许当事人在纠纷与之缺乏任何联系的情况下进行协议管辖；第二，商事法官、仲裁员、调解员、审裁员等争议解决裁判人员的专业性、地理来源或国籍；第三，争议解决服务的特色及其在全球的前沿性，如中国香港和新加坡较早推出诉讼、仲裁和调解相互衔接机制保证了多元性和灵活性，斯德哥尔摩商会仲裁院较早采用快速仲裁、紧急仲裁等制度，为当事人提供了高效便利的程序选择；第四，争议解决服务配套的程序性机制和保障措施，如为当事方提供支持的第三方资助制度，在裁判结果作出前对当事方权利的保全、临时措施，保证裁决、判决、和解协议等在域外获得承认和执行的机制等。

---

① 一方面，在WTO框架下，香港延续了回归祖国前适用英国全面开放法律服务市场的模式；另一方面，香港本地有专门关于域外律师执业和外地律师事务所营业的条例和规则。参见《香港法律执业者条例》《香港外地律师执业规则》《香港外地律师注册规则》。

4. 国际法律服务合作的深度与广度

法律服务本身具有国际性，该行业的发展离不开国际合作。首先，法律服务市场的开放就是一种国际合作。无论是为了本国律师"走出去"占领国际市场和开拓他国市场，还是为了吸引境外法律职业人员和机构进驻，为本地提供更多元和更优质的服务，都需要考虑开放本国法律服务市场。除了国家或地区单方面的开放，多个国家或地区在多边、区域或双边等层面以经贸协定等国际协议方式相互开放是更普遍的选择。其次，很多具体法律服务的开展也需要国际合作才能完成。比如，涉及多个法域的跨境并购、复杂法律争议等，需要多方当事人、律师、争议解决机构和政府有关部门的参与。又如，很多法律问题和法律焦点是多个法域都关切的，为了在法律上得到最优的解决方案，需要多个地区的专业人士开展研究和讨论。最后，法律人才培养、国际组织活动等也需要法律服务相关的国际合作。国际法律服务发达国家和地区通常注重这类合作，且往往在较早的历史时期打开开放格局或在一定区域内相对占据先发优势，主导相互开放和促进法律服务业发展的国际安排。

当然，上述因素并未穷尽国际法律服务业发达的标准，这是一个开放性的范畴，国际法律服务行业也在持续流变中。因此，前海在打造国际法律服务中心的过程中，除了参考这些因素，还需结合自身实际和特殊情况考虑要达到的其他指标。

二　前海对标国际法律服务中心指标的符合度和差距成因

出于为探索建设前海国际法律服务中心的路径提供现实基础考虑，下文将结合本报告第一部分总结的国际法律服务中心的重要指标针对性地梳理深圳前海法律服务业目前与国际法律服务中心存在的差距，并分析原因。

1. 前海对标国际法律服务中心指标的符合度

就法律职业群体规模而言，前海所在的深圳市律师总人数和律师人口占比已经初步达到法律服务发达地区水平，但与极发达地区还有明显差距。2021 年，深圳市律师人口占比略高于 0.1%，与新加坡、巴黎、日内瓦等相近，但低于邻近的香港，更不用说纽约和伦敦。从法律服务主体的多元性来看，深圳市引进的境外律师、境外律所分所或其办事处和中外律所联营机构也远远不及香港、迪拜等。以外国律所相关的机构为例，截至 2021 年底，外国律师事务所在深圳设立的代表机构不足 10 家，而香港有 82 家外国律师事务所代表处，迪拜仅英国所就有 40 多家①。

在市场开放度方面，深圳前海在法律上对法律服务市场的开放度是比较高的，但现实层面的开放度还有待增强。在法律层面，深圳（前海）以经济特区、自贸区、深港现代服务业合作区等特殊地位构成中国内地市场开放度最高的地区，除了国家层面施行的《中华人民共和国加入议定书——附件 9：中华人民共和国服务贸易具体承诺减让表》《外国律师事务所驻华代表机构管理条例》《香港特别行政区和澳门特别行政区律师事务所与内地律师事务所联营管理办法》等，深圳前海还适用《香港法律执业者和澳门执业律师在粤港澳大湾区内地九市取得内地执业资质和从事律师职业试点办法》等法律法规政策，目前还出台了《深圳市前海深港现代服务业合作区管理局关于支持前海深港国际法务区高端法律服务业集聚的实施办法（试行）》等地方规章。理论上，境外律所可以是外国律师事务所代表机构、中外律师事务所联营机构，律师也可以代表和专家等多种形式与角色在前海提供法律服务，深圳国际仲裁院等争议解决机构也非常重视境外仲裁员和调解员，名册上的境外裁判员比例并不低。总体而言，境外法律人员和机构在深圳从事法律服务的业务范围和资质条件并不比其他地区有更显著的限制。但是，境外律师、律所、仲裁员、调解员等法律服务提供者实际入驻深圳（前海）或提供法律服务的情况仍是少数，甚至不及北京、上海等其他国内城市。

---

① Great Legal Services Trade Mission to the UAE: 22-26 November 2021, 利物浦律师协会: https://www.liverpoollawsociety.org.uk/news/great-legal-services-trade-mission-to-the-uae-22-26-november-2021/，最后访问日期：2022 年 10 月 19 日。

就争议解决服务的国际化和国际竞争力而言，除了深圳国际仲裁院的某些服务还比较突出，深圳前海其他的国际商事诉讼、仲裁、调解等争议解决服务的国际化程度总体上还比较低，国际竞争力不显著。诉讼方面，最高人民法院第一国际商事法庭无论是国际知名度，还是受案数量和标的总价值，都不及香港、新加坡、伦敦、迪拜等其他地区的国际商事法庭。仲裁方面，根据《2021 年国际仲裁调查报告》，深圳作为仲裁地的国际地位有上升趋势，深圳国际仲裁院的案件数量和标的额也可以与其他知名国际仲裁机构相媲美，而且，深圳国际仲裁院与香港合作推出的"香港调解+SCIA 仲裁"、网上争议解决服务等具有显著优势。但是，在受理的国际案件比重、当事人来源地、实际指定境外仲裁员比例和来源地等方面，深圳国际仲裁院还没有达到境外知名国际仲裁机构的国际化程度。调解等其他争议解决服务方面，前海目前还没有其他有国际影响力的服务机构和实践。

另外，在国际法律服务合作方面，深圳前海参与的国际合作主要是机构层面的，且集中于与香港这一局部区域的合作，缺乏与境外进行深度和广泛合作的基础和安排。就合作主体而言，相比香港、新加坡、英格兰和威尔士等地区的律政司（部）、律师（协）会，深圳（前海）的司法管理部门和律师协会等行业自律组织缺乏与境外同类部门和组织的法律服务合作，而主要是深圳国际仲裁院等机构所开展的合作。就合作范围而言，在国家层面，我国缺乏在国际法律服务领域主导多边合作框架的实践，基本处于被动接受和加入相关多边公约和机构的地位。深圳地方层面的国际法律服务合作主要依托粤港澳这一平台，因此在区域上也局限于此。

2. 前海与国际法律服务中心的差距成因

第一，我国特殊的法律体系可能是前海乃至全国其他候选中心与实行普通法的法律服务业发达地区存在诸多差距的主要原因。虽然刑法、民法等多个法律部门，我国法律具有大陆法系的特征，但总体上仍然是独特的社会主义法律体系，难以与世界上其他国家或地区在法律职业群体、法律服务市场等方面产生高度的互融互通，法律服务的发展极大依赖于自我摸索和独立发展。相比之下，英国、美国、新加坡、中国香港、迪拜等国际法律服务发达地区大都是普通法域，本身相互之间可以高度共享法律制度、法律业务、法律专业人员等要素，容易形成庞大而多元的法律职业群体和法律产业，共同集聚国际影响力，并进行广泛和深度的国际合作。以迪拜国际金融中心这一特殊地区为例，阿联酋本身是深受大陆法影响的伊斯兰国家，法律兼具伊斯兰教法、法国法、习惯法等多种特征，但迪拜国际金融中心通过实行普通法原则，较好地融入了普通法系，因而其能够直接引进英国律师和律所，DIFCC 则聘用普通法法官、采用英语作为庭审语言等，而且，迪拜律师还可以通过"合格律师转化计划"（Qualified Lawyers Transfer Scheme）成为英格兰和威尔士律师[①]。同样的国际互通性也适用于中国香港、新加坡、澳大利亚、加拿大等法域。此外，从服务对象角度而言，世界上还有很多法律服务业欠发达国家和地区也实行普通法，如尼日利亚、赞比亚等非洲国家，所以在国际法律事务上也会优先选择英国、美国、新加坡、中国香港等其他普通法域的法律服务，成为了后者的市场。这是我国和同为非普通法国家的法国、德国等发达国家和地区缺乏的优势。

除了特殊法系这一直接原因，与法系有关的其他因素也可能是间接原因，如语言、法治文化等。普通法系普遍采用英语，也为英国、美国、新加坡、中国香港等国家和地区在法律职业群体、法律业务、法律服务市场等方面共享资源，形成国际竞争力创造了便利。相反，中文对世界上绝大多数地区都相当于一道屏障。

第二，我国法律服务市场开放相对保守和谨慎，同时对于法律服务市场准入后的便利和保障等配套措施发展滞后。我国法律服务市场的开放比较保守和谨慎，多采用分阶段开放、分地区或试点开放等逐步开放思路。我国在入世议定书中对法律服务作出的开放承诺可见一斑，之后，上海、海南、广东等地的试点也有表现。这种策略本身符合我国市场经济发展和法治建设状况，有利于国内市场安全和稳定发展，只是我国法治建设和法

[①] Doing legal business in Dubai，英格兰和威尔士律师协会网站：https://www.lawsociety.org.uk/topics/international/doing-legal-business-in-dubai，最后访问日期：2022 年 10 月 21 日。

律服务业发展起步较晚，加上谨慎求稳的态度，决定了我国参与国际法律服务市场竞争和法律服务国际合作进程缓慢。另外，对于外国法律服务提供者进入我国市场后的行政审批、业务变更、生活和后勤保障等配套措施，我国也比较滞后。比如，国务院 2001 年就通过了《外国律师事务所驻华代表机构管理条例》，但司法部 2004 年才出台《司法部关于执行〈外国律师事务所驻华代表机构管理条例〉的规定》，2016 年和 2017 年才相继发布《外国律师事务所驻华代表机构设立审批事项办理流程》和《外国律师事务所驻华代表机构派驻代表执业审批事项办理流程》。又如，前海虽然属于我国法律服务业市场最开放的区域，已经考虑到通过资金、后勤等方面的支持吸引外国律师事务所等境外法律服务提供者入驻，但目前也缺乏对外国法律人员和机构市场准入后的执业便利化、生活和待遇保障等配套措施。

第三，我国重行政管理、轻行业自治的社会治理模式限制了律师协会等行业自律组织在促进国际法律服务业发展中的作用。相比司法行政管理部门以及国际法律服务业发达国家和地区的律师会等法律行业自律组织，我国各地的律师协会等法律行业自律组织对于促进当地的国际法律服务业发展普遍没有发挥显著作用。以律师行为例，中国香港、新加坡、英国、美国等地的律师公/协会在培养涉外法律人才和引进境外法律人员和机构、支持和推动法律科技和服务模式创新升级、对外宣传推广本地法律服务、开展法律服务国际合作等方面发挥主导作用。我国各地律师协会除了配合司法行政管理部门履行对实习律师和执业律师的培训、监管，鲜少发挥促进当地法律服务业发展的能动性。这可能与我国长期以来重行政管理和轻行业自治的社会治理模式脱不开干系。

第四，深圳的高校和科研院所较少，难以直接依托当地教育资源培养充足的法律人才，同时对外国法律职业人员和机构的引进不足。目前，这一劣势通过与本国外地科研院所合作得到一定程度弥补。实际上，已经有许多这样的合作实践。比如，2013 年，西南政法大学与八方律师联盟联合发起设立前海国合法律研究院，西南政法大学博士后科研流动站培养基地也落户研究院。2016 年 12 月 8 日，深圳国际仲裁院与北京大学法学院签署合作协议，共建"中国国际仲裁研究院"，为仲裁员提供培训。2018 年 11 月 9 日，前海一带一路法律服务联合会赴香港邀请参与共建"深港法律服务深度合作区"的首批单位包括香港城市大学法学院和香港树仁大学法学院。未来，前海建设国际法律服务中心并维持长远发展，还需要与高校法学院等法学科研院所进行多方面的合作。从长远来看，扶植深圳本地高校和建立本地大学城是发展法律服务业不可忽视的一环。同时，除了与中国其他地区法学科研院所保持合作，还需增加引进外国法律职业群体的力度。

第五，前海现有国际争议解决和法律服务机构一方面缺乏对特色争议解决服务的创新，另一方面缺乏对自身的国际营销，因而普遍缺乏国际争议解决市场的竞争力。前海现有的国际商事诉讼、仲裁、调解、法律查明等争议解决机构，除了深圳国际仲裁院推出的"香港调解+SCIA 仲裁"、网上争议解决等一些特色服务，缺乏国际前沿性的争议解决服务，尤其是国际商事诉讼和调解领域，相比英国、迪拜、巴黎、新加坡、中国香港，远没有占到国际先机。而且，前海现有的一些争议解决和法律服务机构忽视了网络平台建设与网站更新，信息公开和透明度不足，对外营销不足。大部分法律服务机构都需要参与市场竞争，通过门户网站进行宣传推广是现代社会基本的要素。虽然深圳和前海近年来建立了一些与法律服务相关的机构、组织或平台，但有的至今没有专门的网站，如前海国合法律研究院。另有些机构虽有网站，但在经过创立的早期阶段后就停止了动态更新，缺乏对业务和发展情况的披露。例如，粤港澳商事调解联盟上一次新闻动态还是在 2020 年底。另外，还有一些机构普遍缺乏工作年度统计，这似乎是国内法律服务机构的通病。除了几个知名的国际仲裁机构，其他机构普遍没有年报，包括最高人民法院国际商事法庭，对受理的案件等关键业务信息没有整合，不仅不利于公众和研究人员获取案例以进行宣传或开展研究，更重要的是，不便于潜在用户了解其服务，可能因此错失商机。

三　前海打造国际法律服务中心的路径

针对前海目前法律职业群体规模、法律服务市场的开放度、争议解决服务的国际化和国际竞争力、法律服务国际合作的深度广度等与国际法律服务中心指标存在的差距，本部分将结合国际法律服务业发达国家和地区以及我国其他发展国际法律服务业表现突出的地区，探讨前海打造国际法律服务中心的路径。首先考虑法律服务自由化、便利化和国际化相关国内法律法规政策和国际协定等国际法的配套和完善，然后思考如何发展具有特色和国际竞争力的国际商事争议解决服务，进而考虑相关的资金、科技、基础设施、宣传营销等其他实操问题，最后分析如何联动香港打造国际法律服务中心这一重点问题。

（一）缔结和建立法律服务相关国际协定与机构间跨境合作机制

国际法律服务的发展不能仅依靠一个国家或地区发挥能动性，还需与其他相关国家和地区建立必要的多边、区域或双边合作。就我国而言，在多边层面，我国一方面入世时在 GATS 服务贸易承诺表中对法律服务市场作出了符合我国发展水平的承诺，并且通过与香港和澳门地区的服务贸易协议局部扩大法律服务市场开放范围；另一方面，加入了《纽约公约》《海牙选择法院协议公约》《新加坡调解公约》等有关判决、裁决、和解协议国际承认与执行以及协议选择法院的承认等公约。双边层面，我国则通过与他国签订民商事司法协助条约、谅解备忘录保证涉外民商事法律程序的进行以及判决和裁决的域外承认与执行[①]。总体来看，目前我国法院、仲裁和调解机构作出的判决、裁决和和解协议域外承认与执行的法律障碍较小，但法律服务市场仍有进一步开放的空间。更关键的是，国际仲裁程序中的涉外财产、证据等

---

① 此类条约参见外交部"条约数据库"：http://treaty.mfa.gov.cn/web/list.jsp，最后访问日期：2022 年 7 月 23 日。

的保全等涉外临时措施还需要国际条约等国际合作机制的支撑。因此，前海为建设国际法律服务中心，一方面可建议外交部和商务部等主管部门在与我国有广泛经贸往来的国家和地区谈判和缔结国际经贸协定时重点考虑法律服务议题，包括在双边和区域基础上基于对等和互惠原则进一步开放法律服务市场，并考虑国际仲裁程序中临时措施的相互支持；另一方面，也应支持区内的国际商事诉讼、仲裁、调解等机构与境外同类机构建立相互支持临时措施的国际合作机制。

（二）发展具有特色和国际竞争力的国际商事争议解决服务

国际法律服务中心通常有标志性的国际商事仲裁、诉讼或其他争议解决服务，通过采用国际通行并与时俱进的规则，聘请国际商事领域的法律专家担任法官、仲裁员、调解员等裁判人员，配备便于当事方诉诸和实现正义的程序和保障措施等，获得国际商事争议解决市场的强大竞争力。我国多年来都重视国际商事争议解决，在诉讼、仲裁、调解等各个争议解决类别下都有相应的制度、机构建设成果和人员储备，但有特色和国际竞争力的服务并不多。其中，国际商事仲裁方面发展较好，已建立多个标志性的国际仲裁机构且不断积累国际影响力；诉讼方面起步较晚，以最高人民法院国际商事法庭为代表的国际商事诉讼服务面临进一步发展的瓶颈；而调解在国际争议解决中整体处于方兴未艾阶段，内地相比新加坡和香港而言，暂未表现出发展国际调解的绝对优势①。在各种大类别之下，更具体的国际商事争议解决服务以及多种方式的衔接和结合也存在明显的国际竞争。以仲裁为例，紧急仲裁、快速仲裁、网上仲裁、诉裁调结合等在不同的区域和机构有各自的市场。因此，除了继续在国际商事诉讼、仲裁、调解等大类争议解决方式上进行长期投入，前海在建设国际法律服务中心过程中也需关注小类争议解决方式，以发展具有特色和差异化的争议解决服务。从前海已有的积累和当前国际争议解决方式在

---

① 从外交部将国际调解院筹备办公室设在香港来看，我国未来参与调解业务的国际竞争可能主要依托香港。

全球的发展来看，以下三个方向值得重点关注。

一是支持跨境诉裁调对接等多元化争议解决服务。诉裁调对接是深圳和前海区内争议解决机构近年来的重点工作，也产生了许多亮眼的成果。以深圳国际仲裁院和前海国际商事调解中心为代表的仲裁和调解机构探索和创新机制，不仅与国内诸多法院、调解和仲裁机构建立了多元化的诉裁调对接机制，而且成功运用于实践，积累了一定经验。深圳国际仲裁院甚至已经与香港中国企业协会、新加坡国际调解中心等境外组织和机构开展了相关合作。前海在打造国际法律服务中心的过程中，应当加大对国际商事法庭和各类仲裁与调解机构建立诉裁调对接国际合作机制的支持。首先，可以深圳国际仲裁院为重点依托机构，进一步扩大其认可的调解机构范围，并寻求与境外国际商事审判组织签订诉调、调解+司法确认等合作协议。另外，就最高人民法院的"一站式"国际商事纠纷多元化解决机制而言，可考虑纳入更多境外仲裁和调解机构。目前公布的第一批和第二批机构以境内为主，只有第二批纳入了香港国际仲裁中心这一个境外机构①。未来，应重点关注与我国有较多经贸往来和投资输出输入关系的国家和地区，可邀请这些国家和地区的国际仲裁和调解机构纳入最高人民法院"一站式"国际商事纠纷多元化解决机制。这不仅有利于增强最高人民法院国际商事法庭的国际公信力，也可为相关国际商事纠纷当事人提供更多选择。

二是研究建立国际审裁（adjudication）制度并争取国际前沿位置，结合简易程序、网上争议解决、快速仲裁、紧急仲裁等打造多样化的快速争议解决服务。除了常规的传统争议解决方式，近年来，网络庭审、快速仲裁、紧急仲裁等特殊的争议解决方式发展迅速。在国际上，采用线上方式和紧急仲裁解决国际商事争议的案例快速增长，各大国际争议解决机构也普遍采用了相关的规则。以快速仲裁为例，2022 年，联合国贸易法委员会正式通过了《快速仲裁规则》（*UNCITRAL Expedited Arbitration Rules*），国际投资争端解

---

① 《最高人民法院办公厅关于确定第二批纳入"一站式"国际商事纠纷多元化解决机制的国际商事仲裁机构的通知》（法办〔2022〕326 号）。

决中心 2023 年新修订的仲裁规则也增加了快速仲裁条款。而当前,审裁在国际商事争议解决中还处于发展早期,只有少数国际争议解决机构采用这种方式,且通常只适用于建设工程纠纷等个别类型的争议。在我国内地,目前已知运用审裁制度的国际争议解决机构只有中国国际经济贸易仲裁委员会,其于 2015 年通过《建设工程争议评审规则》。然而,其具有解决多种国际商事争议的可能性。从快速解决争议角度而言,这是一种值得发展且具有发展空间的争议解决方式。联合国贸易法委员会第二工作组(争议解决)当前研究的一个重心就是在国际商事纠纷中推广审裁。根据该工作组的定义,审裁指"由当事方提交独立和公正第三方,要求其在听取双方陈述后,在严格有限的时间内作出可立即执行但可通过仲裁或诉讼提出异议的决定的一种机制"①。审裁机制之所以得到关注,在于其具有解决长期合同争议的优势,因为审裁决定是一种非终局但具有约束力的临时性决定,如果审裁决定针对的执行人没有对其提出异议,或异议不成功,则具有终局性。在涉及长期工程项目的合同关系中适用审裁,可以保证该付的款项迅速落实,不影响工程项目的实施。这一机制似乎契合前海建设国际法律服务中心的需要,因为建设该中心的一个重要背景是服务"一带一路",相关的争议极有可能与基础设施建设投融资等长期工程项目有关。不过,要在国际商事纠纷解决中推广审裁,目前还有一些需要解决的法理和实际问题。有些问题可以比照紧急仲裁、快速仲裁、调解等其他 ADR 程序,如审裁员的资格、遴选和指定,审裁程序的发起、时限等;但有的问题是审裁所独有或者因审裁而具有特殊性的问题,最关键的是审裁决定如何跨境执行。此外,审裁适用的争议范围也需要明确。前海国际法律服务中心的建设者如果能率先对这些问题提供妥善的解决方案,有希望提高建立有国际影响力和竞争力的争议解决服务水平。就审裁决定的跨境执行而言,要单独建立有关审裁决定跨境执行的国际协定或其他安排有一定难度,考虑到审裁决定的临时性和约束力,在现有的框架

---

① UNCITRAL, Settlement of Commercial Disputes: Adjudication, Note by the Secretariat, A/CN. 9/ WG. II/WP. 225, 27 January 2022, para. 6.

下，审裁决定至少可以作为临时措施命令执行，但临时措施决定在国际性争议解决程序中的遵从具有不确定性。因此，本报告偏向通过连接国际商事判决、仲裁裁决、调解所产生的和解协议等其他裁判决定或结果的执行机制，来保证审裁决定的跨境执行。连接的方式可以通过当事方的同意，也可以通过管辖争议的机构或适用的程序规则。举例而言，如果两个当事方约定争议提交某一国际仲裁机构解决或根据某仲裁规则进行国际仲裁，可以在仲裁条款中规定审裁决定视同仲裁裁决执行，或者，该仲裁机构的规则或该仲裁适用的程序性规则也可以作出这种规定。具体的执行方式可能是仲裁机构所在地区的仲裁法或民事程序法，也可能是《纽约公约》等多边协定，或当事方所属国之间关于仲裁裁决相互承认和执行的双边条约或其他国际性安排。至于审裁所适用的争议范围，拟采用审裁机制的前海争议解决机构可以根据自身办理国际商事案件的经验加以确定。

三是根据国际商事法庭解决纠纷的类型，在全球范围内聘请相关领域专家担任第一国际商事法庭的法官并考虑针对主要纠纷类型建立专门法庭，寻求纠纷解决服务的精细化发展。目前，最高人民法院国际商事法庭的法官均为本国公民①，且在民族、政治面貌、工作经历等方面缺乏多元性。从境外当事人角度而言，由此队伍组成的审判人员作出的判决可能有失公信②。因此，本报告建议，最高人民法院第一国际商事法庭在全球范围内从各业务领域增聘专业水平广受认可的法官、律师、仲裁员、法学研究人员、企业高管等专才作为专门法庭的法官，以提高裁判队伍的国际公信力。而且，中国建设国际商事法庭应当探寻自身的服务特色，形成竞争力，精细化发展是一种

---

① 最高人民法院国际商事法庭法官名录：https：//cicc. court. gov. cn/html/1/218/19/151/index. html，最后访问日期：2022 年 10 月 25 日。
② 专家委员会成员虽然包含外籍专家，但专家委员不具有审判职能，职责仅限于："（一）主持调解国际商事案件；（二）就国际商事法庭以及各级人民法院审理案件所涉及的国际条约、国际商事规则、域外法律的查明和适用等专门性法律问题提供咨询意见；（三）就国际商事法庭的发展规划提供意见和建议；（四）就最高人民法院制定相关司法解释及司法政策提供意见和建议；（五）国际商事法庭委托的其他事项。"《最高人民法院国际商事专家委员会工作规则（试行）》第 3 条。

可能的路径。具体要针对哪些领域聘请专家并考虑建立专门法庭，不仅取决于我国构建国际商事法庭所服务的政策目标，更重要的是要契合国际商事争议解决的市场需求。一方面可以从国际商事法庭过往的司法实践中总结经验，另一方面可以考虑国际上主要的国际商事法庭的办案情况。由于最高人民法院国际商事法庭没有完整披露其成立以来所受理的案件详情①，本报告只能参考其他国际商事法庭的公开情况。经考查，新加坡国际商事法庭这一与我国市场最相近的典型国际商事法庭自成立以来处理过的案件，本地区国际商事争议解决的市场需求集中于下列五大类纠纷：第一大类是合同纠纷，包括违约、合同终止等；第二大类是侵权纠纷，包括违反注意义务、过失侵权、虚假陈述、欺诈、引诱违约等；第三大类是公司纠纷，主要围绕股权和股东义务；第四大类是金融产品和服务纠纷，包括银行、信托、保险、证券、股票、资产抵押等纠纷；第五大类是有关仲裁程序的纠纷，包括仲裁裁决的撤销、执行、仲裁庭的管辖权等②。结合前海国际法律服务中心服务于前海深港现代服务业、粤港澳大湾区、"一带一路"倡议等目标，国际商事法庭的主要纠纷可能包括国际货物贸易、运输物流、海商海事、建设工程、金融产品和服务、技术和知识产权、公司股东权利与义务等。因此，在选聘法官时可以重点考虑这些领域，并从中选择少数几个建立专门法庭作为主攻方向。不过，很多商事案件可能同时涉及多个法律问题和争议，因此，即使是专门法庭受理的案件，在合议庭的组成上也应当根据案件情况为其他相关领域法官保留空间。

（三）通过实体化和制度化的深度合作联动香港

一是在资金和技术等资源方面，前海建设国际法律服务中心要争取香港特区政府和香港法律服务机构的实质性投入。比如，在建立前海发展国际法

---

① 截至 2022 年 8 月，最高人民法院国际商事法庭已受理 27 案。高晓力：《提供"一带一路"国际商事争端解决的中国方案》，《人民日报》2022 年 8 月 11 日。

② 根据新加坡国际商事法庭迄今为止的公开判决和决定归纳，见该法庭官网：https://www.sicc.gov.sg/hearings-judgments/judgments，最后访问日期：2022 年 10 月 25 日。

律服务的专门基金时，资金来源和管理机构组成上，可以考虑对香港发出邀请，表明接受香港企事业单位和个人的捐赠，基金会的管理人员也可聘请香港有关人士；如果要在前海推行法律科技项目，增强前海法律服务的信息化和网络化，可以考虑争取香港律政部、律师公会和大律师公会等部门和协会的支持，在充分借鉴对方已有经验的同时寻求共同推动相关项目及后续更新项目的机会。

二是共同培养和培训法律人才、互派法律专业人员、互认法律职业资质。在这一点上，广东省与香港地区已有许多合作，以共同举办和开展法律专业培训项目与课程为主，包括两地律师协会（公会）之间、仲裁与调解机构之间。随着内地法律职业资格考试以及广东省九市律师执业业务对港澳地区居民的开放，前海与香港律师交往具有良好的前景。未来，在双方共同提供法律专业课程、开展培训和组织考试的前提下，可进一步对仲裁、调解、司法鉴定、公证等法律资质的互认开展合作。目前，个别专业领域深圳与香港已经有这种合作，如就调解而言，粤港澳商事调解联盟的服务包括调解员资格的互认和互聘，但这是以两地调解机构组成联盟为前提。这再次印证，两地的法律服务合作应追求实体化。比如，对于香港律政司联合国际投资争端解决中心（ICSID）和亚洲国际法律研究院合作的投资调解员培训项目，前海可以主动寻求与之合作，共同打造国际投资法及国际投资争议解决技巧的培训基地及能力提升中心。

三是建立多元争议解决和法律服务跨境对接稳定机制。粤港澳地区商事活动频繁，发生跨境纠纷的可能性很大，纠纷当事人、争议标的、争议行为或事实可能同时与内地和香港有关。因此，前海有必要且有可能与香港建立多元纠纷解决和法律服务跨境对接机制。当一项纠纷的当事人首先在内地或香港提起商事诉讼或仲裁时，受理机构可以建议当事人先通过当地的调解机构进行调解，再由被告或被申请方所在地或争议标的所在地（潜在的执行地）法院作出司法确认或由仲裁机构依和解协议作出裁决，从而赋予其强制执行力。在这方面，深圳国际仲裁院已经有一些制度探索和实践。如前所述，深圳国际仲裁院于2009年联合香港中国企业协会共建商事调解委员会，创设了"香港调解+深圳国际仲裁院仲裁"跨境商事争议解决模式。由于受到业界同行和香港当事人的广泛好评，2015 年，深圳国际仲裁院与香港法律界、工商界在前海进一步推广该模式，促进前海 ADR 多元化争议解决体系的完善。除了"香港调解+前海仲裁"，前海还可以支持区内其他争议解决机构与香港的知名机构建立其他类型诉裁调机制，将在内地试验的"司法确认"等方式向香港推广，如建立"香港调解+前海司法确认""前海调解+香港仲裁""前海调解+香港司法确认"等机制。这需要依托双方相关机构之间稳定的合作机制，如签订正式合作协议。

四是相互参与对方法律服务相关规则的制定并共同制定法律服务相关国际规则和标准。相比内地，香港与法律服务有关的法律法规政策往往能更快地对标国际，甚至是国际标准的引领者。比如，香港在仲裁上对域内仲裁和域外仲裁适用统一规则，2011 年生效的《香港仲裁条例》是第一个以 2006 年《联合国贸易法委员会仲裁规则示范法》为模板制定的亚洲仲裁法，香港也是亚洲第一个拥有道歉法例的司法管辖区。因此，香港在法律服务规则制定和更新上具有相对先发优势。这可能也是外交部将国际调解院筹备办公室落地香港的重要原因。前海在联动香港打造国际法律服务中心的过程中可以充分利用对方的先发优势。一方面，深圳和香港的司法行政管理部门、律协、国际商事法院、国际仲裁和调解机构等法律服务有关机构可以观察员身份积极参与对方法律服务相关法律法规政策等规则的制定和修订过程，及时掌握彼此的法律服务相关规则最新动态；另一方面，深圳和香港有关部门还可以对共同关切的法律服务相关问题共同制定规则和标准。比如，在外交部筹备建立国际调解院这一拟以国际公约为基础的政府间国际组织以及开展相关公约谈判等事项上，前海应当积极配合香港，在外交部等有关部门的指导下争取适当参与。

B.15
公证+调解：探索更绿色
替代性纠纷解决方案

前海公证民商事调解中心课题组*

摘　要： 调解作为一种替代性纠纷解决方式日益得到重视和广泛应用。在最高人民法院和司法部有关文件指导下，公证行业结合公证制度定位和功能价值在调解方面进行了积极探索，并将其作为公证业务开拓创新的路径选择。公证调解成为大调解格局中一个有益组成部分，不断提升公证调解质效，在纠纷非诉解决机制中也展现了独特的价值，初步形成了更绿色替代性纠纷解决方案。以推动建立公证调解中心为契机，积极探索公证调解制度化、规范化，助力打造社会矛盾纠纷多元化解决的"前海样本"，助力探索"调解优先、公证和仲裁并举、诉讼兜底"的新时代争议解决新格局。

关键词： 公证　调解　多元化纠纷解决机制

调解在国内外均是重要的替代性纠纷解决机制，也是我国社会法治语境下重要的非诉纠纷解决机制。前海公证处立足公证制度职能，贯彻落实"国家主导、司法推动、社会参与、多元并举、法治保障"现代纠纷解决理念，积极探索公证+调解综合公证法律服务，努力探索更绿色替代性纠纷解决方案。

---

* 课题组成员：谢京杰、李劼、汤凯斌、李茨隆、麦冬樱、王嘉鑫、徐洁茹。执笔人：谢京杰，广东省深圳市前海公证处副主任。

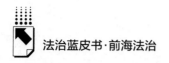
一 公证是一种重要的争议解决机制

公证，是我国社会主义法律制度的重要组成部分，是预防性司法证明制度。公证制度具有服务、沟通、证明、监督等功能，是社会纠纷多元化解决的基础性司法资源。2022 年 3 月 3 日，最高人民法院原院长周强在《人民日报》发表署名文章《推进中国特色一站式多元纠纷解决机制建设》，文中将公证与仲裁、行政裁决、行政复议并列为非诉讼解纷方式。

从新中国公证历史渊源看，公证最初是人民法院的一个科室，专门负责非诉事务的处理。1951 年《人民法院组织暂行条例》规定，公证事项为非诉事项，由人民法院管辖办理。后来几经反复，公证最终在 1980 年复归司法行政部门管理。

从公证制度职能看，公证作为预防性司法证明制度，通过证明监督服务沟通来预防纠纷，防患于未然，将纠纷消灭在萌芽，从另一个角度非诉解决纠纷。公证制度作为非诉解纷机制，最直接的体现是赋予债权文书强制执行效力公证（俗称"强制执行公证"/"赋强公证"），兼具矛盾预防与纠纷解决双重职能。赋强公证是指，公证机构依债权人和债务人（含担保人）的共同申请，对以给付为内容并载明债务人愿意接受强制执行承诺的债权文书予以公证。当债权逾期未获足额清偿时，债权人即可单方向公证机构申请出具执行证书。在公证机构依法出具执行证书后，债权人无须经诉讼程序，即可持经公证的债权文书和执行证书直接向有管辖权的人民法院申请对债务人（含保证人/抵押人/质押人）进行强制执行。一方面，赋强公证具有督促履行的积极价值，经公证依法、前置、实质性审查，有效去伪存真、保障公平，督促债权债务关系各方当事人依法依约履行协议，提升合同履约率，从源头减少纠纷。另一方面，一旦出现债务人违约情形触发强制执行条款，公证机构可以按照法定程序和约定方式，替代争议诉讼解决机制，快速查明事实、固定证据，该等过程又起到督促履行的司法效果，有相当一部分当事人在公证机构进行违约核实过程中或在公证机构出具了执行证书后，主动履行了债务，只有一部分最终走到司法兜底程序。即使在最终的司法解决过程中，公证的事实查明、证据固定又为人民法院的司法执行或审批程序提供了事实支撑，为快速解决纠纷提供证据支持。

二 公证调解是公证制度的内在要求和派生事务

公证作为非诉司法制度，在日常提供公证证明服务中，事实上通过调解处理了大量的矛盾纠纷，可以说调解是公证证明业务所派生出来的一项公证事务。一方面，根据《公证法》第31条、《公证程序规则》第48条相关规定，公证申请人之间对于所申请的公证事项存在争议的，公证机构不能够办理相关公证业务。在公证实务中，公证机构在提供公证服务的过程中，对于有纠纷的公证事项都是先进行适当的调解、沟通。例如，大量的继承案件、离婚财产分割协议案件等，公证申请人之间往往会存在一定矛盾，有时冲突还很尖锐，此时公证机构会在依法释明相关法律规定的基础上，协调各方，居中调解，促成当事人之间达成一致意见，签署遗产分割协议或对原来的协议内容进行适当调整修改补充，从而使其具备公证条件、顺利完成公证手续。

另一方面，《公证程序规则》第56条明确规定，经公证的事项在履行过程中发生争议的，出具公证书的公证机构可以应当事人的请求进行调解。理论上说，所有经过公证的涉及多方当事人的公证事项，在发生履行纠纷时都可以寻求通过公证机构先行调解方式解决纠纷，对于经公证调解当事人之间能够达成新的协议的，公证机构可以对新协议重新办理公证；经公证机构调解不能达成新的合意的，当事人可以就该争议依法向人民法院提起民事诉讼或者向约定的仲裁机构申请仲裁解决。但在公证实务中，因公证调解宣传不足、普及不够，这种寻求公证调解的情况还很少。

此外，部分公证机构积极参与人民法院司法辅助事务，作为法院特邀调解组织，开展诉前、诉中、执行阶段的案件调解工作。有的公证机构依法申请设立调解组织，开展各类民商事自收案件的调解活动。通过不断探索开展公证调解，逐步丰富公证制度功能和价值，落实公证社会担当。

三　公证与调解结合具有现实的制度基础和价值

（一）公证调解具有明确的政策指导和顶层设计要求

2016 年，最高人民法院《关于人民法院进一步深化多元化纠纷解决机制改革的意见》（法发〔2016〕14 号）指出，"合理配置纠纷解决的社会资源，完善……公证、行政裁决、行政复议与诉讼有机衔接、相互协调的多元化纠纷解决机制"，"加强与公证机构的对接……在家事、商事等领域开展公证活动或者调解服务……"。2021 年，最高人民法院《关于深化人民法院一站式多元解纷机制建设　推动矛盾纠纷源头化解的实施意见》（法发〔2021〕25 号）指出，"发挥社会各方力量协同作用……加大与人民调解、行业专业调解、行政调解、律师调解、仲裁、公证等衔接……充分发挥社会力量在释明多元解纷优势……"。这些政策性文件规定和顶层设计均要求，公证要积极参与调解工作，多元化解决纠纷。公证作为我国预防性司法制度，在社会纠纷多元解决机制中应当发挥积极作用。

（二）调解是公证转型的一项路径选择，能够更好促成公证"两条腿"走路

长期以来，公证一直被视为单纯的证明机构，对有关法律事实、文书、行为予以盖章证明确认，主要用于解决信息不对称问题。传统公证服务模式，加深了这种固化思维，让公证在证明的道路上越走越远，路也越走越窄。随着信息化不断进步、科技不断发展，信息不对称问题逐步得到解决，固守传统公证证明模式，让社会对公证服务的价值和作用越来越丧失信心，"盖章收费"的言论越来越多。实际上，公证是国家社会治理的基础性制度

安排，公证具有证明、监督、服务、沟通的综合社会治理职能。《公证法》在规定公证证明事项的同时，也明确规定了公证事务这种非证明类的公证业务。公证机构应当不断拓展非证明类的公证事务，通过综合法律服务实现价值、发挥作用。

随着单一证明服务越来越不符合社会需要和公证发展，综合化、多元化公证法律服务成为公证转型方向。公证机构也应当学会"两条腿"走路，既要发挥证明职能，也要发挥非证明类公证事务职能。调解能够综合发挥公证证明、监督、服务、沟通职能，综合运用公证证据保全、现场监督、提存、协议赋强等公证工具，是一项综合公证法律事务服务，为社会所需，可作转型方向。

（三）公证调解服务是公证公益性的直观体现和价值落实

公证机构依法作为非营利性单位将日常工作中的调解服务视作公证服务的组成部分，一般没有另行收费。今后，从可持续发展调整服务角度看，对于民事类事项调解工作，公证机构可以不予收费，但对于商事类事项调解工作，可以适当收取调解费用。在公证实务中，80%以上的公证业务都是民事类公证业务，对该类事项的调解服务属于民生实事，不予收取调解费，最大限度地惠及民生。对于商事纠纷的调解应当适当收取调解费，一方面确保公证调解工作可持续，并逐步发展壮大；另一方面也能够通过收费提升公证调解价值，督促当事人各方慎重决策、避免随意违约，并从整体上降低纠纷解决的社会成本。

四　公证与调解相结合的模式选择

在大调解格局下，公证可以有两个模式与调解进行紧密结合，从而形成独具特色的争议替代性解决方案。第一种模式是"调解+公证"，第二种模式是"公证+调解"。

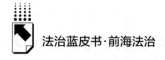

（一）"调解+公证"模式

在"调解+公证"模式下，包括人民调解、商事调解在内的各类调解组织，可以与公证进行对接，将公证作为调解组织所促成的调解协议的确认方式之一，即对调解协议办理公证或对有给付内容的调解协议经公证赋予强制执行效力，从而为债权债务的终局解决赋能、提供司法效力支撑。

在这种模式下，对于商事调解而言尤为适合。商事调解往往具有给付内容，同时，还可能涉及担保问题，赋强公证对此可以一揽子解决。首先是调解协议赋强公证问题。《民事诉讼法》第 245 条、《公证法》第 37 条以及最高人民法院、司法部相关联合通知、批复等对赋强公证的条件、范围、法律效力等作了详细规定。办理赋强公证一般需要满足 3 个条件：一是有给付内容的债权文书，二是债权债务明确、内容无异议，三是债务人自愿承诺违约径受人民法院强制执行。就该制度适用范围而言，包括各类债权文书，含担保协议。对于调解协议的赋强公证问题，最高人民法院也作出了明确规定。2017 年最高人民法院、司法部《关于开展公证参与人民法院司法辅助事务试点工作的通知》（司发通〔2017〕68 号）规定，参与调解，……公证机构可以应当事人申请，对具有给付内容、债权债务关系明确的和解、调解协议办理公证并赋予强制执行效力。

调解协议赋强公证，相比其他债权文书赋强，在深圳特区更具有全国率先、目前也是唯一的创新性规定：可申请财产保全。《深圳经济特区矛盾纠纷多元化解条例》第 76 条规定，具有给付内容的和解协议、调解协议，当事人可以向公证机构申请办理具有强制执行效力的债权文书公证。一方当事人不履行或者履行不符合约定的，对方当事人可以依法向人民法院申请财产保全和强制执行。该规定填补了赋强公证立法上的空白和短板。

（二）"公证+调解"模式

在"公证+调解"模式下，公证机构直接开展调解服务，并综合应用各类公证服务产品，将公证调解呈现为综合公证法律服务。公证调解具有自身的独特优势。首先，公证机构的中立地位展现更强公信力。我国公证制度沿袭了大陆法系公证制度理念和制度设计，相关公证立法保障了公证机构的中立角色定位和中立价值追求。公证虽然应申请人的申请而启动，但不会围绕申请人的权利保护作为唯一价值追求，还需要居中、衡平保护第三人和社会公共利益。公证中立、非营利的机构属性确保了公证机构能够作为具备高度公信力的社会机构。这与调解活动所需求的属性天然吻合，公证人员在纠纷处理中能够更好地被纠纷各方当事人所接受，增加信任基础，减少沟通障碍。从前海公证处就金融案件的调解实践看，债务人更愿意与公证人员进行沟通交流。这就为公证调解提供了良好的开端和条件。其次，公证调解员具备充分的专业法律和社会知识经验。一方面，公证员具有较高的准入门槛。根据《公证法》相关规定，担任公证员应当通过国家司法考试、在公证机构实习二年以上或者具有三年以上其他法律职业经历并在公证机构实习一年以上且经考核合格。这决定了公证员具备较高的法律素质。另一方面，公证机构在婚姻、家庭、继承、股权、金融、不动产、知识产权等领域具有较为丰富的法律事务处理经验，具备相关法律、税务、政策等知识储备和实操技能，具备较高的综合认知水准。公证员常被称为"非诉法官"，能够像法官一样运用法律知识、从业实践、生活经验和专业事务处理技能参与纠纷解决，为纠纷双方答疑解惑，有利于化解纠纷矛盾，促进共识达成。公证员在调解基础上形成的法律文书，依法依规、公平公正、合理可行，可切实帮助纠纷各方彻底消弭矛盾、降低法律风险。最后，公证调解能够高效率低成本化解纠纷。公证作为司法行政部门向社会提供公共法律服务，在社会治理中的定位就是保障质量、提高效率、降低成本，公证调解也是以此为价值追求。公证调解通过无争议事实确认、证据固定、送达方式确认等方式，以法定证据形式为纠纷解决提供核心的证据支持，无论调解是否成功，均能够为争议终局解决提质增效，降低纠纷解决总体社会成本。同时，公证调解综合应用证据保全、现场监督、提存、赋强公证等综合服务手段，在促成矛盾纠纷非诉解决的同时，监督、协助各方履行调解协议，提高纠纷解决实效，降低权利救济成本，减少司法资源占用，有利于总体经济效益和社会效益提升。

五　公证与调解相结合具有独特的价值优势

调解的最终结果是达成调解协议，将争议通过非诉方式予以化解，但这只是阶段性的成果，最终还需要根据后续调解协议履行情况检视调解最终效果。调解实务中，当事人通常会申请对调解协议进行司法或仲裁确认，也有部分调解协议选择赋强公证，无论哪一种确认方式都在于取得终局解决依据。相比司法或者仲裁确认，具有给付内容的调解协议+公证赋强，是一种更绿色的替代性纠纷解决方案。

首先，更自主平等。通过调解，当事人各方遵循内心意愿自主和解，同时，当事人自愿申请对调解协议办理公证，以公证方式确认调解合意，并通过债务人自我承诺方式放弃诉权、直接执行，全流程都是当事人的自愿选择。其次，更完全纯粹。在取得具有法律效力的执行依据前，调解协议+赋强公证模式完全无须挤占任何司法资源。一定程度上通过公证赋强方式督促协议各方履行，降低违约率，将后续执行阶段占用司法资源的可能性进一步降低，乃至完全替代诉讼。再次，更丰富多元。在我国现行司法体系下，在调解协议的司法或仲裁确认中，存在涉抵押权等无法确认的制度性障碍问题，但是，对于含担保物权的调解协议依然可以赋强公证，即赋强公证的法律效力可以直接及于为调解协议提供的担保之上。复次，更高效便捷。相比法院、仲裁机构，公证机构的便民服务程度更高，相关流程更灵活多样。一般的公证机构会提供延时服务，像前海公证处是365天全年无休服务，公证程序也相对简单、灵活，一个自然日即可完成公证手续，同时，公证机构还会提供上门服务以及在线网络赋强等更加便捷的服务。最后，更低社会成本。公证虽然收费，但作为司法行政机关向社会提供的公共法律服务，公证收费本身标准很低。同时，公证机构出具执行证书会对违约事实、债务履行情况、被执行人有效联系方式等先进行详细核查、确认，为司法执行提速提供证据支撑，这也是其他司法确认方式所不具备的。因此，从宏观层面看，整个社会成本会降低，是一种更经济、更高效的社会治理模式。

六　前海公证处公证调解探索实践

（一）前海公证调解发展历程

在深圳市司法局、前海管理局、前海法院、龙华法院、中国（深圳）知识产权保护中心等相关部门、单位指导支持下，前海公证处在民商事调解方面进行了初步探索。2017 年 7 月，自前海法院携手前海公证处共同创设"公证司法事务服务中心"以来，协同推动开展公证参与送达、排期、调查、保全、调解、执行、摇珠等审判执行辅助工作。《深圳市人民政府关于复制推广中国（广东）自由贸易试验区深圳前海蛇口片区第三批改革创新经验的通知》将此举措列为自贸区可复制可推广的法律服务经验。2017 年 7 月起，前海公证处作为前海法院特邀调解组织参与多起诉前、诉中、判后及执行案件调解工作。2021 年 8 月，在深圳市中级人民法院支持下，前海法院探索前海多元化纠纷化解新模式，成立六大调解中心，其中，"自贸区案件多元化纠纷解决分中心"落户前海公证处。在前海法院指导下，前海公证处建章立制，规范开展调解工作，并积极探索通过市场手段调动公证机构、律师事务所等社会力量，积极参与纠纷化解、矛盾调处、社会治理。"自贸区案件多元化纠纷解决分中心"设立后，前海公证处根据过往调解工作经验，在前海法院诉讼服务中心指导下，制定了《公证调解中心工作方案》《公证调解中心调解规则》，并配套拟定了"保密承诺函""调解情况登记表""调解申请书"等。2021 年 12 月，为进一步协同推进诉源治理工作，将调解工作落到实处，公证调解中心主要面向执业律师公开招聘了多名调解员，通过建立调解员名册，组建能满足调解工作需要的多元化调解员队伍，拓宽调解覆盖面，拔高调解专业度。2022 年 1 月，前海公证处在司法辅助团队中指派专门案管人员，常驻前海法院调解席，负责法院调解工作及分中心日常管理和案件分流对接工作。2022 年 3 月，前海公证处成功中标前海法院国际商事争议解决中心（ADR）项目，积极参与涉外民商事案件调解机制建设工作，协助开展跟案协调送达、金融云调解、知识产权云调解、无争议实事记载、证据开示、中立第三方评估等商事案件调解工作，并协同聘请智库专家、港籍调解员等大牌调解专家，积累了一定涉外商事纠纷调解经验。2022 年 9 月，前海公证处与龙华法院签署协议，派驻公证员专职开展涉知识产权纠纷案件调解工作。2022 年 1 月，前海公证处联合试点银行金融机构共同开展诉前调解工作，将公证调解前置诉前，协助试点银行金融机构有效分流不良资产，突破传统不良资产处理模式，积极探讨线上金融案件诉源治理工作，研讨项目流程与工作细则，搭建团队架构，确定管理、质检等多维度工作内容，争取将纠纷化解在诉前，减轻金融机构及法院诉讼压力。

（二）前海公证调解数据统计

2019 年至 2023 年 6 月，前海公证处累计参与前海法院案件调解 2149件，其中，2019 年 13 件，2020 年 127 件，2021 年 76 件，2022 年 1160 件，截至 2023 年 6 月 773 件。案件覆盖诉前调、诉中调、判后调、执行调等多类调解案件。调解成功 518 件，通过司法确认结案 508 件，通过调解书结案10 件。考虑到案件中被申请人可联系比例大致为 53%，整体调解成功率在45%以上。

2022 年 10 月至 2023 年 6 月，前海公证处在龙华法院累计开展涉知识产权纠纷案件调解 1150 件（诉前调 836 件、诉中调 314 件），调解成功 385 件（诉前调 164 件、诉中调 221 件），其中诉前调成功率 19.62%，诉中调成功率 70.38%。诉前调调解成功的 164 件中，非和解撤诉的有 25 件，其余为和解撤诉处理；诉中调调解成功的 221 件中，调解书结案的 20 件，其余为和解撤诉处理。

2022 年 1 月起，前海公证处还依托前海法院自贸区案件多元化纠纷解决分中心平台，试点开展自收金融案件调解工作，截至 2023 年 6 月，累计收案 8416 件，被申请人可联系比例大致为 10%，在可联系的案件中，经调解达成分期还款意向的共计 671 件，达成调解协议并出具法院司法确认裁定书 74 件，截至 2023 年 6 月，3 件经司法确认的债务人出现违反调解协议进入申请司法执行阶段。

（三）公证调解初步检视

从上述数据统计可以看到，对于前海公证处自收案件（未起诉至法院的纠纷案件）的公证调解，从目前的数据看有一个突出特点，就是调解协议履约率高，经公证调解后，大部分当事人自愿履行了调解合意（671 件），没有通过司法确认挤占司法资源（74 件），而经过司法确认的调解协议中，也仅有个别走到了申请法院执行程序（3 件），通过公证调解，纠纷解决占用司法资源的量呈"漏斗形"递减。

目前，金融市场行情看重监管力度，银行不良监督趋于严格，避免出现信息泄露、暴力催收等情形刻不容缓，传统不良资产处理模式急需转变。公证调解在商事纠纷处理上具有积极作用，可以有效缓和矛盾纠纷，有效减少冲突对抗，维护诚信，促进和谐。公证参与司法辅助特别是已经开展的公证调解活动积累了调解工作经验，建立了较为完善的调解规则和制度，组建了专门的公证人员调解队伍，公证人员具有较高的法律素养和职业操守，公证机构接受严格的司法行政机关和行业协会监管、指导，能够依法、合规、规范、高效地开展调解服务。

公证调解在法院支持的背景下，以专业的中立方组织并主导调解，使用带有"前海法院多元解纷（前海公证处）分中心"及"前海公证调解分中心"外显的电话及短信平台触达客户，并对客户提供可溯源的法院联系电话，对于当事人而言是更具有公信力的法定机构，可大幅度降低当事人不信任感，有效提高触达率的同时为后续促成调解打好基础。另外，公证机构真正发挥了调解的实质性作用，以调解前置＋具有强制力的调解协议后置方案，让当事人切实感受到调解的司法效力，相比并不具有强制力的传统催收，更为规范，接受度高。

（四）公证调解面临调解职业化、组织规范化新要求

2021 年 12 月 24 日，全国人大常委会修订后的《民事诉讼法》第 194

条，增加规定"经依法设立的调解组织"，对申请司法确认的调解组织提出了司法要求，即调解组织应当经法定程序依法设立。2022 年 3 月 28 日，深圳市人大常委会审议通过了《深圳经济特区矛盾纠纷多元化解条例》，第三章对民商事调解组织的设立进行了规范。该条例第 37 条规定，商事调解组织应当经司法行政部门同意，并依法登记为非营利组织。由此，未经司法行政机关同意并依法登记的调解组织，在开展自行调解活动时受限，在案源分配、司法确认、政策支持等方面都遇到困难。公证机构如果做大做强调解服务，除作为人民法院特邀调解组织接收法院案件调解外，还应以公证调解组织名义，独立开展公证调解服务，同时，还需要依法保障公证调解协议的法律效力和司法资源支持等，这就要求公证机构必须申请依法设立独立的商事调解组织。

（五）公证调解发展展望

目前，前海公证处正在积极申请设立"深圳市前海公证民商事调解中心"，并已获深圳市司法局批复同意，相关申请登记手续在稳步推进中。前海公证处将立足充分公证预防和非诉化解纠纷职能，积极参与商事纠纷调解，吸纳公证员、执业律师和其他社会组织专业人员为调解员，协同发挥行业调解、专业调解优势，对接人民法院审判部门，引导商事矛盾调解前置，打造"调解—公证—诉讼/仲裁"商事纠纷诉源治理模式，努力为社会提供多元化的替代纠纷解决机制。

前海公证调解中心将立足发挥公证职能和制度价值，助力诉源治理，促进社会矛盾纠纷多元化解决。深入研究和利用相关政策与指导文件，为公证调解提供有力支撑，探索拓展公证调解业务模块，做专、做好公证调解工作，寻求公证创新新的突破口。不断加强公证调解在多元化纠纷解决机制中的力量地位，扩大作用力与影响力。同时，通过公证调解不断实现公证社会价值，推动公证事业在司法改革中稳步转型及健康发展。打破社会公众对于公证处原有印象，改变旧的"以证换证"公证服务形象，通过调解介入社会矛盾纠纷化解，树立公证新形象、新作风，发挥公证在社会综合治理中的职能价值。探索在线公证调解"公证 ODR"模式。在线下调解的基础上，总结经验，充分利用现有公证云平台信息系统资源，积极争取与法院云审系统对接，打造"公证 ODR"平台。

七　结语

中国传统法律文化历来有"无讼"价值取向。《论语·颜渊》记载，子曰："听讼吾犹人也，必也使无讼乎。"深圳作为社会主义先行示范区，集合各方力量建立完善的多元化纠纷解决机制，追求天下无讼的社会理想，是推进社会治理能力和治理体系现代化的路径选择。前海公证处将以推进设立民商事调解中心为契机，继续秉承"国家主导、司法推动、社会参与、多元并举、法治保障"现代纠纷解决理念，充分发挥公证制度证明、监督、服务、沟通职能作用和公证法律服务优势，综合运用公证独有的公证证明、保全证据、现场监督、清点财产、公证提存、赋予调解协议/和解协议强制执行效力等公证调解辅助手段，不断提升公证调解质效，助力探索共商、共建、共治、共享的前海诉源治理新路径，探索更绿色替代性纠纷解决方案，助力打造社会矛盾纠纷多元化解决的"前海样本"，助力探索"调解优先、公证和仲裁并举、诉讼兜底"的新时代争议解决新格局。

Abstract

Adhering to the mission of the demonstration zone for the construction of the rule of law in socialism with Chinese characteristics, Qianhai has become one of the areas in China with the fastest developing, highest quality and most efficiency, and it is also one of the free trade zones with the best achievements in the construction of the rule of law in China. *Report on Rule of Law in Qianhai No. 6* (*2023*) summarizes the experience and achievements of the construction of the rule of law in Qianhai in an all-round, multi-perspective and multi-level way. This book discusses in detail the deepening of the construction of judicial integrity system and the prevention and resolution of financial risks in Qianhai, makes a detailed study of intellectual property protection and international commercial arbitration in Qianhai, and makes a careful analysis of the international legal service center and extraterritorial law identification. Qianhai makes good use of the policies of the central top-level design, gives full play to its own advantages, adheres to reform and innovation, and continuously provides experiences for other free trade zones to replicate and apply. In addition, the Blue Book continues to release the General Report and Assessment Report on the construction of the rule of law in Qianhai. The General Report comprehensively summarizes the experience and achievements of the development of the rule of law in Qianhai in the past years with a qualitative method, while the Assessment Report inquires about the construction of rule of law in Qianhai based on objective data and objective materials.

Keywords: Free Trade Zone; Legal Construction; Qianhai

Contents

I General Report

Abstract: Holding high the banner of Xi Jinping thought on the rule of law and taking constructing the demonstration zone for the rule of law in socialism as its general task, Qianhai works as a pioneer in the fields of Shenzhen−Hong Kong integration, legal rule connection and protection of intellectual property rights. It continues to improve and optimize the government services, promotes the judicial reform, builds a high-standard Qianhai−Shenzhen−Hong Kong International Legal

District, continues to make great achievements and promotes the institutional opening-up of the rule of law. In the future, Qianhai should better serve the national strategy, take more initiative to undertake the task of the major reform pilot of the rule of law, continue to strengthen to promote investment and trade facilitation and liberalization, financial openness and innovation and intellectual property protection, further strengthen the connection of rules and mechanisms, create a world-class legal business environment, and form more vivid samples and innovative experiences that can be replicated and promoted.

Keywords: The Rule of Law in Qianhai; Business Environment; High-Level Institutional Opening-Up; International Legal District

Ⅱ   Assessment Report

B.2   Assessment Report of the Rule of Law in Qianhai 2023

The National Rule of Law Index Research Center, Institute of Law,

Chinese Academy of Social Science / 022

Abstract: The National Rule of Law Index Research Center Team of Chinese Academy of Social Science conducted the sixth systematic assessment of construction of the rule of law in Shenzhen Qianhai Rule of Law Demonstration Zone in 2022 and the first half of 2023 from five aspects: rule formulation, rule of law governance, judicial construction, rule of law society, and supervision and guarantee. The assessment shows that the construction of the rule of law in Qianhai Rule of Law Demonstration Zone has made impressive achievements, and it is in the forefront in China in terms of rule making, government affairs transparency and judicial transparency, and it has made remarkable achievements in Guangdong–Hong Kong–Macau rule connection, Shenzhen–Hong Kong interconnection and the transparency of legal affairs. In the future, Qianhai Rule of Law Demonstration Zone should continue to further promote reform and innovation, make up for shortcomings and strive to be the pilot and experimental field of the legal construction in China.

Keywords: Assessment of Rule of Law; Rule of Law Demonstration Zone; Business Environment Ruled by Law

Ⅲ Business Environment Ruled by Law

B.3 Construction of Business Environment Ruled by Law:
Logic, Challenges and Prospects   *Yang Yuxuan* / 057

Abstract: The rule of law serves as the best business environment. As a demonstration zone for the construction of the rule of law in socialism with Chinese characteristics, Qianhai has been actively exploring the construction of the business environment ruled by law for a long time. It has continuously carried out the reform practice at the legislative, law enforcement, judicial and law-abiding construction levels, and gradually formed its unique competitiveness and comparative advantages. In order to further play the role of the rule of law in promoting the optimization of the business environment, it is necessary to summarize and condense the existing achievements of the construction of the business environment ruled by law in Qianhai based on the clear logical premise of the business environment ruled by law, so as to analyze the current problems of decentralization and fragmentation. It is necessary to repair it from the perspective of integration, to open up " the last kilometer" of the legal construction of the business environment in Qianhai.

Keywords: Business Environment Ruled by Law; Market Subject; Government and Market

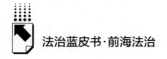

B . 4   Research on the Participation of Procuratorial Organs of
         Functional Areas in the Construction of Legal
         Business Environment: From the Perspective of the People's
         Procuratorate of Shenzhen Qianhai Shekou Free Trade Zone

Wang Yongcheng , *Wu Hao* / 068

Abstract: Economic function zone is a special area with specific economic
functions given through public management based on the national economic and
social development goals and task division. It is different from the administrative
region, and it is carrying the mission of the economic system mechanism reform
and innovation. The specially-established procuratorial organs of the functional area
should deeply participate in the construction of the legal business environment.
From the perspective of the People's Procuratorate of Shenzhen Qianhai Shekou
Free Trade Zone, this paper empirically analyzes the working ideas of the precise
service for the legal construction of business environment, and puts forward
suggestions on the path of the procuratorate of the functional area to help the
construction of the legal business environment.

Keywords: Functional Area; Procuratorial Organs; Business Environment
Ruled by Law

B . 5   Dilemma and Coping Strategies of Cross-Border Data Flow
         —*Taking Qianhai as an Example*

Wang Xuan , *Han Xilin* / 081

Abstract: As countries pay more and more attention to the value of data,
cross-border data flow will inevitably become an important part of international
trade. In recent years, China has carried out a series of explorations in the fields of
health care, science and technology finance, education and government affairs by
virtue of the opening advantages of Guangdong−Hong Kong−Macau Greater Bay

Area. It must be noted that the cross-border data flow brings new challenges to national security, social security, enterprise development and personal information. Its reason is the conflict among three goals of data sovereignty, data security and free flow of data. At present, there are some problems in China's legislation, such as weak system, insufficient legal connection, too general provisions and normative conflicts. There are some shortcomings in supervision, such as single governance means and lack of cross-border collaborative supervision. At the moment when a mature regulatory mechanism has not yet been formed, China should clarify the basic position of data sovereignty priority, build a data classification regulatory system, supplement the procedural legislation such as assessment standards and assessment processes, promote the practice of Qianhai Free Trade Zone, strengthen internal cooperation among government departments, and explore cross-border collaborative supervision mechanism.

Keywords: Data Cross-Border; Cross-Border Collaboration; Data Sovereignty; Data Security

Ⅳ　Judicial Construction

B . 6　Research on Deepening the Construction of

Judicial Integrity System

Research Group of Shenzhen Qianhai

Cooperation Zone People's Court / 096

Abstract: Promoting the construction of judicial integrity is the proper meaning of implementing "justice and efficiency", adhering to justice for the people and ensuring the integrated construction of Guangdong – Hong Kong – Macau Greater Bay Area. At present, there are dishonest behaviors such as false mediation, false litigation and evasion of execution in judicial practice, which need to be regulated and prevented. Hong Kong and Macau have established corresponding regulatory mechanisms for dishonest litigation, and formed useful

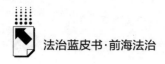

法治蓝皮书·前海法治

experiences such as discovery of evidence and transfer of lawyer's fee. Based on the actual trial, Qianhai Court examines the beneficial practices of Hong Kong and Macau, and continuously creates a credible and harmonious litigation environment from three paths: improving the guidance and punishment mechanism of honest mediation and litigation, optimizing the judicial incentive and punishment mechanism of honest execution, and establishing the integrity linkage and coordination mechanism.

Keywords: Judicial Integrity; Credit Punishment; False Litigation

B.7 Prevent and Defuse Financial Risks Explore "Shenzhen Experience" of Financial Trials

Research Group of Shenzhen Financial Tribunal / 108

Abstract: As the first financial tribunal in China, Shenzhen Financial Tribunal has been established for five years. Over the past five years, Shenzhen Financial Tribunal has persisted in deepening financial trials, dared to practice innovation and achieved great achievements. While handling financial disputes and resolving financial disputes, it actively explores the innovation of financial trial mechanism, especially in the field of securities trial. It actively serves the overall situation of development, integrates into the national governance and social governance, provides the judicial guarantee for the suitable and healthy development of the financial industry in Shenzhen, and explores "Shenzhen experience" for financial trial work.

Keywords: Financial Tribunal; Mechanism Innovation; Securities Trial

V   Intellectual Property Protection

B.8   Judicial Protection of Intellectual Property Rights in
Shenzhen Court

Research Group of Shenzhen Intellectual Property Court / 119

Abstract: 2022 is the year of holding the 20th National Congress of the Communist Party of China, and it is an important year to enter into the comprehensive construction of a modern socialist country and march towards the second centenary goal. The report of the 20th National Congress emphasizes: "adhering to the core position of innovation in the overall situation of China's modernization drive" and points out, "strengthening the legal protection of intellectual property rights and forming a basic system to support comprehensive innovation". Under the guidance of Xi Jinping Thought on Socialism with Chinese Characteristics for a New Era, Shenzhen Court fully implements the spirit of the 20th National Congress, closely focuses on the judicial needs of the construction of "double zones", puts the trial work of intellectual property into the overall situation of service guarantee innovation-driven development, creating an international first-class business environment and promoting high-level opening to the outside world to think, locate and plan, carries out the fair and efficient trial of all kinds of intellectual property cases in accordance with the law, continuously deepens the reform and innovation of the trial mechanism, continuously improves the quality and efficiency of the judicial protection of intellectual property rights, and provides a solid and strong judicial guarantee for promoting the implementation of Shenzhen's innovation-driven development strategy and the construction of "double zones".

Keywords: Intellectual Property; Chinese-Style Modernization; Judicial Protection

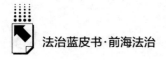

B.9   Practice and Experience of Building a "One-Stop" Collaborative Protection Highland of Intellectual Property Rights

Research Group of China (Shenzhen) Intellectual

Property Protection Center / 134

Abstract: Shenzhen Intellectual Property "One-Stop" Collaborative Protection Platform is the intellectual property protection platform established by Shenzhen Administration for Market Regulation relying on China (Shenzhen) Intellectual Property Protection Center. Through the construction of a "one-stop" collaborative protection platform with high standards, it effectively improves the "dual core" dispute resolution ability, carries out three innovations and pilot work at a high starting point, gathers resources to optimize the combination work mode of "joint adjustment, joint trial, linkage and collaboration" and builds the five-in-one ecological chain of property protection of "authorization, right confirmation, right protection, management and service", so as to provide Shenzhen enterprises with "one-stop" rapid collaborative services of intellectual property protection linked by examination and right confirmation, administrative law enforcement, right protection assistance, arbitration and mediation and judicial connection and provide a powerful guarantee for Shenzhen to build a benchmark city of intellectual property right, create a first-class business environment and serve the construction of "double zones".

Keywords: Collaborative Protection; Rapid Right Protection; Dispute Resolution

VI Foreign-Related Commercial Dispute Resolution

Abstract: According to the requirements of the Central Committee of the People's Republic of China on *The List of the First Batch of Authorized Items of the Comprehensive Reform Pilot of the Demonstration Area of Socialism with Chinese Characteristics in Shenzhen*, and to implement the spirit of the important documents issued by Shenzhen Municipal Party Committee, such as *Reform Plan of Shenzhen International Arbitration Institute on the Construction of an International Arbitration Center in Guangdong—Hong Kong—Macau Greater Bay Area*, Shenzhen Court of International Arbitration (also known as the South China International Economic and Trade Arbitration Commission, Guangdong – Hong Kong – Macau Greater Bay Area International Arbitration Center, shortened as "SCIA") gives full play to the special functions of international arbitration, such as "cross-border jurisdiction case, cross-border application of laws, cross-border enforcement of awards and cross-border sharing of resources", serves the construction of a market-oriented and legalized international business environment in Guangdong—Hong Kong—Macau Greater Bay Area, promotes the rule connection, mechanism docking and institutional innovation in Guangdong, Hong Kong and Macau, further strengthens international arbitration cooperation in the Greater Bay Area, promotes the construction of a global-oriented international commercial arbitration center, and makes a series of development and innovation achievements.

Keywords: Comprehensive Reform Pilot; Guangdong—Hong Kong—Macau Greater Bay Area; Shenzhen Court of International Arbitration

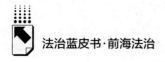
B.11   Path Exploration and Innovation Practice of Extraterritorial

Law Identification and Application

Legal Identification Research Group of BCI & BIMC / 157

Abstract：In order to implement the clear requirements of important policy documents related to establish and improve the extraterritorial legal identification mechanism, such as *Opinions on Accelerating the Construction of Public Legal Service System*, *Plan for China's Construction of the Rule of Law* (2020−2025) and *Regulations on Qianhai Shenzhen−Hong Kong Modern Service Industry Cooperation Zone*, to deepen the modernization of the field of foreign-related rule of law, Qianhai explores the establishment of the first professional identification institution in China, Benchmark Cambers International & Benchmark International Mediation Center. Over the years, BCI & BIMC has given full play to the supporting role of the construction of the legal database and the expert database, focusing on expanding the diversified application paradigm of legal identification and expanding the scope of legal identification. At the same time, BCI & BIMC continues to work on the mechanism innovation of extraterritorial law identification, including exploring the introduction to typical case mechanism, neutral assessment mechanism and "law identification + commercial mediation" mechanism, so as to better serve the construction of foreign-related rule of law in Qianhai, Guangdong−Hong Kong−Macau Greater Bay and China.

Keywords：Extraterritorial Law Identification；Extraterritorial Law Application；Commercial Mediation

B.12   Practice and Exploration of Civil and Commercial Judicial

Cooperation Mechanism in Guangdong−Hong Kong−Macau

Greater Bay Area   *Research Group of China Commercial*

Lam Lee Lai (*Qianhai*) *Lawyers Office* / 171

Abstract：The civil and commercial judicial cooperation mechanism in

Guangdong－Hong Kong－Macau Greater Bay Area is in the process of further optimization and improvement. At present, relevant work has entered into the "deep water" of the rule connection mechanism, not forming the joint force of institutional innovation in the Greater Bay Area and having the resistance to deepening reform. It is faced with difficulties such as the imperfect coordination mechanism of the rule connection, the need to improve the system and the need to strengthen the supporting policies and innovative measures. It is urgent to take improving the judicial cooperation mechanism of civil and commercial affairs in the Greater Bay Area as a "small incision", to promote the organization and coordination mechanism, innovate the safeguard measures for the work of rule connection and mechanism docking, and enrich and improve the content and form of judicial cooperation, in order to promote the judicial rule connection and mechanism docking in the Greater Bay Area.

Keywords: The Greater Bay Area; Civil and Commercial Judicial Cooperation; Rule Connection; Mechanism Docking

B.13 Experience of Rule Connection between Domestic
Arbitration and Foreign Arbitration in Qianhai

Huang Zhongshun, Luo Xiaolan / 180

Abstract: As an important platform to promote cross-border arbitration cooperation and international arbitration cooperation and with the goal of serving the mainland, linking Hong Kong and Macau and facing the world, Qianhai Rule of Law Demonstration Zone actively explores innovative measures that can be replicated and promoted in the field of international commercial arbitration. Qianhai has accumulated rich practical experience in the connection of foreign-related arbitration. It vertically integrates foreign-related arbitration resources and arbitration systems, and horizontally connects various commercial dispute resolution mechanism. In order to promote the integration of China's arbitration and extraterritorial arbitration rules, China's arbitration legislation should improve the corporate governance model of arbitration institutions, refine the temporary arbitration system, and establish a selective re-arbitration mechanism to make China's arbitration wards more globally enforceable. In the future practice and exploration, Qianhai Cooperation Zone can further standardize the activities of foreign arbitration institutions, improve the norms for the establishment of extraterritorial arbitration institutions, clarify the scope of arbitrable matters, promote the digital transformation of arbitration, and further strengthen the rule connection and mechanism docking between domestic arbitration and foreign-related arbitration.

Keywords: International Commercial Arbitration; Acope of Arbitrable Matters; Temporary Arbitration; Arbitration Digitalization

Ⅶ Public Legal Services

B.14 Research Report on Qianhai's Path to Build an

International Legal Service Center

Research Group of the Rule of Law Construction

Branch of Qianhai Authority / 199

Abstract: In September 2021, the Central Committee of the Communist Party of China and the State Council issued *The Plan for Comprehensively Deepening Reform and Opening up of the Qianhai Shenzhen – Hong Kong Modern Service Industry Cooperation Zone*, which proposes to build "an international legal service center and an international commercial dispute resolution center in Qianhai Cooperation Zone". On January 4, 2022, Qianhai Shenzhen – Hong Kong International Legal District announced the official opening, and it is committed to building a functional layout of "two centers and one highland". "Two centers" mean to build an international commercial dispute resolution center and an international legal service center. This research was carried out in order to help Qianhai build an international legal service center and ensure the scientificity of its construction path.

The focus of this research on legal services is not limited to the technical legal services, such as legal profession and notarization, judicial identification and legal identification, but also covers commercial litigation, arbitration, mediation, adjudication and other commercial dispute resolution services, to form *Research Report on Qianhai's Path to Build an International Legal Service Center.*

Keywords: International Commercial Dispute Resolution Center; National Legal Service Center; Legal Services

B.15 Notarization + Mediation: Exploring Greener Alternative Dispute Resolution

Research Group of Qianhai Notarization Civil and
Commercial Mediation Center / 225

Abstract: Mediation, as an alternative dispute solution, has been paid more and more attention to and widely applied. Under the guidance of the relevant documents of the Supreme Court and the Ministry of Justice, the notarization industry has actively explored mediation in combination with positioning and functional value of the notarization system, and used it as a path choice for the development and innovation of the notarization business. Notarization mediation has become a useful part of the large mediation pattern, and constantly improves the quality and efficiency of notarization mediation. It also shows unique value in the non-litigation dispute resolution mechanism, and has initially formed a greener alternative dispute solution. It takes the opportunity of promoting the establishment of a notarization mediation center, actively explores the institutionalization and standardization of notarization mediation, helps create the "Qianhai sample" of diversified resolution of social conflicts and disputes, and helps explore a new pattern of dispute resolution in the new era of "mediation priority, simultaneous notarization and arbitration at last".

Keywords: Notarization; Mediation; Multiple Dispute Resolution Mechanism

皮书

智库成果出版与传播平台

❖ 皮书定义 ❖

皮书是对中国与世界发展状况和热点问题进行年度监测，以专业的角度、专家的视野和实证研究方法，针对某一领域或区域现状与发展态势展开分析和预测，具备前沿性、原创性、实证性、连续性、时效性等特点的公开出版物，由一系列权威研究报告组成。

❖ 皮书作者 ❖

皮书系列报告作者以国内外一流研究机构、知名高校等重点智库的研究人员为主，多为相关领域一流专家学者，他们的观点代表了当下学界对中国与世界的现实和未来最高水平的解读与分析。截至 2022 年底，皮书研创机构逾千家，报告作者累计超过 10 万人。

❖ 皮书荣誉 ❖

皮书作为中国社会科学院基础理论研究与应用对策研究融合发展的代表性成果，不仅是哲学社会科学工作者服务中国特色社会主义现代化建设的重要成果，更是助力中国特色新型智库建设、构建中国特色哲学社会科学"三大体系"的重要平台。皮书系列先后被列入"十二五""十三五""十四五"时期国家重点出版物出版专项规划项目；2013~2023 年，重点皮书列入中国社会科学院国家哲学社会科学创新工程项目。

皮书网

（网址：www.pishu.cn）

发布皮书研创资讯，传播皮书精彩内容
引领皮书出版潮流，打造皮书服务平台

栏目设置

◆ **关于皮书**

何谓皮书、皮书分类、皮书大事记、
皮书荣誉、皮书出版第一人、皮书编辑部

◆ **最新资讯**

通知公告、新闻动态、媒体聚焦、
网站专题、视频直播、下载专区

◆ **皮书研创**

皮书规范、皮书选题、皮书出版、
皮书研究、研创团队

◆ **皮书评奖评价**

指标体系、皮书评价、皮书评奖

◆ **皮书研究院理事会**

理事会章程、理事单位、个人理事、高级
研究员、理事会秘书处、入会指南

所获荣誉

◆ 2008 年、2011 年、2014 年，皮书网均
在全国新闻出版业网站荣誉评选中获得
"最具商业价值网站"称号；
◆ 2012 年，获得"出版业网站百强"称号。

网库合一

2014 年，皮书网与皮书数据库端口合
一，实现资源共享，搭建智库成果融合创
新平台。

皮书网

"皮书说"
微信公众号

皮书微博

权威报告·连续出版·独家资源

皮书数据库
ANNUAL REPORT(YEARBOOK)
DATABASE

分析解读当下中国发展变迁的高端智库平台

所获荣誉

- 2020年，入选全国新闻出版深度融合发展创新案例
- 2019年，入选国家新闻出版署数字出版精品遴选推荐计划
- 2016年，入选"十三五"国家重点电子出版物出版规划骨干工程
- 2013年，荣获"中国出版政府奖·网络出版物奖"提名奖
- 连续多年荣获中国数字出版博览会"数字出版·优秀品牌"奖

皮书数据库

"社科数托邦"
微信公众号

成为用户

　　登录网址www.pishu.com.cn访问皮书数据库网站或下载皮书数据库APP，通过手机号码验证或邮箱验证即可成为皮书数据库用户。

用户福利

- 已注册用户购书后可免费获赠100元皮书数据库充值卡。刮开充值卡涂层获取充值密码，登录并进入"会员中心"—"在线充值"—"充值卡充值"，充值成功即可购买和查看数据库内容。
- 用户福利最终解释权归社会科学文献出版社所有。

社会科学文献出版社 皮书系列
SOCIAL SCIENCES ACADEMIC PRESS (CHINA)

卡号：681251551125
密码：

数据库服务热线：400-008-6695
数据库服务QQ：2475522410
数据库服务邮箱：database@ssap.cn
图书销售热线：010-59367070/7028
图书服务QQ：1265056568
图书服务邮箱：duzhe@ssap.cn

S 基本子库
SUB DATABASE

中国社会发展数据库（下设 12 个专题子库）

紧扣人口、政治、外交、法律、教育、医疗卫生、资源环境等 12 个社会发展领域的前沿和热点，全面整合专业著作、智库报告、学术资讯、调研数据等类型资源，帮助用户追踪中国社会发展动态、研究社会发展战略与政策、了解社会热点问题、分析社会发展趋势。

中国经济发展数据库（下设 12 专题子库）

内容涵盖宏观经济、产业经济、工业经济、农业经济、财政金融、房地产经济、城市经济、商业贸易等 12 个重点经济领域，为把握经济运行态势、洞察经济发展规律、研判经济发展趋势、进行经济调控决策提供参考和依据。

中国行业发展数据库（下设 17 个专题子库）

以中国国民经济行业分类为依据，覆盖金融业、旅游业、交通运输业、能源矿产业、制造业等 100 多个行业，跟踪分析国民经济相关行业市场运行状况和政策导向，汇集行业发展前沿资讯，为投资、从业及各种经济决策提供理论支撑和实践指导。

中国区域发展数据库（下设 4 个专题子库）

对中国特定区域内的经济、社会、文化等领域现状与发展情况进行深度分析和预测，涉及省级行政区、城市群、城市、农村等不同维度，研究层级至县及县以下行政区，为学者研究地方经济社会宏观态势、经验模式、发展案例提供支撑，为地方政府决策提供参考。

中国文化传媒数据库（下设 18 个专题子库）

内容覆盖文化产业、新闻传播、电影娱乐、文学艺术、群众文化、图书情报等 18 个重点研究领域，聚焦文化传媒领域发展前沿、热点话题、行业实践，服务用户的教学科研、文化投资、企业规划等需要。

世界经济与国际关系数据库（下设 6 个专题子库）

整合世界经济、国际政治、世界文化与科技、全球性问题、国际组织与国际法、区域研究 6 大领域研究成果，对世界经济形势、国际形势进行连续性深度分析，对年度热点问题进行专题解读，为研判全球发展趋势提供事实和数据支持。

法律声明

"皮书系列"（含蓝皮书、绿皮书、黄皮书）之品牌由社会科学文献出版社最早使用并持续至今，现已被中国图书行业所熟知。"皮书系列"的相关商标已在国家商标管理部门商标局注册，包括但不限于 LOGO（ ）、皮书、Pishu、经济蓝皮书、社会蓝皮书等。"皮书系列"图书的注册商标专用权及封面设计、版式设计的著作权均为社会科学文献出版社所有。未经社会科学文献出版社书面授权许可，任何使用与"皮书系列"图书注册商标、封面设计、版式设计相同或者近似的文字、图形或其组合的行为均系侵权行为。

经作者授权，本书的专有出版权及信息网络传播权等为社会科学文献出版社享有。未经社会科学文献出版社书面授权许可，任何就本书内容的复制、发行或以数字形式进行网络传播的行为均系侵权行为。

社会科学文献出版社将通过法律途径追究上述侵权行为的法律责任，维护自身合法权益。

欢迎社会各界人士对侵犯社会科学文献出版社上述权利的侵权行为进行举报。电话：010-59367121，电子邮箱：fawubu@ssap.cn。

社会科学文献出版社